GOVERNO DIGITAL E A BUSCA POR INOVAÇÃO NA ADMINISTRAÇÃO PÚBLICA

A LEI 14.129, DE 29 DE MARÇO DE 2021

FABRÍCIO MOTTA
VANICE REGINA LÍRIO DO VALLE
Coordenadores

Prefácio

Juarez Freitas

GOVERNO DIGITAL E A BUSCA POR INOVAÇÃO NA ADMINISTRAÇÃO PÚBLICA

A LEI 14.129, DE 29 DE MARÇO DE 2021

2ª edição

Belo Horizonte
FÓRUM
CONHECIMENTO
2025

FÓRUM
CONHECIMENTO

Luís Cláudio Rodrigues Ferreira
Presidente e Editor

Coordenação editorial: Leonardo Eustáquio Siqueira Araújo
Thaynara Faleiro Malta
Assistente editorial: Luisa Freitas
Revisão: Fabiana Guimarães Coelho
Capa, projeto gráfico e diagramação: Walter Santos

Rua Paulo Ribeiro Bastos, 211 – Jardim Atlântico – CEP 31710-430
Belo Horizonte – Minas Gerais – Tel.: (31) 99412.0131
www.editoraforum.com.br – editoraforum@editoraforum.com.br

Técnica. Empenho. Zelo. Esses foram alguns dos cuidados aplicados na edição desta obra. No entanto, podem ocorrer erros de impressão, digitação ou mesmo restar alguma dúvida conceitual. Caso se constate algo assim, solicitamos a gentileza de nos comunicar através do *e-mail* editorial@editoraforum.com.br para que possamos esclarecer, no que couber. A sua contribuição é muito importante para mantermos a excelência editorial. A Editora Fórum agradece a sua contribuição.

Dados Internacionais de Catalogação na Publicação (CIP) de acordo com ISBD

M921g Motta, Fabrício

Governo digital e a busca por inovação na Administração Pública: a Lei 14.129, de 29 de março de 2021 / Fabrício Motta, Vanice Regina Lírio do Valle. -- 2. ed. --. Belo Horizonte: Fórum, 2025.

276 p. 14,5x21,5cm
ISBN impresso 978-85-450-0987-0
ISBN digital 978-85-450-0986-3

1. Direito digital. 2. Governo eletrônico. 3. Administração Pública. I. Valle, Vanice Regina Lírio do. II. Título.

CDD: 340.0285
CDU: 34:004

Ficha catalográfica elaborada por Lissandra Ruas Lima – CRB/6 – 2851

Informação bibliográfica deste livro, conforme a NBR 6023:2018 da Associação Brasileira de Normas Técnicas (ABNT):

MOTTA, Fabrício; VALLE, Vanice Regina Lírio do. *Governo digital e a busca por inovação na Administração Pública*: a Lei 14.129, de 29 de março de 2021. 2. ed. Belo Horizonte: Fórum, 2025. 276 p. ISBN 978-85-450-0987-0.

SUMÁRIO

PREFÁCIO

A Lei nº 14.129, de 29 de março de 2021, tema da significativa obra que tenho a honra de prefaciar, é fruto de feliz e rara convergência de propostas legislativas, reveladoras de largo espectro político (cujo êxito, em boa medida, resultou da premência de expansão digital, em face da pandemia). À parte as recalcitrâncias e os temores do *"status quo"*, a lei visa a posicionar a Administração Pública brasileira no bojo da agenda contemporânea (e pressupõe a renovação do Direito Administrativo),[1] tendo em vista o célere atendimento às justas demandas da sociedade digital.

É mais do que a lei do "governo digital". É um diploma que se insere no processo normativo maior de conversão do Estado Democrático em plataforma digital, destinada ao protagonismo das gerações presentes e futuras.

Sem dúvida, a inovadora lei em tela veicula expressiva gama de benefícios potenciais, a saber, em caráter ilustrativo: a determinação de avaliação da satisfação de usuários de serviços públicos, por meio de ferramentas digitais (arts. 20, I, 21, V e 24, II), com o esperável incremento da participação social em sede de controle (art. 3º, V); o acentuado estímulo à qualificação digital dos agentes públicos, seja para o domínio de novas tecnologias, seja, quadra inferir, para o florescimento de habilidades humanas (requisitos para a judiciosa avaliação, prevista no art. 22); a obrigatória inserção digital universalizada (art. 3º, XX), sem prejuízo da responsabilidade fiscal, de ordem a ensejar o acesso preferencial à prestação de serviços digitais, por intermédio do "autosserviço" (art. 14, parágrafo único), segundo a diretriz da desburocratização (art. 3º, I); a interoperabilidade de dados públicos, com essenciais cautelas (arts. 38 a 40); o sistema de gestão de riscos (art. 48, "caput"), com proporcionalidade (art. 48, II), que não admite deixar de contemplar o sopesamento de riscos sociais e ambientais (inclusive

---

[1] Vide, sobre uma releitura principiológica do Direito Administrativo: FREITAS, Juarez. *Sustentabilidade*: direito ao futuro. 4. ed. Belo Horizonte: Fórum, 2019. p. 219-259.

climáticos), não apenas estritamente econômicos,[2] nem abdica de utilizar a "inteligência de dados em plataforma digital" (art. 24, VII), para, mediante regulação algorítmica apropriada, defender o humano.[3]

Tais ilustrações emblemáticas de impactos favoráveis do diploma em apreço são, por ora, suficientes. Por certo, subsistem riscos[4] que não podem ser negligenciados pelo intérprete responsável, entre os quais avultam perigosas falhas estruturais de prevenção e precaução em termos de segurança cibernética e débil priorização de investimentos públicos e privados na inclusão digital, condição-chave para aderir, por exemplo, à facultativa "Justiça 4.0".[5]

Tudo considerado, o saldo do texto legislativo afigurar-se-á benéfico, a depender da diligente, lúcida, equânime e proba aplicação sistemática. Como tive ocasião de assinalar em artigo recente, a "Lei nº 14.129/2021, entre outras aplicações promissoras, tende a favorecer a imprescindível motivação sustentável das escolhas públicas, a partir da eficaz consagração do sistema de gestão de riscos e das políticas baseadas em evidências. Entretanto, para que tal se confirme, o serviço público digital (assim como o serviço público em geral) tem que ser guiado, invariavelmente, pela avaliação de impactos socioambientais com primazia, incentivando-se a correspondente habilitação decisória de agentes públicos responsáveis pelo destino de tantas vidas".[6]

A presente obra, a propósito, uma das pioneiras desse novo marco legal, oferece contribuição rica e multifacetada de eminentes autores para o fecundo debate hermenêutico. Com efeito, Jaime Rodríguez-Araña relaciona a nova lei ao direito fundamental à boa administração pública. Vanice Regina Lírio do Valle e Fabrício Motta pautam bloqueios à concretização do governo digital. Sabrina Nunes Iocken e Rodrigo Guerra Garcia relacionam a transformação

---

[2] Vide sobre novas regras de gerenciamento do risco social, do risco ambiental e do risco climático, além de demais riscos relevantes, no atinente às instituições do sistema financeiro nacional, a inovadora Resolução CMN nº 4.943/2021. Vide, ainda, a Resolução CMN nº 4.595/2021.

[3] Vide, sobre diretrizes apropriadas de regulação da IA: FREITAS, Juarez; FREITAS, Thomas Bellini. *Direito e Inteligência Artificial*: em Defesa do Humano. Belo Horizonte: Fórum, 2020. p. 74-85.

[4] Vide, sobre avaliação da gestão de riscos da estratégia digital, Acórdão nº 1784/2021, do TCU, Rel. Min. Vital do Rêgo.

[5] Vide, sobre Núcleos de Justiça 4.0, a Resolução nº 385/2021, do CNJ, já invocando a Lei nº 14.129/2021.

[6] Vide: FREITAS, Juarez. Interpretação sustentável de leis de elevado impacto nas relações administrativas. *Interesse Público – IP*, Belo Horizonte, a. 23, n. 127, p. 25, mai./jun. 2021.

digital à gestão do conhecimento no setor público, com ênfase nas redes aludidas no art. 17 da nova lei. Rafael Martins Costa Moreira medita sobre o controle judicial da decisão administrativa digital, no cuidado dos direitos fundamentais. Vivian Cristina Lima López Valle demonstra preocupação com a tutela peculiar do usuário de serviços digitais. Augusto Neves Dal Pozzo aborda impactos normativos atinentes aos prestadores e titulares dos serviços públicos. André Afonso Tavares e Caroline Müller Bitencourt concentram o foco nos laboratórios de inovação e nas ferramentas de controle social. Juliano Heinen realça tópicos como transparência e interoperabilidade de dados públicos. Carina de Castro Quirino e Marcella Brandão Flores da Cunha sublinham aspectos positivos da fixação de diretrizes para os laboratórios de inovação na seara pública. Ato contínuo, André Saddy e Horácio Augusto Mendes de Sousa refletem sobre o tema do laboratório de inovação, especialmente sob o prisma do estímulo às parcerias contratuais entre os entes públicos e a sociedade. Para culminar, Heloísa Helena Antonácio M. Godinho, Márcio Batista Marinot e Wesley Vaz chamam a atenção para a cogência do art. 3º da Lei, projetando as repercussões no campo do controle de conformidade, efetuado pelos Tribunais de Contas.

Parabéns, pois, aos ilustres juristas Vanice Lírio do Valle e Fabrício Motta, organizadores do livro, pela louvável iniciativa. Cumprimentos, ainda, à Editora Fórum pela acolhida. Oxalá a Lei nº 14.129/2021, cumprida em moldes compatíveis com a mentalidade inovadora, sirva como forte alento ao desenvolvimento sustentável, com total respaldo, baseado em evidências científicas, às políticas públicas conducentes ao bem-estar intergeracional.

Juarez Freitas

Jurista. Professor Titular (aposentado) de Direito Administrativo da UFRGS.

APRESENTAÇÃO

A edição da Lei nº 14.129/2021 marcou o início de um amplo debate relacionado a uma face do governo que se qualifica pelo digital – e dos caminhos pelos quais a Administração Pública se alinharia com o signo da inovação. A tarefa não era simples, eis que a natureza predominantemente conservadora das estruturas burocráticas se revela avessa a movimentos disruptivos, como se verifica no caso da incorporação das novas tecnologias, a todo momento ampliadas no seu elenco e diversificadas em suas manifestações.

Em que pese a promessa de instrumentalização de um incremento de qualidade na atuação da Administração Pública, a transição do modelo tradicional de trato da coisa pública para o universo do digital encontrava, já de início, possíveis cláusulas de bloqueio. Prova cabal desse tipo de dificuldade é o intervalo de tempo transcorrido entre a aprovação, em si, da Lei nº 14.129/2021, a delimitação da Estratégia Nacional de Governo Digital e a Rede Nacional de Governo Digital – Rede Gov.br, que institui a Estratégia Nacional de Governo Digital para o período de 2024 a 2027, que só veio à luz com o Decreto nº 12.069, de 21 de junho de 2024, complementado pela Portaria – SGD/MGI 6.618, que estabelece os princípios, os objetivos e as iniciativas para o alcance da EFGD 2024-2027 no âmbito dos órgãos e das entidades da administração pública federal direta, autárquica e fundacional.

No percurso da consolidação dessa mudança significativa, sobrevém ainda a eclosão dos mecanismos de inteligência artificial – em especial os de cariz generativa – circunstância que desafia ainda a Administração em relação a componentes centrais de sua atuação, como a própria compreensão do ato administrativo digital.

Cada vez mais, seguem relevantes as figuras como laboratórios de inovação, centros de inteligência onde se pode promover a aplicação de alternativas ao tradicional modo de operar da Administração em menor escala, associando as criações em abstrato a uma mínima dimensão aplicativa que permita um aprendizado institucional antes da disseminação da novidade.

Muitos dos desafios postos pela Lei nº 14.129/2021 seguem ainda sem o devido equacionamento, impactados que são pelo choque de forças conservadoras e de inovação que coexistem, nem sempre de forma pacífica, nas estruturas da Administração Pública. Nesses termos, já se poria como útil uma nova edição da obra "*Governo digital e a busca por inovação na Administração Pública*", mas não só por isso os coordenadores se apresentam uma vez mais ao público com a obra.

A publicação desta segunda edição é fruto da ampla acolhida da edição inicial em seu papel de estimular discussões, pesquisas e práticas inovadoras variadas. A temática central da obra não apenas se manteve em evidência, como também ganhou maior densidade e centralidade nas agendas institucionais públicas e privadas, além de estar merecendo crescente atenção por parte da sociedade.

Para esta segunda edição, os artigos foram revistos pelos autores, com acréscimo de novos exemplos de inovação e referência a novos normativos, como o Decreto nº 12.069, de 21 de junho de 2024, que formaliza a Estratégia Nacional de Governo Digital (ENGD) e a Rede Nacional de Governo Digital – Rede Gov.br. Finalmente, foi acrescido o artigo "*Ato administrativo digital*", de autoria do Prof. Dr. Ricardo Marcondes Martins, que conecta institutos clássicos do direito administrativo com as novidades trazidas pela Lei nº 14.129/2021.

Reputa-se ainda indispensável tematizar questões que já se propunha na edição original, como o controle judicial da decisão administrativa digital, o acesso à informação nesse ambiente reconfigurado, a tutela jurídica autônoma do cidadão e, finalmente – mas não menos importante –, o impacto deste novo *modus* de ação administrativa nas ações de controle.

É de Richard Stallman a frase "dividir é positivo, e com tecnologia digital, dividir é fácil". Em tempos desafiadores, em que uma das principais postulações em relação à Administração Pública é a transparência, a real institucionalização de governo digital pode ser aliada importantíssima para o alcance desse objetivo.

Que esta segunda edição da obra "*Governo digital e a busca por inovação na Administração Pública*" possa contribuir para este resultado.

Fabrício Motta
Vanice Regina Lírio do Valle

NUEVAS TECNOLOGÍAS Y BUENA ADMINISTRACIÓN PÚBLICA

(ESPECIAL REFERENCIA A LA LEY BRASILEÑA 14.129 DE 29 DE MARZO DE 2021 DEL GOBIERNO ABIERTO)

JAIME RODRÍGUEZ-ARAÑA

Introducción

La conceptualización clásica de la buena administración adquiere, en un mundo dominado por las nuevas tecnologías de la información y de la comunicación, en el contexto ahora de una pandemia de insondables consecuencias, una nueva dimensión ajustada a las nuevas necesidades de la Administración Pública, *de una nueva Administración Pública más transparente, más participativa y más cercana a una nueva ciudadanía digital, con nuevas preocupaciones y exigencias, pero siempre centrada en la dignidad humana y en los derechos fundamentales de ella dimanantes. Por eso, en este tiempo, en el presente, atravesado por una devastadora pandemia tenemos que pensar en que consiste la denominada buena e-Administración y cuáles son los impactos de los avances tecnológicos sobre un aparato público que sirve, que debe servir objetivamente al interés general, que debe proteger, defender y promover los derechos humanos.*

En este sentido, el moderno Derecho Administrativo, insisto, siempre orientado a la defensa, protección y promoción de la dignidad humana, debe hacer frente a las nuevas demandas de una sociedad digital que reclama nuevas prestaciones y nuevos servicios brindados a través de nuevas plataformas digitales con mayor participación ciudadana. Plataformas y estructuras digitales que, poco a poco, reemplazarán por completo los trámites, los procedimientos y las gestiones habituales o tradicionales que se realizaban al interior de una Administración Pública que exigía para todo la presencialidad de los ciudadanos.

Hoy el mundo se encuentra dominado por una pandemia nunca antes vista provocada por el *covid-19*. Las fortalezas y debilidades de los desarrollos informáticos y telemáticos en la construcción de la Administración Electrónica están hoy a la vista de todos y reclaman a los distintos países soluciones para enfrentar los problemas y desafíos de este tiempo de excepcionalidad. Ciertamente, a pesar de las inversiones realizadas en los últimos años para modernizar las Administraciones públicas, la pandemia ha puesto al descubierto un modelo que no ha funcionado como debería pues la suspensión generalizada de los plazos de los procedimientos no es, desde luego, una respuesta satisfactoria para reaccionar administrativamente ante una pandemia como la actual.

Cuanto más fortaleza y mejor construcción tecnológica presente la Administración Electrónica en cada país, mejor posicionado estará para enfrentar las situaciones complejas que la pandemia trae consigo. Pero tales emprendimientos tecnológicos habrán de hacerse sin perder de vista en ningún momento que las tecnologías están al servicio de la dignidad humana, no al revés como desde algunas terminales mediáticas se intenta transmitir a una sociedad inerme, indefensa, sin recursos morales frente a la colosal maquinaria de manipulación que se ha puesto en marcha precisamente en este tiempo. Se ha trabajado mucho la dimensión interna de las nuevas tecnologías, pero todavía no son un instrumento real en manos de la ciudadanía para controlar el ejercicio del poder y participar activamente en la definición y evaluación de tantas políticas públicas que afectan a las condiciones de vida de los ciudadanos. Si no partimos de este aserto, estaremos dando palos de ciego y trabajando para un mundo en que, a través de estas nuevas tecnologías, que se convierten en la principal herramienta de la manipulación y del control social, se secuestre a una sociedad impotente y sin coraje ético para resistir.

Pues bien, la *virtualidad* como sinónimo de *no presencialidad en la prestación de los servicios de la Administración Electrónica empieza a ser una realidad en la que* la nueva ciudadanía digital exigirá nuevas prestaciones, nuevos servicios, nuevas formas de comunicación y de resolución de los problemas en cada Estado. Nuevas exigencias que deben, como ahora se dice, empoderar realmente al ciudadano en relación con los poderes públicos.

La reflexión moderna sobre la Administración debe hacerse desde un enfoque abierto, plural y dinámico porque la Administración Pública es una realidad multidisciplinar a la que hay que aproximarse desde muchos puntos de vista. En efecto, junto al enfoque jurídico, se encuentra la dimensión económica, el aspecto sociológico, el tecnológico o el histórico, que ayudan a comprender una realidad tan compleja como es la Administracion Pública.

La ciudadanía, ahora *la denominada nueva ciudadanía digital*, tiene la posibilidad de acceder a más y mejor información, a controlar más y mejor a las Autoridades, a obtener un mayor y mejor trato igualitario y, por supuesto, de aumentar la eficiencia en el uso del tiempo y demás recursos, accediendo a servicios y a trámites burocráticos, que hasta hace no muchos años tardaban mucho tiempo y exigían la presencialidad necesaria del ciudadano en el organismo público donde se debía realizar el trámite o la gestión pública.

En este tiempo, hay que tener en cuenta que para que la Administración on-line tenga sentido, *el desarrollo debe ir paralelo al propio desarrollo tecnológico de la sociedad.* Por ello no solo hay que hacer esfuerzos por implantar la e-Administración, sino que también, y sobre todo, hay que priorizar la extensión del uso de las nuevas tecnologías en la sociedad, minimizando la brecha social que se puede producir según se use o no la información, una situación que, mal que nos peses, coloca a tantos países, y sobre a tantos millones de personas, a la cola del uso real de las nuevas tecnologías.

El impacto de las ventajas y/o beneficios que puede aportar una nueva Administración Electrónica debe ser transversal a toda la sociedad. De ahí la importancia capital de la inclusión social y de la accesibilidad universal que evite que el tan conocido *"efecto derrame"* de las nuevas tecnologías sea cada vez menor, llegando a desaparecer en cuanto sea posible.

En este *nuevo ecosistema*, en *la conjunción entre una nueva Administración on-line y una nueva ciudadanía digital*, emerge el nuevo concepto de *la buena administración electrónica*, que se constituye en el eje central de esta transición de una Administración Pública tradicional, clásica y fuertemente *"presencial"*, a una nueva Administración Electrónica, mayoritariamente *"virtual"*, diseñada, insisto, desde la centralidad de la dignidad humana, desde la tarea capital de la Administración del Estado social y democrático de Derecho de proteger, defender y promover los derechos fundamentales de la persona, los individuales y los sociales.

Por ello, la recopilación de datos con el fin de mejorar la eficiencia operativa de los servicios sanitarios, así como la mejor atención y accesibilidad por parte de los ciudadanos, es también una consecuencia de la crisis sanitaria global provocada por el Covid-19, donde entran en juego el acceso y manejo de nuestros datos personales. Manejo y gestión que deberán realizarse con el mayor grado de seguridad y confidencialidad posibles y en el marco del Estado de Derecho, pues si no se actúa desde este marco, el despotismo y la tiranía estarán pronto entre nosotros. Si es que no lo están ya.

1 La buena administracion en la carta europea de los derechos fundamentales de diciembre de 2000

La buena administración de instituciones públicas parte del derecho ciudadano a que sus asuntos comunes y colectivos estén ordenados, gestionados y regidos de forma y manera que reine un ambiente de bienestar general e integral para el pueblo en su conjunto. Las instituciones públicas, desde esta perspectiva, han de estar conducidas y manejadas por una serie de criterios mínimos, llamados de buen gobierno o buena administración, a los que se sumarán las directrices políticas vencedoras en los diferentes comicios electorales. En este contexto, hay un solar, un humus, de buen gobierno, de buena administración, que debe ser exigido por los ciudadanos, que obliga a los representantes de los poderes del Estado, sea el Ejecutivo, el Legislativo o el Judicial.

La buena administración de instituciones públicas es un derecho ciudadano de naturaleza fundamental. ¿Por qué se proclama como derecho fundamental por la Unión Europa? Por una razón que reposa sobre las más altas argumentaciones del pensamiento democrático: en la democracia, las instituciones políticas no son de propiedad de políticos o de los altos funcionarios: son del dominio popular, son de los ciudadanos, de las personas de carne y hueso que día a día, con su esfuerzo por encarnar los valores cívicos y las cualidades democráticas, dan buena cuenta del temple democrático en la cotidianeidad. Por ello, si las instituciones públicas son de la soberanía popular, de dónde proceden todos los poderes del Estado, han de estar dirigidos al servicio objetivo del interés general, a la satisfacción de las necesidades colectivas.

Así las cosas, si consideramos que el ciudadano ha dejado ser un sujeto inerte, que tenía poco menos que ser enchufado a la vida social por parte de los poderes públicos, entonces comprenderemos mejor el alcance de este derecho. Un derecho que hoy, en sociedades digitales, con gobierno y administración electrónicas, debe poder ejercerse en mejores condiciones, para poder controlar más y mejor al poder público y, para poder participar más y mejor en los asuntos de naturaleza general.

En efecto, el ciudadano es ahora, no sujeto pasivo, receptor mecánico de servicios y bienes públicos, sino sujeto activo, protagonista, persona en su más cabal expresión, y, por ello, aspira a tener una participación destacada en la configuración de los intereses generales porque éstos se definen, en el Estado social y democrático de Derecho, a partir de una adecuada e integrada concertación entre los poderes públicos y la sociedad articulada. Los ciudadanos, en otras palabras, tenemos derecho a que la gestión de los intereses generales se realice de manera acorde al libre desarrollo solidario de las personas. Por eso es un derecho fundamental de la persona, porque la persona en cuanto tal requiere que lo público, que el espacio de lo general, esté atendido de forma y manera que le permita realizarse, en su dimensión de libertad solidaria, como persona humana desde diferentes dimensiones.

La Administración pública, ahora en la dimensión electrónica, debe ser un entorno de entendimiento, y un marco de humanización de la realidad que fomente el objetivo constitucional central: "la dignidad de la persona, los derechos inviolables que le son inherentes, el libre desarrollo de la personalidad, el respeto a la ley y a los derechos de los demás" tal y como en España dispone el artículo 10.1 constitucional.

Por ello, una Administración pública que se ajuste adecuadamente a las demandas democráticas ha de responder a una rica gama de criterios que podríamos calificar de internos, por cuanto se refieren a su propia articulación interior, a los procesos de tramitación, a su transparencia, a la claridad y simplificación de sus estructuras, a la objetividad de su actuación, etc. Tareas que, es claro, deben ser más accesibles a los ciudadanos pues las nuevas tecnologías no son un fin en si mismas, sino un medio, magnífico, para que la función de servicio objetivo al interés general del aparato público sea una venturosa realidad. Algo que, sin embargo, contrasta, y no poco, con la praxis administrativa que hemos contemplado en la administración pública de la pandemia en tantas latitudes.

No puedo dejar de subrayar, también en este punto, la centralidad del ser humano en mi entendimiento del derecho al buen gobierno y a la buena administración de instituciones públicos pues, en el gobierno y la administración electrónicas, la persona, con el cúmulo de circunstancias que lo acompañan en su entorno social, es el auténtico sujeto de los derechos y libertades que en la Constitución proclamamos. A ese hombre, a esa mujer, con su determinada edad, su grado de cultura y de formación, mayor o menor, con su procedencia concreta y sus intereses particulares, propios, legítimos, es a quien la administración pública sirve, ahora más y mejor a través de las nuevas tecnologías. En efecto, al servicio de esa persona concreta el aparato administrativo, con todos los medios técnicos a su alcance, debe promover las condiciones para que ejerza con la mayor calidad y hondura sus libertades.

Desde el punto de vista normativo, es menester reconocer que la existencia positiva de este derecho fundamental a la buena administración parte de la Recomendación núm. R (80) 2, adoptada por el Comité de Ministros del Consejo de Europa el 11 de marzo de 1980 relativa al ejercicio de poderes discrecionales por las autoridades administrativas así como de la jurisprudencia del Tribunal de Justicia de las Comunidades Europeas y del Tribunal de Primera Instancia. Entre el Consejo de Europa y la Jurisprudencia comunitaria, desde 1980, se fue construyendo, poco a poco, el derecho a la buena administración, derecho que la Carta Europea de los Derecho Fundamentales de 7 de diciembre de 2000 recogería en el artículo 41.

El artículo 41 de la Carta constituye un precipitado de diferentes derechos ciudadanos que a lo largo del tiempo y a lo largo de los diferentes Ordenamientos han caracterizado la posición central que hoy tiene la ciudadanía en todo lo que se refiere al Derecho Administrativo. Hoy, en el siglo XXI, el ciudadano, como ya hemos señalado, ya no es un sujeto inerte que mueve a su antojo el poder. Hoy el ciudadano participa en la determinación del interés general que ya no define unilateralmente la Administración pública. El ciudadano es más consciente de que el aparato público no es de la propiedad de los partidos, de los políticos o de los propios servidores públicos.

Pues bien, dicho precepto dispone:

1. Toda persona tiene derecho a que las instituciones y órganos de la Unión traten sus asuntos imparcial y equitativamente y dentro de un plazo razonable.

2. Este derecho incluye en particular:
   - el derecho de toda persona a ser oída antes de que se tome en contra suya una medida individual que le afecte desfavorablemente.
   - el derecho de toda persona a acceder al expediente que le afecte, dentro del respeto a los intereses legítimos de la confidencialidad y del secreto profesional y comercial.
   - la obligación que incumbe a la Administración de motivar sus decisiones.
3. Toda persona tiene derecho a la reparación por la Comunidad de los daños causados por sus instituciones o sus agentes en el ejercicio de sus funciones, de conformidad con los principios generales comunes a los Derechos de los Estados miembros.
4. Toda persona podrá dirigirse a las instituciones de la Unión en una de las lenguas de los Tratados y deberá recibir una contestación en esa misma lengua".

Una primera lectura del artículo 41 de la Carta de Derechos Fundamentales sugiere que dicho precepto es un buen resumen de los derechos más relevantes que los ciudadanos tenemos en nuestras relaciones con la Administración, un derecho que debiera salir reforzado en un tiempo de emergencia de las nuevas tecnologías.

Los ciudadanos europeos tenemos un derecho fundamental a que los asuntos públicos se traten imparcialmente, equitativamente y en un tiempo razonable. Es decir, las instituciones comunitarias han de resolver los asuntos públicos objetivamente, han de procurar ser justas –equitativas- y, finalmente, y, finalmente, han de tomar sus decisiones en tiempo razonable, algo que las nuevas tecnologías deberían hacer posible, también, y sobre todo, en tiempos de excepcionalidad como los que no han tocado vivir ahora. En otras palabras, no cabe la subjetividad, no es posible la injusticia y no se puede caer en la dilación indebida para resolver, algo, sobre todo esto último, que las nuevas tecnologías pueden, deben, propiciar.

En mi opinión, la referencia a la equidad como característica de las decisiones administrativas comunitarias no debe pasar por alto. Porque no es frecuente encontrar esta construcción en el Derecho Administrativo de los Estados miembros y porque, en efecto, la equidad, y la justicia constituyen, a la hora del ejercicio del poder público, cualquiera que sea la institución pública en la que nos encontremos, la principal garantía de acierto. Por una razón, porque cuándo se decide lo relevante es dar cada uno lo suyo, lo que se merece, lo que le corresponde.

La referencia la razonabilidad del plazo para resolver incorpora un elemento esencial: el tiempo. Si una resolución es imparcial, justa, pero se dicta con mucho retraso, es posible que no tenga sentido, que no sira para nada. El poder se mueve en las coordenadas del espacio y del tiempo y éste es un elemento esencial que el Derecho comunitario destaca suficientemente. La razonabilidad se refiere al plazo de tiempo en el que la resolución pueda ser eficaz de manera que no se dilapide el legítimo derecho del ciudadano a que su petición, por ejemplo, se conteste en un plazo inútil. En este sentido, las nuevas tecnologías son un medio adecuado para hacer efectivo este derecho fundamental, especialmente en el tiempo propicio.

El derecho a la buena administración es un derecho fundamental de todo ciudadano comunitario a que las resoluciones que dicten las instituciones europeas sean imparciales, equitativas y razonables en cuanto al fondo y al momento en que se produzcan. Dicho derecho según el citado artículo 41 incorpora, a su vez, cuatro derechos.

El primero se refiere al derecho a que todo ciudadano comunitario tiene a ser oído antes de que se tome en contra suya una medida individual que le afecte desfavorablemente. Se trata de un derecho que está reconocido en la generalidad de las legislaciones administrativas de los Estados miembros, también en la ley 39/2015 española de procedimiento administrativo común, como consecuencia de la naturaleza contradictoria que tienen los procedimientos administrativos en general, y en especial los procedimientos administrativos sancionadores o aquellos procedimientos de limitación de derechos. Es, por ello, un componente del derecho a la buena administración que el Derecho Comunitario toma del Derecho Administrativo Interno. Es evidente que una buena administración electrónica podrá poner en conocimiento del ciudadano afectado, en un plazo adecuado y en las mejores condiciones, cualquier proyecto de medida administrativa que le pueda afectar desfavorablemente.

El segundo derecho derivado de este derecho fundamental a la buena administración se refiere, de acuerdo con el párrafo segundo del citado artículo 41 de la Carta de Derechos Fundamentales, se refiere al derecho de toda persona a acceder al expediente que le afecte, dentro del respeto de los intereses legítimos de la confidencialidad y del secreto profesional y comercial. Nos encontramos, de nuevo, con otro derecho de los ciudadanos en los procedimientos administrativos generales que, efectivamente, una buena administración electrónica puede facilitar, y mucho. En el Derecho Administrativo Español, por ejemplo, este derecho al acceso al expediente está recogido dentro del catálogo de derechos que establecidos en los artículos 3 y siguientes de la actual ley 39/2015 de procedimiento administrativo común. Se trata, de un derecho fundamental lógico y razonable que también se deriva de la condición que tiene la Administración pública, también la comunitaria, de estar al servicio objetivo de los intereses generales, lo que implica, también, que en aras de la objetividad y transparencia, los ciudadanos podamos consultar los expedientes administrativos que nos afecten. Claro está, existen límites derivados del derecho a la intimidad de otras personas así como del secreto profesional y comercial. Es decir, un expediente en que consten estrategias empresariales no puede consultado por la competencia en ejercicio del derecho a consultar un expediente de contratación que le afecte en un determinado concurso.

En este sentido, hay que tener en cuenta la Ley 11/2007 de acceso electrónico de los ciudadanos a los servicios públicos. Una relevante iniciativa que debiera servir para simplificar las relaciones de los ciudadanos con la Administración, así como las relaciones inter-administrativas, implicando, claro está, la necesaria interconexión de los registros de las diferentes Administraciones, un aspecto de la Administración electrónica que todavía no se ha afrontado como se debiera.

En relación a los derechos que asisten a los ciudadanos en relación con la Administración, la ley 39/2015, regulados en sus artículos 13 y 14, por lo que se refiere a las nuevas tecnologías debe aludir los siguientes: derecho a comunicarse con las administraciones públicas a través de un punto de acceso general electrónico, derecho a ser asistido en el uso de los medios electrónicos, derecho de acceso a la información pública, derecho a la obtención y utilización de medios de identificación y firma electrónica, derecho a la protección de datos de carácter personal.

Por otra parte, existen en la ley española una serie de derechos de los interesados en el procedimiento, que son relevantes en materia de nuevas tecnologías. Es el caso del derecho a conocer en cualquier momento el estado del procedimiento, el sentido del silencio administrativo en caso de que la administración no dicte y/o notifique la resolución dentro del plazo correspondiente, al órgano competente para la instrucción del procedimiento, así como para su resolución, los actos de trámite dictados en la tramitación del procedimiento, a obtener copias de los documentos contenidos en los procedimientos en que tengan la condición de interesados, a relacionarse con las Administraciones Públicas por medio del punto de acceso general electrónico, a identificar a las autoridades y personal al servicio de las Administraciones Públicas bajo cuya responsabilidad se tramiten ante el procedimiento en el que tengan la condición de interesados, a no presentar documentos originales ni aquellos datos y documentos no exigidos por las normas o que ya se encuentren en poder de las administraciones públicas o hayan elaborado ellas mismas, a formular alegaciones, a utilizar todos los medios de prueba admitidos en derecho, a aportar documentos en cualquier fase del procedimiento anterior al trámite de audiencia. Este derecho incluye que se tengan en cuenta los documentos aportados a la hora de redactar la propuesta de resolución, a obtener información y orientación sobre requisitos jurídicos o técnicos de proyectos, actuación o solicitudes que vayan a realizar, a actuar asistidos de asesor si lo consideran oportuno a cumplir sus obligaciones de pago por medios electrónicos.

El tercer derecho que incluye el derecho fundamental a la buena administración es el más importante: el derecho de los ciudadanos a que las decisiones administrativas de la Unión europea sean motivadas. Llama la atención que este derecho se refiera a todas las resoluciones europeas sin excepción. Me parece un gran acierto la letra y el espíritu de este precepto. Sobre todo, porque una de las condiciones del ejercicio del poder en las democracias es que sea argumentado, razonado, motivado. El poder que se basa en la razón es legítimo. El que no se justifica es sencillamente arbitrariedad. Por eso todas las manifestaciones del poder debieran, como regla motivarse. Su intensidad dependerá, claro está, de la naturaleza de los actos de poder. Si son reglados la motivación será menor. Pero si son discrecionales, la exigencia de motivación será mayor. Es tan importante la motivación de las resoluciones públicas que bien puede afirmarse que la temperatura democrática de una Administración es proporcional a la intensidad de la motivación de los actos y normas administrativos.

En el apartado tercero del precepto se reconoce el derecho a la reparación de los daños ocasionados por la actuación u omisión de las instituciones comunitarias de acuerdo con los principios comunes generales a los Derechos de los Estados miembros. La obligación de indemnizar en los supuestos de responsabilidad contractual y extracontractual de la Administración está, pues, recogida en la Carta. Lógicamente, el correlato es el derecho a la consiguiente reparación cuándo las instituciones comunitarias incurran en responsabilidad. La peculiaridad del reconocimiento de este derecho, también fundamental, derivado del fundamental a la buena administración, reside en que, por lo que se vislumbra, el régimen de funcionalidad de este derecho se establecerá desde los principios generales de la responsabilidad administrativa en Derecho Comunitario.

2 La buena administracion en la carta iberoamericana de los derechos y deberees de los ciudadanos frente a la administración pública de octubre de 2013

El 10 de octubre de 2013 el CLAD (Centro Latinoamericano para las Administración del Desarrollo) aprobó la llamada Carta Iberoamericana de los Derechos y Deberes del Ciudadano en relación con la Administración Pública (CIDYDCAP). Un documento que constituye un punto de inflexión en relación con una Administración pública más humana, más justa, más cercana a la ciudadanía, a la que debe servir en sus necesidades públicas. No es exageración alguna afirmar que en buena medida el texto de la Carta es un precipitado de la mejor doctrina que existe en este lado del Atlántico, de la que por cierto, los europeos hemos de estar más pendientes.

En efecto, esta Carta, como el lector podrá observar de su lectura, reconoce el derecho fundamental a la buena Administración pública. En este sentido, va más allá que lo dispuesto en el Ordenamiento jurídico europeo pues el contenido de este documento del CLAD trasciende, y supera, la regulación europea establecida en el artículo 41 de la Carta Europea de los Derechos Fundamentales de la Persona.

En el preámbulo, la Carta (CIDYDCAP) afirma que "el Estado Social y Democrático de Derecho otorga una posición jurídica a la persona, un estatus de ciudadano en sus relaciones con la Administración Pública. En efecto, ahora los ciudadanos ya no son sujetos inertes, simples receptores de bienes y servicios públicos; son protagonistas principales de los asuntos de interés general y disponen de una serie de derechos, siendo el fundamental el derecho a una buena Administración Pública...". Por otra parte, si reconocemos, como implícitamente admite la Carta (CIDYDCAP), que los poderes del Estado son de la titularidad y propiedad ciudadana, es lógico que quienes los ejercen temporalmente por mandato del pueblo, a él deban permanentemente dar cuenta del encargo recibido. De ahí que como señala el parágrafo segundo de la Carta, "los poderes del Estado derivan del consentimiento de los ciudadanos, debiéndose buscar un equilibrio entre dichos poderes como entre derechos y deberes de las personas. En su representación, legisladores, ejecutivos y jueces ejercen el poder que les corresponde. Como administradores y gestores de estos poderes del Estado, deben rendir cuenta permanentemente de su ejercicio ante toda la ciudadanía a través de los diferentes mecanismos que los ordenamientos jurídicos nacionales establecen". Esa rendición de cuentas, obviamente, puede ser más real y efectiva a través de las nuevas tecnologías con participación ciudadana.

La aspiración a una Administración Pública que contribuya a un mejor servicio objetivo al interés general no es algo propio de este tiempo. Es una exigencia de la misma existencia de la Administración Pública, y desde siempre, de una u otra forma, se ha tratado de poner a disposición de los habitantes de un aparato administrativo comprometido con el libre y solidario desarrollo de las personas. En este sentido, el preámbulo de la Carta (CIDYDCAP) sigue señalando que "en el marco del complejo Gobierno-Administración Pública, núcleo en el que se realiza la definición e implementación de las políticas públicas propias del Poder Ejecutivo, ha ido cobrando especial relieve en los últimos tiempos la obligación de las instancias públicas de proceder a una buena Administración Pública, aquella que se dirige a la mejora integral de las condiciones de vida de las personas. La buena Administración Pública es, pues, una obligación inherente a los Poderes Públicos en cuya virtud el quehacer público debe promover los derechos fundamentales de las personas fomentando la dignidad humana de forma que las actuaciones administrativas armonicen criterios de objetividad, imparcialidad, justicia y equidad, y sean prestadas en plazo razonable", y las nuevas tecnologías, que duda cabe, pueden, y deben, un papel clave como medios a través de los cuales se realice una buena administración.

El principio de servicio objetivo a los ciudadanos se proyecta, según lo dispuesto en el punto 2 de la Carta "a todas las actuaciones administrativas y de sus agentes, funcionarios y demás personas al servicio de la Administración Pública, sean expresas, tácitas, presuntas, materiales – incluyendo la inactividad u omisión - y se concreta en el profundo respeto a los derechos e intereses legítimos de los ciudadanos, que habrá de promover y facilitar permanentemente. La Administración Pública y sus agentes, funcionarios y demás personas al servicio de la Administración Pública deben estar a disposición de los ciudadanos para atender los asuntos de interés general de manera adecuada, objetiva, equitativa y en plazo razonable". Las nuevas tecnologías están vinculadas, pues, a este principio.

En el apartado 3 se define el principio promocional de los poderes públicos, que "se dirige a la creación de las condiciones necesarias para que la libertad y la igualdad de los ciudadanos iberoamericanos y de los grupos en que se integran sean reales y efectivas, removiendo los obstáculos que impidan su cumplimiento y fomentando la participación ciudadana a fin de que los ciudadanos contribuyan activamente a definir el interés general en un marco de potenciación de la dignidad humana". Este principio, como sabemos, es la expresión administrativa de la cláusula del Estado social y democrático de Derecho y es principio rector del régimen y funcionamiento de las nuevas tecnologías.

La eficacia según la Carta (CIDYDCAP) también se ordena a eliminar y remover las dificultades que impiden que las actuaciones administrativas cumplan los fines previstos. Así en el mismo punto 6, la Carta (CIDYDCAP) dispone que "las Autoridades buscarán que los procedimientos y las medidas adoptadas logren su finalidad y, para ello, procurarán remover de oficio los obstáculos puramente formales y evitarán las dilaciones y los retardos, buscando la compatibilidad con la equidad y el servicio objetivo al interés general. En esta materia será de aplicación, de acuerdo con los diferentes ordenamientos jurídicos, el régimen de responsabilidad del personal al servicio de la Administración Pública".

En la medida en que se identifique al funcionario responsable de cada procedimiento, será más sencillo derivar la responsabilidad que en que pudiera incurrir como consecuencia de dilaciones y retardos indebidos, sin justificación alguna, algo que las nuevas tecnologías deberían poder evitar para que los procedimientos se resuelvan en plazo razonable.

La cláusula del Estado democrático implica la participación y presencia ciudadana en el análisis y evaluación de las políticas públicas. Por eso el punto 13 de la Carta (CIDYDCAP) hace referencia al principio de participación, "en cuya virtud los ciudadanos, en el marco de lo dispuesto en la Carta Iberoamericana de Participación Ciudadana en la Gestión Pública, podrán, según la legislación interna de cada país, estar presentes e influir en todas las cuestiones de interés general a través de los mecanismos previstos en los diferentes ordenamientos jurídicos de aplicación. Igualmente, se propiciará que los ciudadanos participen en el control de la actividad administrativa de acuerdo con la Legislación administrativa correspondiente". Debe subrayarse que la Carta deja la puerta abierta a la función de control de la actividad administrativa general por parte ciudadana, lo que obviamente se regulará en la legislación general administrativa de cada país. Obviamente, tanto la participación social como el control social de la actividad administrativa podrán ser reales si las nuevas tecnologías lo facilitan ciertamente a los ciudadanos.

Dicha participación, como es lógico, tiene una relevancia especial cuándo se refiere a la elaboración de las normas administrativas. De ahí que la parte final de este apartado señala que "de igual manera, la Administración Pública facilitará que los ciudadanos interesados participen, individual o colectivamente, también a través de sus legítimos representantes, en el procedimiento de elaboración de las normas administrativas que puedan afectarles". Participación que, es obvio, debe canalizarse de acuerdo con las nuevas tecnologías de manera que se garantice una presencia constante de la ciudadanía en el devenir de las políticas públicas.

En el punto 14 de la Carta, consecuencia de la función de servicio a la ciudadanía que acompaña a la Administración en todo su quehacer, se hace referencia a los "principios de publicidad y claridad de las normas, de los procedimientos y del entero quehacer administrativo en el marco del respeto del derecho a la intimidad y de las reservas que por razones de confidencialidad o interés general, que serán objeto de interpretación restrictiva". Consecuencia de lo expuesto en el parágrafo anterior es, como dispone la Carta (CIDYDCAP) en este punto, que "las autoridades procurarán dar a conocer a los ciudadanos y a los interesados, de forma sistemática y permanente, según las diferentes legislaciones de cada uno los países de la región, sus actos, contratos y resoluciones, mediante comunicaciones, notificaciones y publicaciones, incluyendo el empleo de tecnologías que permitan difundir de forma masiva tal información". La Administración Pública, como está al servicio de los ciudadanos, debe facilitar todo lo que pueda las relaciones de éstos con el Poder público. Por eso, el punto de 20 de la Carta dispone que "de acuerdo con el principio de facilitación los ciudadanos encontrarán siempre en la Administración Pública las mejores condiciones de calidez, amabilidad, cordialidad y cortesía para la tramitación y asesoramiento de los asuntos públicos que les afecten". En este sentido, las innovaciones tecnológicas han de estar orientadas a esta finalidad, por lo que, como establece la Carta (CIDYDCAP) al final de este apartado, "en estos casos, el uso de las TICS facilita la tramitación de numerosos procedimientos y permite de forma puntual conocer en cada momento el estado de la tramitación así como solventar las dudas que puedan tener los interesados".

La resolución de los asuntos públicos en plazo razonable justifica el principio de "Celeridad, en cuya virtud las actuaciones administrativas deberán realizarse optimizando el uso del tiempo, resolviendo los procedimientos en un plazo razonable que será el que corresponda de acuerdo con la dotación de personas y de medios materiales disponibles y de acuerdo con el principio de servicio objetivo al interés general, así como en función de las normas establecidas para tal fin. (Punto 21). Obviamente, las nuevas tecnologías deben hacer posible que los procedimientos se resuelvan en plazo razonable". Las nuevas tecnologías, dice la Carta (CIDYDCAP), tienen también gran importancia para facilitar dichos principios: "Las Autoridades deberán impulsar de oficio los procedimientos y procurarán usar las TICS a los efectos de que los procedimientos se tramiten con diligencia y sin dilaciones injustificadas de acuerdo con los enunciados de la Carta iberoamericana del Gobierno Electrónico. Igualmente, se procurará potenciar el uso de estándares abiertos para facilitar la difusión y reutilización de la información pública o de interés general. (Apartado 22 in fine)". En este tiempo, las técnicas de limitación y ordenación a las que la Administración Pública puede someter las actividades de las personas deben respetar el principio establecido en el punto 23: el principio de protección de la intimidad, "de forma que las personas al servicio de la Administración Pública que manejen datos personales respetarán la vida privada y la integridad de las personas de acuerdo con el principio del consentimiento, prohibiéndose, de acuerdo con los ordenamientos jurídicos correspondientes, el tratamiento de los datos personales con fines no justificados y su transmisión a personas no autorizadas". Entre los derechos componentes del derecho fundamental a la buena administración, la Carta se refiere a algunos que ciertamente están condicionados a un buen funcionamiento de las nuevas tecnologías. Es el caso del Derecho a una resolución administrativa amparada en el ordenamiento jurídico, equitativa y justa, de acuerdo con lo solicitado y dictada en los plazos y términos que el procedimiento señale.

1. Derecho a presentar por escrito o de palabra peticiones de acuerdo con lo que se establezca en las legislaciones administrativas de aplicación, en los registros físicos o informáticos.

2. Derecho a no presentar documentos que ya obren en poder de la Administración Pública, absteniéndose de hacerlo cuando estén a disposición de otras Administraciones públicas del propio país.
3. Derecho a no presentar documentos cuando éstos se encuentren a disposición de la Administración Pública.
4. Derecho a ser oído siempre antes de que se adopten medidas que les puedan afectar desfavorablemente.
5. Derecho de participación en las actuaciones administrativas en que tengan interés, especialmente a través de audiencias y de informaciones públicas.
6. Derecho a conocer y a opinar sobre el funcionamiento y la calidad de los servicios públicos y de responsabilidad administrativa.
7. Derecho a formular alegaciones en el marco del procedimiento administrativo.
8. Derecho a presentar quejas, reclamaciones y recursos ante la Administración Pública.
9. Los ciudadanos podrán denunciar los actos con resultado dañoso que sufran en cualquiera de sus bienes y derechos producidos por los entes públicos en el ejercicio de sus funciones.
10. Derecho a conocer las evaluaciones de gestión que hagan los entes públicos y a proponer medidas para su mejora permanente de acuerdo con el ordenamiento jurídico correspondiente.
11. Derecho de acceso a la información pública y de interés general, así como a los expedientes administrativos que les afecten en el marco del respeto al derecho a la intimidad y a las declaraciones motivadas de reserva que habrán de concretar el interés general en cada supuesto en el marco de los correspondientes ordenamientos jurídicos.
12. Derecho a copia sellada de los documentos que presenten a la Administración Pública.
13. Derecho de ser informado y asesorado en asuntos de interés general.
14. Derecho a conocer el responsable de la tramitación del procedimiento administrativo.
15. Derecho a conocer el estado de los procedimientos administrativos que les afecten.

16. Derecho a ser notificado por escrito en los plazos y términos establecidos en las disposiciones correspondientes y con las mayores garantías, de las resoluciones que les afecten.

3 Buen gobierno, buena administración y nuevas tecnologías

En la sociedad del conocimiento, de la información, de las nuevas tecnologías, de la crisis de las ideologías cerradas, de la pandemia, también nos encontramos con la llamada crisis de la gobernabilidad, sea pública, sea privada, consecuencia del exceso de organización. Es sorprendente que en los tiempos actuales, a pesar de ser más autoconscientes de que las instituciones han de promover las libertades y los derechos de las personas, todavía constatemos el enorme peso de la tecnoestructura, de la burocracia cerrada que aspira a manejar, a dominar, los resortes del poder y el mismo interés general. En este contexto se pueden situar muchas de las nuevas teorías de la organización, que lejos de preconizar con claridad la vuelta a los valores humanos, constituyen un expediente, una justificación para un crecimiento estructural incontrolado. Es lo que ha pasado, en mi opinión, en relación con el Estado de Bienestar, en el cual al final la Administración Pública, el presupuesto, los funcionarios, se han convertido en una justificación para crecer en lugar de buscar fórmulas que permitan, en un contexto de humanización permanente de la organización, que se puedan atender los asuntos públicos que afectan a los ciudadanos. En este tiempo de pandemia, de excepcionalidad, lo comprobamos a diario, especialmente en gobiernos de coalición en los que, con frecuencia, suele haber dos poderes ejecutivos.

Pues bien, una de las claves hermenéuticas para conducir el desafío presente reside en abrirse más a la ciudadanía y menos a los sistemas y procedimientos. Los protagonistas son las personas, los protagonistas son los ciudadanos concretos y la organización tiene que estar atendiendo continuamente los problemas, las dificultades, los anhelos, los intereses colectivos de esas personas. Lo que ocurre es que, desgraciadamente, la historia de los fracasos de las reformas administrativas tiene mucho que ver con la historia de la permanente mirada de la organización hacia sí misma, en vez de mirar continuamente hacia los problemas sociales. La buena administración, el buen gobierno ha de realizarse mirando permanentemente a las necesidades colectivas de los ciudadanos desde los citados parámetros del pensamiento abierto, plural, dinámico y complementario. Esperemos que la reforma diseñada para gestionar eficaz y eficientemente los fondos de la Unión europea para paliar los efectos de la pandemia se pueda realizar atendiendo a los cánones de una buena administración. La letra de las normas que, sin embargo, se acaban de aprobar apuestan por la centralización y un crecimiento burocrático que mucho nos tememos que no sean más que burdos procesos para el uso partidista de dichos recursos tan importantes para salir de la crisis que tanto hace sufrir a tantos españoles.

En la nueva sociedad del conocimiento, se ha hablado mucho, se ha escrito mucho sobre cómo tienen que concebirse las organizaciones. Por ejemplo, se ha señalado que deben ser de organizaciones inteligentes, flexibles, organizaciones humanas, abiertas, no rígidas, no herméticas, no verticales, no artificiales y no piramidales. Veamos esta cuestión de la mano del filósofo Alejandro LLANO puesto que tiene gran relevancia en orden a la caracterización de lo que denominamos buen gobierno o buena administración en tiempos de las nuevas tecnologías.

La clave para esta transición de la verticalidad a la horizontalidad se encuentra en la concepción que tengamos de la persona en todo el modelo. Es compatible la reflexión, la meditación sobre la importancia de la persona a la vez que se cosifica su dignidad por múltiples fórmulas y caminos. Es compatible el discurso de la globalización humanista y la aplicación de políticas públicas, por ejemplo, que abran más la brecha que existe entre los países ricos y los países pobres, o entre las personas ricas y las personas pobres. Ello se produce cuándo la retórica sustituye a la realidad, algo bien frecuente en los liderazgos de la palabra, hoy tan presentes como fracasados por su falta de comunicación con la propia realidad.

Me parece de gran interés la afirmación de Alejandro LLANO al señalar que la clave en estas organizaciones de la sociedad del conocimiento tiene mucho que ver con el proceso artesanal del aprendizaje. La formación no termina nunca, como sabemos muy bien, y el conocimiento es crecimiento, también como persona. Los saberes que se producen a través de las nuevas tecnologías deben ayudar también a mejorar el trabajo diario y a mejorar también el trabajo de las personas que forman parte de la Administración, sin olvidar que hay una dimensión ética muy importante, desde luego, que para la Administración Pública tiene consecuencias muy concretas y que además, en mi opinión, está perfectamente representada en la

Constitución, cuando se define a la Administración Pública, como una organización al servicio de los intereses generales. El ciudadano tiene que percibir que la entera actuación de la Administración Pública, ya sea del Estado, de las Comunidades Autónomas o de los Entes Locales, está en permanente disposición de atender las necesidades colectivas de los ciudadanos. Aquí, evidentemente, el buen gobierno, la buena administración asume un papel básico y fundamental en la medida en que en una sociedad democrática la gobernación y la administración de lo público debe realizarse desde la condición central del ser humano y desde la convicción de que el poder es una institución para mejorar las condiciones de vida de los ciudadanos. Y, en este contexto, las nuevas tecnologías adquieren una dimensión instrumental capital.

Por supuesto que en la sociedad del conocimiento lo importante son las personas. Las personas no son mercancías, las personas tienen un potencial de libertad e inteligencia muy importante y los dirigentes, los dirigentes públicos, tienen que ser capaces de hacer aflorar esas potencias, esa capacidad de aportación de ideas, esa capacidad de intercambio de ideas, esa capacidad de generar confianza para transformar la realidad. En esta tarea las nuevas tecnologías juegan un papel fundamental.

En la sociedad del conocimiento, donde Internet, la red, tiene tanta importancia, tenemos que ser conscientes de que la clave está en los conocimientos como capacidad para mejorar la vida de los hombres, no en acumular todo un conjunto de información que viene por la red y que no se sabe para qué sirve. Sin embargo, estamos viendo como para muchas personas ocurre eso que anunciaba Jeremy RIFKIN: 24 horas, 7 días a la semana; es decir, que estamos intentando que los trabajadores hagan su tarea en mejores condiciones, en unas nuevas condiciones más humanas de trabajo, y estamos obligando, muchas veces, a que los empleados estén conectados al ordenador 24 horas los 7 días de la semana, sábados y domingos, incluidos. O que, a través de los móviles, resulta que se puede tener a los trabajadores en un permanente sentido de dependencia que dañe incluso la vida de familia.

La sociedad del conocimiento nos facilita saber más para pensar mejor. Y por eso, también me parece de gran importancia la reflexión de Alejandro LLANO cuando se refiere a que las organizaciones son comunidades de aprendizaje, de investigación. ¿Por qué? Pues porque realmente, si en una organización hay un deseo de mejora, si continuamente se analizan los resultados: ¿por qué, las cosas salen bien? ¿por qué salen mal?, y ¿qué cambios se deben procurar desde el trabajo en equipo, desde la escucha de los colaboradores?, entonces es más fácil saber lo que se debe hacer en cada momento. No es fácil, pero es un desafío que tienen los directivos, también en el gobierno y en la administración pública. En este sentido, se puede decir que hay algunas ideas que se subrayan permanentemente en los programas de dirección y que, en mi opinión, están muy vinculados al buen gobierno, a la buena administración: mentalidad abierta, metodología del entendimiento y sensibilidad social. Trilogía que, en alguna medida, pues deben tener presente los directivos de las organizaciones modernas.

Las transformaciones tecnológicas están determinando un nuevo tipo de sociedad, que abandona a marchas forzadas su carácter postindustrial, para configurarse como una sociedad del conocimiento y de la información. Ahora bien, insisto, esa sociedad del conocimiento y de la información tiene que ser también una sociedad humana, profundamente humana, en la cual resplandezcan los derechos fundamentales y la dignidad de las personas. Es más, donde resplandezcan, fundamentalmente, los derechos fundamentales de los que menos tienen menos condiciones tienen de salir adelante. Y esta nueva sociedad que está emergiendo poco a poco, ofrece muchas potencialidades para mejorar la vida de los ciudadanos desde las vertientes pública y privada. Se habla de la nueva economía, de los nuevos canales comerciales, de la nueva democracia, más directa y más participativa, se habla también de nuevas formas de concebir y ejecutar las políticas públicas. No sé si es demasiado nuevo todo, pero se plantean desafíos y retos relevantes, como la privacidad, la confidencialidad, la desigualdad social; retos que hay que atender y a los que hay que dar respuestas humanas teniendo presente que el pensamiento bipolar e ideologizado sigue presente, más en tiempo de pandemia, en nuestra sociedad, como por ejemplo, en materia de libertad y seguridad. Parece que como consecuencia del terrorismo, ahora de la pandemia, se estén limitando las libertades y potenciándose una necesidad, a veces desproporcionada, de seguridad. En el buen gobierno, en la buena administración del presente hay que pensar que los poderes públicos tienen el gran desafío, protegiendo y mejorando la seguridad de las personas, de mejorar las condiciones para el libre desarrollo solidario de los ciudadanos, no vaya a ser que estemos configurando o construyendo una nueva ideología de la seguridad, una nueva ideología que vaya colocando en un segundo plano los derechos y las libertades y en un primer plano, otra vez, la racionalidad técnica, ahora revestida de las "bondades" de la seguridad y el control.

Aquí se impone una visión más complementaria, abierta y dinámica que, de seguro, ha de ser asumida desde el buen gobierno y la buena administración.

Finalmente, la simplificación que puede representar para la organización la puesta en común de recursos, evitando tramites e informaciones innecesarias y duplicaciones de tareas es clara; es decir, las ventajas de las nuevas tecnologías son evidentes, sobre todo en la perspectiva de recuperar esa vieja idea del pensamiento democrático de que las instituciones son de la propiedad ciudadana. Así, las nuevas tecnologías deben mejorar el acceso de los ciudadanos a la Administración y la comunicación de los ciudadanos con la Administración.

Sin embargo, tenemos que tener cuidado, porque la condición humana es la que es, y no sería la primera vez que una revolución de esta naturaleza se queda en mitad del camino y prende en ella un cierto pensamiento único. En este sentido, hay que tener en cuenta que para que la Administración on-line tenga sentido, el desarrollo debe ir en paralelo al propio desarrollo tecnológico de la sociedad. Por ello no solo hay que hacer esfuerzos por implantar la e-Administración, sino que también hay que priorizar la extensión del uso de las nuevas tecnologías en la sociedad, minimizando la brecha social que se puede producir según se use o no la información. Esta realidad, y la adopción de determinadas medidas, como mejorar la seguridad electrónica, garantizar la confidencialidad, son claves para que cobre sentido la Administración en línea. De poco sirve que se pueda prestar el uso del servicio público a través de Internet, si este servicio solo es accesible a un 20% de la población. Pues con ello, seguramente, estemos aumentando la desigualdad, la fractura tecnológica de la sociedad.

El camino que hay que recorrer en la Administración Pública consiste en colaborar en la implantación de la cultura de las nuevas tecnologías, haciéndolo de manera progresiva y en compatibilidad con ese temple humanista que siempre tiene que estar presente en la gestión de los problemas en la Administración.

La nueva cultura debe impregnar la propia organización, los métodos de trabajo, las gestiones administrativas, los procedimientos, la prestación de servicios públicos. Para que esta nueva cultura tecnológica y humana, radicalmente tecnológica y radicalmente humana, penetre verdaderamente es muy importante trabajar en el mundo de la educación y de la formación. Por eso, en una institución como el Instituto Nacional de Administración Pública, es esencial insistir y subrayar la formación de los funcionarios, de los empleados públicos en el manejo de los nuevos instrumentos informáticos de gestión, sin perder de vista algo fundamental, que las nuevas tecnologías no son un fin en sí mismas, que son un medio para conseguir una Administración más humana que facilite el libre ejercicio de los derechos fundamentales de las personas. Pues bien, esta formación debe ser concebida en el sentido más amplio posible, pues hay que tener presente que el conocimiento informático no sólo interesa al gestor de un servicio público, al funcionario de ventanilla, que presta servicios secundarios informáticos.

Hay que pensar en conocer todas las nuevas técnicas. Es esencial para los órganos que toman las decisiones, es decir, para las diferentes autoridades públicas, pues la cantidad de información que proporcionan es esencial para conocer la realidad, las necesidades ciudadanas y, por tanto, para adoptar rápidamente decisiones pertinentes para satisfacerlas.

Precisamente esta reflexión sobre la finalidad, y el uso de las nuevas tecnologías de la información y la comunicación, es básica para mejorar la calidad de vida de los ciudadanos, auténtica justificación de la propia existencia de la Administración pública.

Todo este conjunto de reflexiones, todo este elenco de consideraciones sobre la sociedad de la información y las nuevas tecnologías nos lleva a una nueva manera de entender el sentido que tiene trabajar en la Administración Pública. Pues bien, para ir terminando este epígrafe, haremos seis consideraciones, seis propuestas, con la ayuda del profesor Alejandro LLANO en relación con la sociedad del conocimiento y de la nueva funcionalidad del trabajo en el buen gobierno, en la buena administración.

Primera, trabajar es aprender. Dirigir es enseñar. Trabajar es aprender porque el aprendizaje es permanente y no se puede deslindar el trabajo del aprendizaje. Y, en el puesto de trabajo, en el trabajo cotidiano aprendemos de la convivencia con los demás colaboradores, colegas, por lo que el que dirige no se puede guardar para sí lo que ha aprendido de otros, sino que generosamente tiene que transmitirlo a sus colaboradores en un camino en el que se hace escuela y se descubren buenos directivos para lo público y para lo privado.

En segundo lugar, una organización inteligente es una comunidad de investigación y aprendizaje. Permanentemente tenemos que analizar, buscar las causas de lo que sale bien, de lo que sale mal y tomar decisiones. Y a la hora de los diagnósticos, de los análisis, tenemos que contar con toda la organización, con todas las personas que trabajan, que están involucradas en los objetivos y en los resultados.

En tercer lugar, entender el conocimiento nos lleva a una nueva forma de entender la profesión que tiene mucho que ver con la artesanía, que está vinculada a la elaboración esmerada del producto de trabajo. Tiene que ver con esa minuciosidad, con esa laboriosidad de los artesanos. Y esto lo señalo porque con mucha frecuencia, lo importante es un resultado que hasta se puede manipular o se puede tergiversar. Pues no, lo importante, además del resultado, y sobre el resultado, es el trabajo minucioso, completo y laborioso que se prepara con fines a los resultados.

En cuarto lugar, estas organizaciones poseen una obvia dimensión ética: transparencia, colaboración. La persona en el centro, en el centro de trabajo, tiene que ser la característica que distinga el trabajo de las nuevas organizaciones de la sociedad del conocimiento. Si la persona es una mercancía de usar y tirar, mal asunto.

En quinto lugar, una organización inteligente, también debe cultivar una profunda cultura corporativa, y si es una organización pública su talante y su estilo estará al servicio permanente de los intereses generales. Intereses generales entendidos como la garantía de los derechos de las personas.

Y en sexto lugar, en las organizaciones inteligentes, la investigación y la gestión se identifican. ¿Por qué? Porque el aprendizaje no termina nunca, la formación no termina nunca y gestionar es aprender, y gestionar, como decía antes, es investigar. El buen gobierno, la buena administración, no puede olvidarse de estos criterios tan importantes para intentar conducir con éxito las instituciones en el tiempo que nos ha tocado vivir.

En el contexto de la sociedad del conocimiento, de la información, de las nuevas tecnologías, de la crisis de las ideologías cerradas, nos encontramos con la llamada crisis de la gobernabilidad, sea pública, sea privada, como consecuencia del exceso de organización y también de lo que se denomina sobregulación o reregulación. Es sorprendente que, en los tiempos actuales, a pesar de ser más conscientes de que las instituciones han de promover las libertades y los derechos, todavía constatemos el enorme peso de la tecnoestructura, de esa burocracia cerrada e insensible que aspira a manejar, a dominar los resortes y el mismo interés general. En este marco se pueden situar muchas de las nuevas teorías de la organización, que lejos de preconizar con claridad la vuelta a los valores humanos, constituyen un expediente, o justificación para un crecimiento incontrolado de las estructuras y de las ambiciones de poder de los nuevos burócratas. Es lo que ha pasado en relación con el Estado de Bienestar, en el cual al final la Administración Pública, el presupuesto, los funcionarios, se han convertido en una justificación para crecer olvidando la necesidad de encontrar fórmulas que faciliten la humanización permanente de la organización.

Por lo tanto, una de las claves hermenéuticas para conducir el desafío presente reside en abrirse más a la gente y menos a los sistemas y procedimientos. Los protagonistas son las personas, los protagonistas son los ciudadanos concretos y la organización tiene que estar mirando continuamente los problemas, las dificultades, los anhelos, los intereses colectivos de esas personas. Sin embargo, la historia de los fracasos de las reformas administrativas tiene mucho que ver con la historia de la permanente mirada de la organización hacia sí misma, que prefiere la autoreferencialidad, que es el espejo del autismo de unos dirigentes más pendientes del control y la dominación que del compromiso con la calidad de vida de las personas. La buena administración, el buen gobierno, han de realizarse mirando permanentemente a las necesidades colectivas de los ciudadanos desde los parámetros del pensamiento abierto, plural, dinámico y complementario.

4 La buena administración electrónica en los principios de la ley brasileña 14.129 de 29 de marzo de 2021 del gobierno abierto

La reciente promulgación de la Ley brasileña número 14.129 de 29 de marzo de 2021 sobre Gobierno abierto, se integra en esta corriente modernizadora dirigida a que las nuevas tecnologías mejoren sustancialmente la relación de los ciudadanos con la Administración. En efecto, ya en el artículo 1 el legislador del Brasil manifiesta su voluntad de que a través de los principios, reglas e instrumentos diseñados en la Ley aumente la eficiencia administrativa, especialmente a través de políticas públicas orientadas a la desburocratización, a la innovación, a la transformación digital y a la participación ciudadana. Objetivos que deben conducir a una Administración que atienda mejor a las personas y que contribuya a la mejora de sus condiciones de vida.

En este sentido, el artículo 3 de esta Ley enumera los principios y directrices que deben impregnar el trabajo de esta nueva Administración electrónica, digital, que opera a partir de las nuevas tecnologías y que, si está bien orientada, constituye un magnífico medio para que la dignidad humana y los derechos fundamentales de ella derivados brillen con luz propia en la actividad administrativa. Algo ciertamente complejo y difícil especialmente en tiempos de emergencia sanitaria, en tiempos de deriva totalitaria, en tiempos de restricciones y limitaciones, a veces injustificadas de derechos de las personas.

En este precepto, sin embargo, encontramos principios propios de la buena administración en general que se tornan, si cabe, más importantes, en materia de Administración digital. Es el caso de la desburocratización del punto I de este precepto, pues es menester simplificar, y mucho, las estructuras y los procedimientos y tal tarea, titánica y en tantas ocasiones fracasada, precisa de una voluntad política fuerte y constante pues la experiencia sabemos a dónde nos suele llevar. Si las nuevas tecnologías, ya lo hemos comentado, no sirven para controlar más y mejor a las Autoridades y Funcionarios, mal asunto. Peor si conduce, como suele acontecer, a que desde el poder se controle más y mejor a los ciudadanos. Es verdad que el acceso individual a la Administración por medios digitales es algo digno de encomio, pero o ese acceso es simple y sencillo o, de lo contrario, puede ser peor el remedio que la enfermedad.

En el II de este artículo se alude a la plataforma única para el acceso a las informaciones y servicios públicos digitales. Efectivamente, la Administración es una para los ciudadanos y estos deben poder tener una comprensión más sencilla y fácil de los servicios que presta la Administración, sea nacional, estatal o local. Las nuevas tecnologías permiten el establecimiento de estas ventanillas únicas. Lo difícil no es diseñarlas, sino que sean realmente útiles a los ciudadanos y que estén permanentemente actualizadas y que garanticen una adecuada sincronización e integración entre los diferentes niveles de gobierno y administración.

Otro aspecto innovador, de difícil implementación, lo encontramos en el punto III, donde se prevé que el ciudadano podrá solicitar a través de las nuevas tecnologías el acceso a los servicios públicos digitales. Se trata de hacer efectivo un derecho del ciudadano a través de la Administración electrónica que va a requerir mejorar significativamente la capacidad de respuesta de las Administraciones a estos requerimientos, ahora inéditos y sin muchos precedentes.

En el apartado IV se hace transparencia, como es lógico, a la transparencia porque la identificación entre tecnología y transparencia no es automática. Ni mucho menos, si observamos la real realidad a nivel global en el manejo de las nuevas tecnologías, del Gobierno y la Administración digita, encontramos no pocos espacios de oscuridad u opacidad que se tejen deliberadamente para que a través de estos medios tecnológicos tan potentes las tecnoestructuras sigan en su posición hegemónica dominando la vida social hasta en sus recodos más insignificantes.

Por eso, que importante es el punto V de este artículo 3 referido a que la participación social debe poder controlar y fiscalizar a la Administración, y no tanto al revés, como suele pasar en tantas latitudes, ahora más obviamente como consecuencia de emergencia sanitaria y el despliegue de omnímodos poderes por parte de los Poderes Ejecutivos en todo el mundo. En el mismo sentido, debemos destacar positivamente la obligación que el legislador brasileño impone a la Administración en el punto VI de este artículo 3 de rendir cuentas directamente al pueblo sobre la gestión de los servicios públicos. Tal deber normativo debe ser bien concretado para evitar que se quede en un mero brindis al sol o en una obligación genérica.

Si el lenguaje administrativo sigue siendo complejo, incomprensible a veces, las nuevas tecnologías lo que hacen es multiplicar la dificultad de comprensión para los ciudadanos de la forma de expresión escrita de la Administración. De ahí que el punto VII se refiera a que la Administración use un lenguaje claro y comprensible.

Si las estructuras administrativas no están integradas armónicamente la modernización será imposible. Por eso el punto VIII subraya la necesidad de la integración estructural como medio imprescindible para que una Administración digital pueda cumplir el papel que se espera de ella.

La simplificación de procedimientos y la eliminación de cargas innecesarias superando el exceso rigorista de las formalidades son principios y directrices que encontramos en los puntos IX a XIII del artículo 3. Y en el punto IV, en esta línea de facilitar al máximo las relaciones de la Administración con los ciudadanos, aparece la interoperabilidad, una exigencia que es también necesaria para que las nuevas tecnologías puedan cumplir las finalidades que le son propias.

Finalmente, en los puntos XVI y XVII el legislador brasileño apela a que la atención administrativa debe ser personal y con plena protección a los datos personales. Es decir, si la Administración y el Gobierno digitales no se realizan a escala humana, pensando en la dignidad personal, apostando por la protección, defensa y promoción de los derechos fundamentales, habrá sido una ocasión más desperdiciada que, incluso, hasta podría ser usada por la tecnoestructura para aumentar su control y poder sobre la sociedad.

5 Etica, tecnologías y buena administración

El tiempo que nos ha tocado vivir, quien lo podrá negar, se caracteriza especialmente por una transformación radical y vertiginosa de las formas tradicionales de explorar la realidad, lo cual no quiere decir, ni mucho menos, que la tradición esté muerta. En alguna medida, la realidad actual, nos guste o no, es producto de lo que ha pasado, de lo que hemos heredado de nuestros antecesores y sería una soberana irresponsabilidad, por ejemplo, intentar transformar la realidad desde cero, sin reconocer lo bueno o lo malo que nos han dejado nuestros predecesores. Pero, en cualquier caso, sí que se ha producido una transformación relevante que reclama nuevos enfoques para entender el sentido de la sociedad del conocimiento y la Administración Pública, hoy.

Por otra parte, frente a los vertiginosos cambios que contemplamos, cada vez va cobrando más importancia el pensamiento abierto, el pensamiento dinámico, el pensamiento plural y el pensamiento complementario o compatible a pesar de la concentración del poder, cualquiera que sea su naturaleza, y el afán de control y manipulación es más real y creciente que nunca.

En el ámbito de las nuevas tecnologías, en el ámbito de la sociedad de la información, tenemos que ser conscientes de que hay que tender puentes sólidos entre nuevas tecnologías y derechos fundamentales de las personas, no vaya a ser que una apuesta importante en relación con las nuevas tecnologías pudiera abrir mas la brecha en lo que se refiere a la calidad en el ejercicio de los derechos fundamentales por todos los ciudadanos. El buen gobierno, la buena administración no puede olvidar que la sociedad del conocimiento ha de mejorar la calidad de la cultura cívica de las personas, pues de lo contrario estaremos desaprovechando una magnífica oportunidad para incidir positivamente en la mejora de las condiciones de vida de los ciudadanos.

Asimismo, se está produciendo, aunque levemente, y casi sin representación mediática consistente, lo que se ha denominado por algunos la *quiebra de la tecnostructura* o la *quiebra del tecnosistema* del que hablaron en su día Galbraith o Bell. En efecto, la tecnoestructura, que a veces ha aparecido como una alianza sutil entre el Estado, el Mercado y los medios de comunicación, intenta a toda costa erigirse en el supremo interprete del interés general acompañada de toda una maraña de lenguajes y procedimientos específicos que impiden el acceso de la gente común y corriente al proceloso mundo del espacio pública, nunca tan cacareado como cerrado. Por eso, uno de los riesgos, de los desafíos que tiene la sociedad del conocimiento es que los intereses generales dejen de estar dominados por los especialistas y se abran de una manera autentica a los problemas reales que tienen las personas.

Por otra parte, como consecuencia de la emergencia de una nueva manera de entender el poder como la libertad articulada de los ciudadanos (Burke), resulta que es necesario colocar en el centro del nuevo orden político, social y económico, la dignidad de la persona. Hay que volver a reflexionar sobre la persona. Pero no sobre la persona desde una perspectiva doctrinaria liberal, que lleva a las visiones del nuevo individualismo insolidario, sino desde la perspectiva, insisto, del pensamiento complementario y compatible, que hace de la libertad solidaria un concepto central, por que no son dos aspectos distintos de la realidad de las personas, la libertad y la solidaridad, sino que son las dos caras de la misma moneda, y son dos características que deben tender a unirse y a ofrecer, pues, perspectivas de complementariedad.

Por eso, no es baladí que la Comisión Europea haya elaborado una guía de principios éticos para la inteligencia artificial con el fin de estas nuevas tecnologías se gestionen siempre y en todo caso al servicio del ser humano. Regulación ética han de ir de la mano pues, de lo contrario, como ya pasa, estos fenomenales y fantásticos medio como son las nuevas tecnologías podrían ser los grandes azotes de una humanidad presa de esa tecnoestructura insensible a la dignidad humana como no sea para aprovecharse de ella para incrementar como sea la cuenta de resultados. Esperemos que este renacer ético no sea un simple barniz, sino que implique un compromiso radical y coherente.

Reflexión Final

La permanente y nunca acabada reforma de las Administraciones públicas pasa, en los tiempos actuales, por el uso inteligente de las nuevas tecnologías al servicio de los ciudadanos. Las nuevas tecnologías son un instrumento al servicio del pueblo. No son un fin en sí mismas. Su sentido y función, también en el mundo de los poderes públicos, están directamente vinculados a la mejora de las condiciones de vida de los ciudadanos.

En este contexto, la Unión Europea se ha comprometido en un ambicioso plan de trabajo con las autoridades públicas de los países miembros con el fin de ampliar y mejorar los servicios que las Administraciones públicas ofrecen a los ciudadanos a través de internet. Tarea que debe estar presidida por la simplicidad y la sencillez, características que no siempre, como comprobamos a diario, distinguen, por ejemplo, a las páginas web de numerosos entes públicos.

El plan de acción tiende a fortalecer las medidas de las Administraciones públicas encaminadas a que los ciudadanos y las Administraciones públicas utilicen sus aplicaciones en línea. En especial, se trata de mejorar las aplicaciones dirigidas a registrar un negocio, solicitar y acceder a la seguridad social o a beneficios sanitarios, solicitar el ingreso en una universidad o proporcionar bienes o servicios a los Entes públicos.

Si estas relaciones entre la ciudadanía y las Administraciones se realizaran a través de la red es verdad que las colas y la ordinaria pesadez y rutina con la que generalmente funcionan los poderes públicos podrían situarse en otra dimensión. Incluso se mejoraría la competitividad y se podrían ofrecer mejores servicios a mejores precios, algo que en un momento de crisis económica como la actual sería bien relevante.

Sin embargo, la implementación de estos proyectos debe partir de una más fácil y accesible comunicación entre Administración y ciudadanos. A veces, no pocas, los sistemas de información que se diseñan piensan más en la propia estructura administrativa, o en el beneficio empresarial, que en las necesidades de los ciudadanos. Y así nos va. Cuantas veces en lugar de mejorar esa comunicación, se dificulta y hasta se hace más oscura e incomprensible.

Por eso, para que estos ambiciosos y costosos programas surtan los efectos deseados han de contar desde su diseño y realización con la participación ciudadana, con la presencia de usuarios de servicios públicos y de interés general. Algo que por estos lares no es frecuente por seguir predominado una perspectiva piramidal y tecnoestructural del manejo y realización de las reformas administrativas. Sin embargo, lo razonable y lógico sería que en estos procesos la presencia ciudadana se garantizara desde el primer momento.

Precisamente la UE señala que el impulso de las tecnologías ha de fomentar más transparencia implicando más a los ciudadanos. El pueblo es el dueño de las instituciones públicas y de los procedimientos y por ende debe estar presente en el diseño y evaluación del uso de las nuevas tecnologías en la Administración. De lo contrario, seguiremos instalados en ese despotismo administrativo tan frecuente para el que lo relevante es mantener el poder a través de las estructuras y diseños burocráticos con un olvido sistemático de lo fundamental: la calidad de vida de la gente. Si las nuevas tecnologías lo facilitan, bienvenidas sean, si lo perjudican, que se apliquen siempre de acuerdo con este mandamiento. Las TICS o sirven para la mejora de las condiciones de vida de los ciudadanos, o, sencillamente, no sirven. Así de claro.

Informação bibliográfica deste texto, conforme a NBR 6023:2018 da Associação Brasileira de Normas Técnicas (ABNT):

RODRÍGUEZ-ARAÑA, Jaime. Nuevas tecnologías y buena administración pública. (Especial referencia a la Ley brasileña 14.129 de 29 de marzo de 2021 del gobierno abierto). *In*: MOTTA, Fabrício; VALLE, Vanice Regina Lírio do (Coords.). *Governo digital e a busca por inovação na Administração Pública*: A Lei nº 14.129, de 29 de março de 2021. 2. ed. Belo Horizonte: Fórum, 2025. p. 17-46. ISBN 978-85-450-0987-0.

GOVERNO DIGITAL: MAPEANDO POSSÍVEIS BLOQUEIOS INSTITUCIONAIS À SUA IMPLANTAÇÃO

VANICE REGINA LÍRIO DO VALLE

FABRÍCIO MOTTA

Considerações iniciais

A busca da eficiência se apresenta como consideração central à Administração Pública desde a promulgação da Carta de 1988. Afinal, optando o constituinte pela orientação finalística do poder, superada estava a possibilidade de dissociar-se a ação administrativa do seu resultado – e com isso, inaugurado o debate em torno de qual seja a eficiência almejada pelo Estado,[1] e ainda, de quais os meios disponíveis ou necessários para a conquista deste signo.

Finda a segunda década do século XXI, tem-se por evidenciado que o advento de novas tecnologias não mais depende do aleatório da descoberta, e muitas vezes, não exige mais o longo intervalo de tempo

[1] É de Batista Júnior a observação de que os Estados contemporâneos, qualificados como verdadeiras telocracias, reclamam o sucesso das ações concretizadoras dos objetivos constitucionalmente assinalados, sob pena de perda da legitimidade. (BATISTA JÚNIOR, Onofre Alves. *Princípio constitucional da eficiência administrativa.* Belo Horizonte: Mandamentos Editora, 2004. p. 124-125).

para que esse mesmo achado revele seu potencial de aplicação técnica e se transforme em produto.[2] Com esse direcionamento e aceleração do processo de desenvolvimento de novas tecnologias, inevitável que elas sejam identificadas como ferramenta para alcance do desejável resultado eficiente, seja funcionando diretamente como meio para a oferta de prestações públicas, seja oferecendo o suporte de informação e predição necessário ao desenvolvimento de estratégias, bem como ao monitoramento de resultados e aperfeiçoamento da ação pública.

Várias iniciativas de incorporação dos potenciais da tecnologia digital já se tinham enunciadas no cenário nacional, em legislação esparsa. A título de ilustração, considere-se a Lei nº 12.527/2011 (Lei de Acesso às Informações), aludindo em seu art. 8º ao dever de órgãos e entidades públicas proverem informações de interesse coletivo ou geral em sítios eletrônicos; e a Lei nº 12.965/2011 (Lei do Marco Civil da Internet) em seu art. 24, III, já enunciava a diretriz de "promoção da racionalização e da interoperabilidade tecnológica dos serviços de governo eletrônico, entre os diferentes Poderes e âmbitos da Federação, para permitir o intercâmbio de informações e a celeridade de procedimentos". Mais recentemente, a Lei nº 14.133/2021, em seu art. 174, alude ao Portal Nacional de Contratações Públicas, que congrega num só ambiente digital: plataformas de informação (*v.g.*, art. 174, §3º, I), integração de sistemas antes existentes (art. 174, §3º, V), gestão compartilhada de informações com a sociedade (art. 174, §3º, VI); tudo no formato de dados abertos (art. 174, §4º), fortalecendo com isso o potencial de acesso e controle institucional e social das contratações públicas.

Uma década depois das pioneiras previsões legislativas mencionadas, as promessas de incremento de rapidez, acuidade e transparência associadas ao uso de ferramental digital trazem um apelo irresistível, estando certamente no pano de fundo da deliberação legislativa que se traduz na Lei nº 14.129/2021, conhecida como Lei do Governo Digital,[3]

---

[2] GARCÍA-PELAYO, Manuel. *Las transformaciones del Estado contemporáneo.* Madrid: Alianza Editorial, 2005. p. 70.

[3] Consigne-se a objeção de Gouveia em relação à utilização de "governo" em locuções que consignam esse novo suporte para relações internas e externas mantidas pelo Poder Público. Ao ver do autor, o uso da palavra "governo" pode sugerir aos menos avisados uma circunscrição à esfera política de deliberação, quando na verdade o que se pretende é abarcar todas as práticas desenvolvidas pela Administração Pública – notadamente, a prestação de serviços. (GOUVEIA, L. Uma perspectiva orientada ao território para o local e-government. *In*: *XII Congreso Internacional del CLAD sobre la Reforma del Estado y de la Administración Pública.* 2007. p. 5).

cujo conteúdo se inaugura com a afirmação de que ali se enunciam "princípios, regras e instrumentos para o aumento da eficiência da administração pública, especialmente por meio da desburocratização, da inovação, da transformação digital e da participação do cidadão". Em que pese uma perspectiva frequentemente cética em relação a efetivos avanços em iniciativas capitaneadas pelo Poder Público, o relatório da ONU "Governo digital na década de ação para governo sustentável" aponta o Brasil como destaque entre países com rápido progresso em governo digital nas Américas.[4]

A edição da Lei nº 14.129/2021 se constitui, decerto, um passo a mais na consolidação dessa performance, com uma pretensão de estruturar uma estratégia mais abrangente de trânsito da gestão e prestação de serviços públicos para o governo digital, fixando não só diretrizes e conceitos, mas regrando ainda outros componentes que, presentes e integrados, podem potencializar os resultados da circulação de dados e informação pelas vias ofertadas pela tecnologia.

Constitui objeto deste texto, a identificação de obstáculos iniciais postos à implantação de um modelo de governo digital, como pretendido pela Lei nº 14.129/2021. Afinal, a transição para o padrão de base tecnológica importa em câmbio profundo da dinâmica da ação administrativa – iniciativa que certamente encontrará diversos bloqueios na cultura organizacional a serem superados. O objetivo desta incursão teórica é sublinhar outras linhas de ação a serem desenvolvidas no âmbito da Administração Pública, sem as quais a transição para o ambiente digital se revelará simplesmente retórica, sem os ganhos de qualidade que a proposição inicial pretendia assegurar.

O texto se desenvolve em mais três partes que se somam a estas considerações iniciais. A primeira parte explora a opção normativa por um conceito ampliado de governo digital, revelando um avanço em relação à simples incorporação de novas tecnologias que se traduzia no modelo de *e-government* – que embora tenha em seu favor o caráter novidadeiro da expressão, já não mais se apresenta como referência. A segunda parte expõe como possíveis pontos de resistência à materialização da proposta de governo digital, a superação da influência ainda presente do modelo burocrático de Administração; o predomínio

---

[4] UNITED NATIONS. *2020 United Nations E-Government Survey*: digital Government in the Decade of Action for Sustainable Development. 2020. Disponível em: https://publicadministration.un.org/egovkb/en-us/Reports/UN-E-Government-Survey-2020. Acesso em: 5 ago. 2021. p. 47.

de uma visão de controle fiscal nas ações que envolvam gastos públicos e o conservadorismo do controle como fator indutor à conservação, e não à inovação. Finalmente, na conclusão, aponta-se a relevância da conciliação proposta pela Lei nº 14.129/2021, entre a racionalidade jurídica e a racionalidade da gestão. Afinal, especialmente na seara do Direito Administrativo, a primeira deve se apresentar como veículo da segunda – e não como cláusula de bloqueio.

Tem-se na Lei do Governo Digital um claro reconhecimento de que a Administração, no século XXI, é multifacetária; de que ela compreende uma "confederação assimétrica de regimes singulares"[5] – donde imperiosa é uma estrutura que permita a máxima disseminação de informações atinentes ao regramento e conteúdo das ações públicas, e o mais amplo debate público em relação aos seus termos. Capturar demandas e externalidades que influenciem no desenho de ação de uma Administração Pública vocacionada a operar em segmentos tão diversos exige o suporte que as novas tecnologias podem oferecer – e nesse sentido, a sinalização legislativa em favor do governo digital é contribuição relevante, O sinal é claro de amadurecimento democrático, mas nem por isso se pode supor que tenhamos pela frente uma transição infensa a dificuldades e resistências. Identifica-las, todavia, será o primeiro passo para sua superação.

1 Opção conceitual ampliada do que seja o Governo Digital

Evitando a opção legislativa de definição do que seja governo digital,[6] a Lei nº 14.129/2021 propõe que seja a compreensão desse conceito cunhada a partir da principiologia enunciada em seu art. 3º. A leitura desse mesmo elenco já evidencia um intuito de transcender à simples disciplina da incorporação de ferramentas tecnológicas à ação da Administração Pública – uma evolução do *e-government* para verdadeiramente o governo digital, como preconizada pela Organização para a Cooperação e Desenvolvimento Econômico.[7] É bem verdade que

---

5 SUNDFELD, Carlos Ari. *Direito administrativo para céticos*. 2. ed., 2. tir. São Paulo: Malheiros Editores, 2014. p. 161.

6 No particular, a opção legislativa parece sábia, eis que uma pretensa conceituação do que se entenda por governo digital estaria sujeita a sério risco de perda de atualidade, considerada a velocidade crescente em que se dá o desenvolvimento tecnológico.

7 O Comitê de Governança Pública da OCDE conceitua governo digital com o uso de tecnologias como um componente integrado de estratégias de modernização de governos

já o *caput* do referido art. 3º associa os princípio e diretrizes ali referidos ao alcance da eficiência pública – mas a norma jurídica pretende ir além.

Reveladoras são passagens como aquela que alude ao fortalecimento da relação do poder público com a sociedade (art. 3º, I), a simplificação de procedimentos (art. 3º, X) e ainda à presunção de boa-fé do usuário dos serviços públicos (art. 3º, XV). O que se deseja é um governo que, beneficiando-se do potencial oferecido pelo ambiente digital, seja capaz de construir uma nova moldura de relacionamento com os destinatários de sua ação; moldura essa que seja compatível com a simplificação e a rapidez que são próprias desse universo virtual.

Um segundo componente revelador de uma visão ampliada do que deva ser um governo digital numa república federativa com a extensão e complexidade que nos é própria, é a adoção de conceitos como o de interoperabilidade de sistemas (art. 3º, XIV); base nacional de serviços públicos (art. 4º, III) e governo como plataforma (art. 4º, VII). Os comandos aqui referidos evidenciam uma preocupação em promover-se uma desejável integração não só dos dados em sentido estrito, disponíveis a cada estrutura administrativa; mas também daqueles *inputs* que possam resultar direta ou indiretamente das provocações trazidas pelos usuários de serviços públicos, ou ainda pela cidadania em geral, em relação à ação administrativa.

Alinha-se a Lei nº 14.129/2021 com uma concepção de governo digital que cogita de distintas áreas de intervenção, sintetizadas por Gouveia[8] em e-administração, que cogita da melhoria dos processos de funcionamento do Poder Público; e-cidadãos e e-serviços, promovendo canais de comunicação, e e-sociedade, direcionada à participação popular. A lógica, portanto, é de um leque de ações governamentais que hão de se ver reconformadas não só quanto ao veículo propriamente (do meio papel àquele digital), mas quanto a um modo de interação com os destinatários da ação da Administração Pública.

Optar por governo digital implica em transpor para o ambiente

para a criação de valor público, que se funda em ecossistema de governo digital compreendendo atores governamentais, organizações não governamentais, associações de empresas e cidadãos, e de indivíduos; tudo em apoio à produção e acesso a dados, serviços e conteúdo através de interações com o governo. (OECD. *Recommendation of the Council on Digital Government Strategies*. Paris: OECD Publishing, 2014. Disponível em: www.oecd.org/gov/digital-government/Recommendation-digital-government-strategies.pdf. Acesso em: 9 ago. 2021).

8 GOUVEIA, L. Uma perspectiva orientada ao território para o local e-government. *In*: *XII Congreso Internacional del CLAD sobre la Reforma del Estado y de la Administración Pública*. 2007. p. 6.

telemático a operação do conjunto de influências, interações e condições[9] que hão de se estabelecer entre Administração Pública e cidadania. Isso implica uma transformação radical do modelo até o momento aplicado para a materialização desses mesmos intercâmbios.

Pretende a Lei do Governo Digital uma mudança no *mindset* das organizações públicas, impulsionada por profundas modificações havidas nas exigências formuladas pelo ambiente que circunda estas mesmas estruturas. Em tempos de sociedade e cidadania interconectadas, "na medida em que o governo vai ficando desconectado, perde sua capacidade de governar".[10]

A internalização de novas tecnologias não se revela processo simples para as organizações administrativas. Os bloqueios vão desde a ausência de *expertise* para identificar e definir mesmo quais as soluções tecnológicas inovadoras oferecidas pelo mercado que possam ser úteis à Administração, passando ainda pelo sempre sofrido processo de contratação dessas mesmas tecnologias, até a normalização do seu uso pelos servidores que com ela eventualmente devam lidar. Fato é que esta dificuldade de recepção dos mecanismos e práticas disponibilizados por novas tecnologias tende a distanciar a Administração das demandas ou necessidades sociais. Num mundo em que boa parte das relações sociais e mesmo empresariais se dá, no todo ou em parte, com o concurso de plataformas digitais, manter-se a Administração apartada desse mesmo ambiente é prejudicial sob uma dupla perspectiva. De um lado, não pode a cidadania alcançar a Administração pelo canal pelo qual ela fala com seus provedores de serviços privados, seus amigos, seu partido político. De outro lado, a Administração perde a sensibilidade para o tipo de preocupação ou postulação que esta mesma cidadania esteja diuturnamente veiculando com seus pares. O *delay* causado por esse distanciamento pode determinar uma súbita eclosão de indignação cidadã na busca de uma informação ou conduta que a Administração sequer sabia estivesse sendo postulada.

Na perspectiva das relações internas, entre as diversas estruturas do Estado, a mudança de mentalidade também não se apresenta como

---

[9] NUNES, Fernanda. O meio ambiente digital e tecnologias: 2017 à luz da (in)dignidade humana. *Jus.com.br*, 2016. Disponível em: https://jus.com.br/artigos/54367/o-meio-ambiente-digital-e-tecnologias-2017-a-luz-da-in-dignidade-humana. Acesso em: 7 ago. 2021.

[10] BRASIL LAB; ITS RIO. Governo e Tecnologia: Como promover a transformação digital do serviço público: materiais de referência. *Gov-Tech Brasil*, 2018. p. 2. Disponível em: https://2018.govtechbrasil.org.br/governo-e-tecnologia-como-promover-a-transformacao-digital-do-servico-publico/. Acesso em: 7 ago. 2021.

providência simples. A opção por estruturar a Administração a partir de um critério de especialização funcional conduziu ao aprofundamento de uma lógica de desagregação do Estado,[11] que pode se traduzir num simples isolamento de entidades e órgãos em relação a seus níveis centrais de decisão; ou ainda apresentar-se como relações de natureza competitiva, verdadeiramente adversarial entre distintos setores de influência dentro do governo. Para esses casos extremados, conceitos como os de rede de conhecimento e interoperabilidade de dados se revelam de difícil aplicação, tendo em vista uma lógica de detentor-proprietário que pode imperar entre os distintos órgãos ou entidades em disputa.

Em resumo, incorporar um modo de relacionamento que contemple o ambiente digital era inevitável para a Administração – mas os obstáculos serão de várias ordens. Indispensável será o desenvolvimento de um intenso esforço de alfabetização digital,[12] que compreenda não só o aprendizado do uso funcional dos sistemas disponíveis, mas também o contexto em que eles foram gerados, e os potenciais efeitos de sua existência e utilização. Importante ainda observar que esse mesmo esforço de alfabetização deve ser dirigido não apenas aos agentes públicos, responsáveis por uma dimensão operacional do governo digital, mas também aos usuários desta mesma plataforma – que por vezes, hão de conjugar o aprendizado do que sejam as estruturas de governo, com aquele do uso adequado das ferramentas disponibilizadas para a prestação de serviços públicos.

O esforço é grande, e necessariamente de longo prazo, dificultado muitas vezes por resistências associadas às mudanças previstas haver nas organizações.[13] O primeiro passo para o processo de longo termo de transformação da cultura organizacional requerido pela Lei nº 14.129/2021 é a identificação de pontos de resistência que sejam autoevidentes. É do que se trata na sequência.

---

[11] GIANNINI, Massimo Severo. *Il pubblico potere*: stati e amministrazioni pubbliche. Padova: Il Mulino – Universale Paperbacks, 1986. p. 79.

[12] BRIDLE, James. *A nova idade das pedras*: a tecnologia e o fim do futuro. (Trad. Érico Assis). São Paulo: Todavia, 2019. p. 11.

[13] SCHRAEDER, Mike; TEARS, Rachel S. Organizational culture in public sector organizations: promoting change through training and leading by example. *Leadership & Organization Development Journal*, v. 26, n. 6, p. 492-502, sep. 2005. p. 501.

2 Desafios à implementação do governo digital preconizado pela Lei nº 14.129/2021

É de Barros Filho e Lima a advertência segundo a qual "toda tentativa de implementação inovadora é custosa, porque pressupõe vitória sobre agentes e representações sociais dominantes até aquele momento".[14] Não será diferente o esforço de transição para uma lógica de governo digital, dificultada também pela transversalidade que lhe será própria, eis que esta nova mentalidade alcançará diversos subsistemas administrativos que operam a partir de perspectivas mais ou menos afeitas à dinâmica que é típica desse ambiente de relações.

Um eixo comum de possíveis bloqueios institucionais, todavia, pode ser identificado de pronto, como a seguir se demonstra.

2.1 Superação da influência ainda presente do modelo burocrático

Constitui conhecimento corrente aquele segundo o qual a Carta de 1988 tenha ainda reproduzido na Administração Pública brasileira, um modelo de inspiração burocrática.[15] Em que pese a tentativa de reforma deste mesmo padrão empreendida pela Emenda nº 19, fato é que a implementação da chamada administração gerencial exige uma mudança de cultura[16] que não se verificou em seu potencial pleno, em especial nos governos subnacionais.

A lógica do modelo burocrático segue ainda presente nas organizações públicas, que identificam nesta mesma matriz afinidades com diretrizes atitudinais postas à Administração Pública pela principiologia enunciada no art. 37, *caput* da Constituição. Afinal, ideia central do modelo burocrático é a legitimidade decorrente de um exercício de poder racional-legal, e esta última locução inequivocamente atrai os princípios da impessoalidade, da eficiência e da legalidade.[17]

---

[14] BARROS FILHO, Clóvis de; LIMA, Adriano da Rocha. *Inovação e traição*: um ensaio sobre fidelidade e tecnologia. (Prefácio de Leandro Karnal). Petrópolis: Vozes, 2017. p. 40.

[15] BRESSER-PEREIRA, Luiz Carlos Bresser. Da administração pública burocrática à gerencial. *Revista do Serviço público*, v. 47, n. 1, p. 07-40, 1996. p. 12-13.

[16] BRESSER-PEREIRA, Luiz Carlos Bresser. A reforma gerencial do Estado de 1995. *Revista de Administração Pública*, v. 34, n. 4, p. 7-26, 2000. p. 18. Disponível em: http://bibliotecadigital.fgv.br/ojs/index.php/rap/article/view/6289. Acesso em: 7 ago. 2021.

[17] Bresser Pereira, responsável pelo Plano Diretor da Reforma do Estado – documento que contém a formulação teórica e as estratégias para a implantação do modelo de adminis-

Ocorre que pré-requisito de uma organização burocrática é a "existência de regras abstratas às quais estão vinculados o detentor (ou detentores) do poder, o aparelho administrativo e os dominados".[18] São essas regras que, enquanto manifestação do já referido poder racional-legal, conferirão legitimidade à ação estatal. Por essa mesma razão, as normas racionais regedoras da ação da burocracia, fontes que são de legitimidade das condutas por ela adotadas, hão de ser escritas e exaustivas, de molde que se tenha adequadamente definidas as relações de autoridade e hierarquia dentro do sistema.[19] Decorrência no modelo burocrático destas mesmas características é o formalismo – atributo que supostamente asseguraria a aderência da ação pública às molduras normativas anteriormente postas.

Registre-se que esses resquícios da lógica da administração burocrática persistem, não só por razões associadas à historicidade, mas também pelo apreço demonstrado pelas instâncias de controle para com um modelo de ação administrativa que seja na sua inteireza, previamente parametrizado, e, portanto, suscetível de apreciação, a partir de critérios puramente objetivos. Essa visão externada por alguns órgãos de controle cristaliza a exigência de um padrão de atuação que, na prática, nunca foi realizado em sua inteireza, e que pode ser resumido no conhecido mantra que busca explicar o princípio da legalidade: "a Administração só pode fazer o que a lei antecipadamente autorize".

---

tração gerencial no início dos anos 90 – aponta que a ineficiência da administração pública tornava-se uma ameaça para a legitimidade do estado social: "ideologia neoliberal afirmava que a oferta e o consumo privado eram intrinsecamente mais eficientes do que a oferta pública e o consumo coletivo – já vimos que o que acontece é exatamente o oposto. Mas a eficiência intrínseca do consumo coletivo em comparação com o consumo privado pode e deve ser fortalecida tornando os serviços sociais mais bem, mais eficientemente, administrados. Não obstante a grande pressão neoliberal, a sociedade continuava a demandar os serviços públicos – continuava a preferir o consumo coletivo que se traduzia em serviços sociais e científicos gratuitos ou quase-gratuitos, e continuava a apoiar um sistema de previdência social estatal garantidor de uma renda básica. Era preciso, portanto, dar uma resposta positiva à demanda dos cidadãos – algo que só a reforma gerencial pôde dar. A reforma gerencial, portanto, não foi apenas fruto de limitações fiscais. Ela teve um caráter político, porque contribuiu para que o estado social se mantivesse legitimado em face da permanente resistência dos conservadores e da ofensiva dos neoliberais". (BRESSER-PEREIRA, Luiz Carlos. Reforma gerencial e legitimação do estado social. *Revista de Administração Pública,* v. 51, n. 1, jan./fev. 2017. p. 154).

[18] BOBBIO, Norberto; MATTEUCCI, Nicola; PASQUINO, Gianfranco. Burocracia. *In*: *Dicionário de política*. Brasília, Distrito Federal: Editora UnB – Imprensa Oficial, 2004.

[19] CAMPELO, Graham Stephan Bentzen. Administração pública no Brasil: ciclos entre patrimonialismo, burocracia e gerencialismo, uma simbiose de modelos. *Ciência & Trópico,* v. 34, p. 310, 2010.

A pergunta que se põe é: onde se situa o conflito entre esse quadro, ainda presente na Administração Pública brasileira, e o governo digital proposto pela Lei nº 14.129/2021?

O Primeiro ponto de atrito que se pode apontar decorre da literalidade mesmo do diploma, que se declara, em seu art. 1º, comprometido com o aumento da eficiência através da desburocratização e da inovação. A desburocratização é uma vez mais referida no art. 3º, I, *initio* da Lei do Governo Digital, agora como princípio e diretriz deste novo modelo.

Tem-se aí de partida a reafirmação de que a determinação constitucional de eficiência como traço imperativo do agir administrativo confere base institucional da chamada legalidade finalística, exigindo a administração de resultado.[20] A Lei nº 14.129/2021 incorpora essa diretriz constitucional e reconhece na desburocratização e na inovação atributos que, observadas as condições presentes de Estado e sociedade, contribuirão para o desejado resultado eficiente da ação estatal. Tem-se nisso mais uma sinalização legislativa no sentido de que o modelo puramente burocrático de administração não se revele mais apto a disciplinar a atuação desse mesmo aparato estatal, considerada a orientação valorativa que foi a ele assinalada pela Carta de 1988.

Em outros pontos do já referido art. 3º da Lei nº 14.129/2021 tem-se a indicação de uma necessária dinâmica no balizamento da ação estatal, atributo que entra em rota de colisão com a rigidez e o formalismo que são próprios da administração burocrática. Isso se percebe desde comandos mais literais, como o contido no art. 3º, VIII, da Lei nº 14.129/2021, que determina "o uso da tecnologia para otimizar processos de trabalho da administração pública", até o art. 3º, XI, que aludindo à "eliminação de formalidades e de exigências cujo custo econômico ou social seja superior ao risco envolvido", tem subentendida a necessidade da permanente reavaliação da relação custo-benefício indicada na norma jurídica.

Na mesma linha, o tema da inovação na ação pública se tem não só na delimitação genérica do conteúdo da Lei nº 14.129/2021 enunciada no art. 1º, mas ainda na enunciação dos princípios e diretrizes do governo digital (art. 3º, XXVI), bem como no compromisso com a criação

---

[20] MOREIRA NETO, Diogo de Figueiredo. *O direito administrativo no século XXI*. (Posfácio Jessé Torres Pereira Júnior e Flávio Amaral Garcia). Belo Horizonte: Editora Fórum, 2018. p. 178.

de laboratórios de inovação vocacionados ao "desenvolvimento e [à] experimentação de conceitos, de ferramentas e de métodos inovadores para a gestão pública, [à] prestação de serviços públicos, [ao] tratamento de dados produzidos pelo poder público e [à] participação do cidadão no controle da administração pública" (art. 44).

Em síntese, governo digital pressupõe *flexibilidade* e *aversão ao formalismo* – ao menos aquele que conduz à rigidez na ação administrativa. Flexibilidade e aversão ao formalismo, por seu turno, necessitam de uma visão contemporânea do princípio da legalidade que não o limite ao sentido de reserva legal, tampouco que exija predermінação exaustiva de todas as atuações administrativas, mas permita movimentação mais ampla nos quadros desenhados no ordenamento jurídico. Nesse cenário reside um possível ponto de resistência à disseminação do modelo proposto, potencialmente incompatível com os traços ainda presentes de administração burocrática.

Curiosamente, é de se apontar que a abertura trazida pela Lei nº 14.129/2021 à revisitação de procedimentos, de juízos valorativos anteriormente empreendidos pela Administração, e de práticas, pode ser entendida como resposta a uma preocupação originalmente apresentada por Weber, de que se pudesse ter nas organizações formais uma verdadeira gaiola de ferro, que culminasse por limitar as liberdades individuais (dos agentes), tornar o indivíduo incapaz de compreender sua própria atuação na sua relação com os objetivos da organização como um todo e favorecer excessivamente ao especialista.[21] Com isso, o que se diz é que o suposto antagonismo entre os modelos talvez seja mais presente no imaginário de seus aplicadores do que naquele de seu autor.

Mas não só nesse ponto – eventual atrito com uma lógica ainda presente da administração burocrática – se terá obstáculos à instauração do governo digital. Também na dimensão financeira tem-se significativo vetor de bloqueio.

2.2 Predomínio de uma visão de controle fiscal

O segundo ponto possível de resistência à implantação de um modelo de governo digital guarda relação direta com uma lógica de

[21] FRY, Brian R.; RAADSCHELDERS, Jos C. N. *Mastering public administration*: from Max Weber to Dwight Waldo. Washington: CQ Press, 2008. p. 38.

predomínio de uma visão de controle fiscal de curto prazo. Indiscutível que a transição para o ambiente digital exige forte inversão de recursos não só no provimento de infraestrutura telemática, mas também de equipamentos, e no desenvolvimento mesmo de soluções que sejam aptas à geração dos resultados desejados de alcance no que toca à oferta de serviços digitais (art. 3º, II e III); disponibilização de dados em formato aberto e interoperabilidade de sistemas (art. 3º, XIV); tudo isso sem descurar das medidas necessárias à proteção de dados pessoais (art. 3º, XVII).

Numa visão mais ampla do que seja efetivamente transitar para o governo digital, os gastos públicos envolvidos hão de considerar igualmente os esforços de inclusão digital daqueles que inicialmente se veem alijados dos benefícios da telemática[22] – seja no seio da sociedade, seja no âmbito da própria Administração Pública. Inevitável será o redirecionamento do dispêndio em TIC's, historicamente concentrado nas atividades-meio (notadamente Fazenda e Controle) para também alcançar as áreas-fim. O resultado, portanto, é que o impulso para o governo digital implica o incremento de gastos no curto prazo, circunstância que determina vários desdobramentos.

O primeiro deles é a solução veiculada pela própria Lei nº 14.129/ 2021, ao estabelecer, em seu art. 2º, III, e §2º, a necessidade – para incidência do sistema por ela instituído em relação a Estado e Municípios – de adoção dos mesmos parâmetros por atos normativos próprios. As evidentes diferenças entre os milhares de entes federados, no que toca ao nível corrente de imersão no universo digital, e de capacidade de empreender aos investimentos de toda ordem exigidos por essa mesma transição, levou à solução alternativa de prever a incidência da mesma matriz normativa, sujeita, todavia, à deliberação legislativa do ente subnacional.

Se é certo que a simples compulsoriedade de adesão de Estados e Municípios ao modelo da Lei nº 14.129/2021 se revelaria de duvidosa constitucionalidade, não é menos certo que a reserva da matéria à deliberação de cada qual dos entes descentralizados reduz significativamente os potenciais benefícios do governo digital, eis que

[22] A Pesquisa PNAD Contínua TIC 2020, desenvolvido pelo IBGE evidencia que, não obstante o incremento gradual da inclusão digital no país, no referido ano, 17,3% dos domicílios brasileiros ainda não tinham internet. (BRASIL. Instituto Brasileiro de Geografia e Estatística. *Pesquisa Nacional por Amostra de Domicílios Contínua*: acesso à internet e à televisão e posse de telefone móvel celular para uso pessoal, 2019).

restringe a sua incidência, em princípio, aos serviços e ao monitoramento das ações desenvolvidas pelo governo federal.[23]

A par disso, a interoperabilidade – atributo capital para a potencialização ao máximo dos benefícios de um governo digital – fica significativamente limitada.

O segundo desdobramento de um olhar sobre a iniciativa do governo digital pautado pelo predomínio do controle fiscal é o risco de descontinuidade em relação à iniciativa. A literatura já aponta em relação às reformas administrativas – e governo digital pode ser entendido como componente do arco de iniciativas que podem ser classificadas como tal – que a supervalorização do controle fiscal pode determinar as chamadas falhas sequenciais,[24] fenômeno que pode traduzir-se, se não em descontinuidade total,[25] quando menos em um *gap* temporal entre os resultados obtidos na implementação e os resultados inicialmente pretendidos.

O terceiro desdobramento sugerido pelo volume elevado de dispêndio que a incorporação do governo digital traz é a precariedade das estruturas administrativas para proceder às contratações envolvidas nesta transição. O tema foi objeto de apreciação pelo TCU no Acórdão nº 1.508/2020,[26] proferido a partir de auditoria realizada sobre 55 (cinquenta e cinco) contratações públicas federais, durante o período de 1º.7.2019 a 18.3.2020, com o objetivo de, a partir, especificamente, das aquisições baseadas em Unidade de Serviços Técnicos (UST), entre outras denominações similares, avaliar se a subjacente execução contratual asseguraria o emprego dos critérios

---

[23] Registre-se que mesmo em relação ao governo federal, a indisponibilidade de circulação de dados e informações que o ambiente de governo digital promete prejudicará o juízo, seja no campo da diagnose, seja naquele da avaliação das ações públicas que tenham por destinatários ou parceiros, Estados e Municípios alheios ao modelo preconizado pela Lei nº 14.129/2021.

[24] REZENDE, Flávio da Cunha. O dilema do controle e a falha seqüencial nas reformas gerenciais. *Revista do Serviço Público*, v. 53, n. 3, p. 53-77, 2002. p. 56.

[25] Parece pouco provável, no caso específico do governo federal, uma descontinuidade mais aguda no trânsito para o governo digital, considerando o estágio já alcançado na oferta desse tipo de serviço; seja ainda tendo em conta as facilidades oferecidas pelos meios telemáticos para a gestão de informações e impulsos aplicável a uma organização com as dimensões que tem o serviço público federal.

[26] BRASIL. Tribunal de Contas da União. *Acórdão nº 1.508/2020 – Plenário*. Relator Ministro André de Carvalho, processo nº 022.253/2019-0, julgamento em 10.06.2020. Disponível em: https://pesquisa.apps.tcu.gov.br/#/documento/acordao-completo/1508%252F2020/%2520/DTRELEVANCIA%2520desc%252C%2520NUMACORDAOINT%2520desc/0/%2520. Acesso em: 9 ago. 2021.

capazes de efetivamente aferir os pagamentos por resultados a preços razoavelmente condizentes. Nas conclusões, apresentam-se dificuldades identificadas nas referidas contratações, envolvendo desde insuficiência de especificação, indesejável dependência da iniciativa privada para fins de orçamentação, até o perfil profissional inadequado dos servidores envolvidos no acompanhamento da execução dos referidos contratos. Superar essa precariedade será indispensável, seja para viabilizar mesmo as contratações que se revelem necessárias, seja para assegurar que as plataformas se revistam de prestação de serviços digitais de indispensável confiabilidade – elemento fundamental para o êxito da migração, sem o qual vão se reproduzir nas casas e repartições públicas, registros e documentos ainda físicos, para serem apresentados, *just in case*, numa eventual disfuncionalidade do ambiente telemático.

Dificuldade ainda à superação do foco no controle fiscal como cláusula de bloqueio à adequada transição para um modelo de governo digital diz respeito à precariedade na projeção dos virtuais ganhos decorrentes da incorporação de uma lógica de governo digital, associados à celeridade, à eficiência, ao valor agregado de informação disponibilizado à Administração, dentre outros. Os ganhos aqui cogitados, menos suscetíveis a uma mensuração objetiva imediata, podem restar ocultos nesta ponderação entre valor absoluto de gasto, em contrapartida a esse mesmo gasto. Essa opacidade em relação a ganhos virtuais de médio e longo prazos pode resultar, num juízo equívoco de limitação no uso do governo digital – ou tão nefasto quanto –, numa multiplicação de vendedores de sonhos, que proclamem grandes ganhos potenciais para as organizações públicas, sem que estas tenham efetiva capacidade crítica em relação à plausibilidade dessas mesmas promessas.[27]

A última observação no domínio da delicada relação entre governo digital e predomínio do controle fiscal diz respeito à necessária internalização de que novas tecnologias não se traduzem em gasto único e estanque da Administração, mas exigem atualização permanente – e, portanto, novas inversões – sob pena de rápida obsolescência, logo, de perda de resultados reais.

Evidenciadas as dificuldades associadas, no que toca ao gasto público, à transição para um modelo de governo digital, ganha

[27] Esses riscos tendem a ser mais significativos em relação aos entes subnacionais, que frequentemente não disporão em seus quadros, de pessoal dotado da formação viabilizadora do indispensável juízo de adequação às suas próprias condições locais.

destaque a intercessão com o controle – e nisto reside o terceiro ponto de resistência que se deseja assinalar.

2.3 Conservadorismo do controle

É de Medauar o conceito de controle: "É a verificação da conformidade da atuação desta a um cânone, possibilitando ao agente controlador a adoção de medida ou proposta em decorrência do juízo formado".[28] Em tempos idos, com a supervalorização do modelo formalista de desenvolvimento da ação pública, o cânone de comparação utilizado pelo controle se resumia no desenho formal posto à deliberação ou materialização da atividade administrativa. É da adesão a este desenho que decorreria o juízo de conformidade emitido pela estrutura competente de controle.

Este quadro muda substancialmente com as transformações e a modernização do Estado, que direcionado no seu agir por compromissos finalísticos, passa a operar a partir de critérios de legitimação que transcendem requisitos puramente formais. O cânone para o exercício do controle passa a ser não mais um desenho procedimental de desenvolvimento da ação pública, mas sim, os resultados dela decorrentes. Na lição de Dromi,[29] o confronto agora se dá entre os meios aplicados e os fins alcançados, o que revela a insuficiência de uma simples análise de adequação formal. Mais ainda, busca-se do controle não só a identificação dos desvios, mas também a adoção das (possíveis) medidas de correção, e ainda o desenvolvimento de função verdadeiramente pedagógica em relação à estrutura controlada. No plano jurídico-constitucional, essa nova visão do que se espera dos órgãos de controle da Administração foi revigorada sobretudo com a previsão da fiscalização operacional que objetiva verificar o atendimento aos princípios da economicidade, da eficiência, da eficácia e da economicidade.

Decerto, essa ampliação do papel do controle traz consigo um imperativo de reforço de seu próprio ônus argumentativo, quando conclua pela reprovação à escolha da Administração. Essa compreensão se tem por reforçada pela opção empreendida pelo art. 20 da Lei

[28] MEDAUAR, Odete. *Controle da Administração Pública*. 2. ed., rev. e ampliada. São Paulo: Editora Revista dos Tribunais, 2012. p. 30.

[29] DROMI, Roberto. *Modernización del control público*. Madrid – México: Hispania Libros, 2005. p. 36.

nº 13.655/2018, que dispondo sobre a aplicação de valores jurídicos abstratos, exige a demonstração da necessidade e adequação da medida imposta – requisito que se aplica igualmente ao controle. Tem-se, então, por claramente afastada, a opção confortável de uma sindicabilidade meramente formal dos atos da Administração, o que tende a gerar resistências de parte das instâncias controladoras.[30]

A transição para um modelo de governo eletrônico, caracterizado por uma necessária dinâmica e abertura à inovação, como já exposto, irradia essa mesma mutabilidade a vários aspectos da ação administrativa. Assim, a diretriz de uso da tecnologia para otimizar processos de trabalho, associada à simplificação de procedimentos (art. 3º, VIII e X da Lei nº 14.129/2021) permite antever constantes modificações no modo de execução da atividade estatal. O câmbio pode ainda ser influenciado por uma reversão da anterior relação entre custo econômico e social e risco associado (art. 3º, XI da Lei nº 14.129/2021) – hipótese em que se terá um razoamento de ainda mais complexa aferição.

Finalmente, o estímulo à inovação materializado não só na diretriz do art. 3º, XXVI da Lei nº 14.129/2021, mas também em todo o seu Capítulo VI, cuidando dos laboratórios de inovação, importa naturalizar o risco do insucesso de alguma iniciativa transformadora. Isso introduz um elemento de incerteza em relação aos resultados da ação administrativa inovadora – que tem em seu favor tão somente uma prognose, mas nunca a garantia de sucesso. Também neste ponto, a lógica a ser aplicada pela função controle não pode ser aquela da reprovação a partir do resultado adverso – mas há de compreender uma análise ampliada da adequação do procedimento que viabilizou, ainda que sob a sombra da incerteza, a iniciativa revestida de originalidade, cuja aplicação em concreto revelou desacerto.

A repetição de um padrão conservador de controle, que pretenda que toda ação administrativa se funde em certezas e soluções previamente testadas, pode se apresentar como um sério elemento de constrição aos benefícios potenciais do governo digital. Não se avança

---

[30] É conhecida a resistência manifesta pelo próprio Tribunal de Contas da União, à extensão às instâncias de controle, da aplicação das normas adicionadas à LINDB, como se vê, por exemplo, nas sucessivas manifestações havidas, por ocasião da conclusão do processo legislativo, no Processo TCU/CONJUR: TC-012.028/2018-5. (BRASIL. Tribunal de Contas da União. *Parecer sobre o PL nº 7448/2017, processo nº 012.028/2018-5*. Disponível em: https://cdn.oantagonista.net/uploads/2018/04/PL-7448-2017-Inteiro-teor-Altera-LINDB-Parecer-Conjur-2018-04-20.pdf. Acesso em: 9 ago. 2021).

em relação à administração burocrática com um controle que permaneça burocrático. Nesse particular, ao já comentado controle de resultados soma-se a necessidade de privilegiar padrões colaborativos de atuação, voltados à orientação e à busca de soluções, sem restrição à atuação meramente sancionatória. Não se esqueça o leitor que a função controle não se exerce exclusivamente pelo TCU – estrutura institucional que se sabe, afinada com um controle substantivo, e municiada de quadros técnicos que embasam sua ação – mas também por vários outros Tribunais integrantes do mesmo sistema.

É bem verdade que a Lei nº 14.129/2021 já oferece resposta à problemática relacionada à decisão administrativa em cenário de incerteza, ao exigir, em seu art. 48, um "sistema de gestão de riscos e de controle interno com vistas à identificação, à avaliação, ao tratamento, ao monitoramento e à análise crítica de riscos da prestação digital de serviços públicos que possam impactar a consecução dos objetivos da organização no cumprimento de sua missão institucional e na proteção dos usuários".[31] Assim, às estruturas de controle caberá não o bloqueio à implantação da matriz de governo digital – mas a exigência de que o experimentalismo que a ela possa estar associado seja monitorado pelos competentes instrumentos de gestão de riscos.

Em resumo, o que se verifica é que os potenciais pontos de bloqueio à real irradiação da lógica de governo digital podem, em verdade, localizar-se numa cultura reativa identificável no âmbito da Administração,[32] com seus agentes internos se dedicando, ainda que disfarçadamente, à captação de fatores externos que possam prejudicar a mudança. Essa resistência, se não combatida, pode resultar em conduzir todo o processo de câmbio a um elevado dispêndio de energia, com baixos resultados. Disso decorre a prioridade de uma pauta interpretativa da Lei nº 14.129/2021, que faça dela verdadeiramente um instrumento de "análise racional e contextualizada dos efeitos

---

[31] Consigne-se a preocupação manifesta pelo TCU em relação ao componente de gestão de riscos, anterior mesmo à edição da norma jurídica em análise, manifesta no Acórdão nº 1.784/2021, Relator o Ministro Vital do Rego, decorrente de auditoria empreendida tendo em conta a Estratégia de Governo Digital adotada pela União. (BRASIL. Tribunal de Contas da União. *Acórdão nº 1784/2021 – Plenário*. Relator Ministro Vital do Rego, processo nº 035.093/2020-0, julgamento em 28.07.2021. Disponível em: https://pesquisa.apps.tcu.gov.br/#/documento/acordao-completo/3509320200.PROC/%2520/DTRELEVANCIA%2520desc%252C%2520NUMACORDAOINT%2520desc/0/%2520. Acesso em: 9 ago. 2021).

[32] PENENGO, M. O papel do gerente público em processos de mudança. *Revista do Serviço Público*, [S. l.], v. 48, n. 1, p. 79-89, 2014. p. 82. Disponível em: https://revista.enap.gov.br/index.php/RSP/article/view/378. Acesso em: 8 ago. 2021.

das ações inovadoras da Administração e seus potenciais benefícios sociais".[33] Os caminhos existem, e estão à disposição dos aplicadores da norma – basta, portanto, que estes se comprometam efetivamente com a proposta de governo do século XXI.

Conclusão

Indiscutível que o ambiente digital veio para ficar, e seus benefícios potenciais no que toca à relação da cidadania com o Estado *lato sensu* são enormes. Foi a disponibilidade dos meios telemáticos que permitiu, sob todos os aspectos que se possa imaginar, a preservação ao longo da pandemia de COVID-19, de um padrão mínimo aceitável de prestação de serviços públicos de toda ordem. Os desafios se multiplicam exponencialmente com a incorporação progressiva de novas tecnologias à ação pública, presente sempre o risco de prejuízo ao aprendizado potencial e melhor de políticas públicas que uma boa gestão da informação poderia proporcionar à Administração Pública.[34]

A Lei nº 14.129/2021, propondo um modelo de governo digital que inaugure uma nova forma de relacionamento entre a Administração Pública e os destinatários de sua atuação, incorpora ferramentas de modificação na dinâmica tradicional regedora dessas mesmas relações. Com isso, promove uma conciliação entre a racionalidade jurídica, que se encontra na regularidade do procedimento e na estabilidade das estruturas formais de organização e atuação, e a racionalidade da gestão, que tem por fonte de legitimidade a eficácia das ações desenvolvidas. Em verdade, nesse alinhamento entre racionalidade jurídica e racionalidade da gestão tem-se a tradução de um direito fundamental à boa administração,[35] e por isso a iniciativa é de ser prestigiada.

No campo da resistência cultural, o investimento, obrigatoriamente, deve ser no treinamento e na formação das lideranças públicas

---

[33] CALIL, Ana Luiza. Motivação administrativa: passado, presente e futuro no direito administrativo brasileiro. *In*: MAFFINI, Rafael; RAMOS, Rafael (Coord.). *Nova LINDB*: consequencialismo, deferência judicial, motivação e responsabilidade do gestor público. Rio de Janeiro: Lumen Juris, 2020. p. 174.

[34] VALLE, Vanice Regina Lírio do. Três axiomas para o agir administrativo fundado em novas tecnologias de informação e comunicação: three axioms to administrative action grounded in new information and communication technologies. *International Journal of Digital Law*, v. 2, n. 1, p. 11-28, 2021.

[35] VALLE, Vanice Regina Lírio do. *Direito fundamental à boa administração e governança*. (Prefácio de Diogo de Figueiredo Moreira Neto). Belo Horizonte: Editora Fórum, 2011.

a conduzirem o processo. Educação digital deve ser a palavra de ordem dentro da Administração, para os seus próprios agentes, e em favor dos destinatários do governo digital. Ampliada a educação digital, o valor inerente ao governo de mesmo cariz resta autoevidente, e com isso a tendência é de mitigação da resistência a partir da perspectiva de constrição fiscal.

Finalmente, na relação com o controle, as iniciativas associadas ao governo digital devem se pautar, principalmente, pelo sempre prestigiado vetor da transparência. O problema não está em navegar em mares nunca dantes navegados, mas sim, em não ter clareza quanto às ondas que se possa ter pela frente.

Referências

BATISTA JÚNIOR, Onofre Alves. *Princípio constitucional da eficiência administrativa.* Belo Horizonte: Mandamentos Editora, 2004.

BARROS FILHO, Clóvis de; LIMA, Adriano da Rocha. *Inovação e traição*: um ensaio sobre fidelidade e tecnologia. (Prefácio de Leandro Karnal). Petrópolis: Vozes, 2017.

BRASIL. Instituto Brasileiro de Geografia e Estatística. *Pesquisa Nacional por Amostra de Domicílios Contínua*: acesso à internet e à televisão e posse de telefone móvel celular para uso pessoal, 2019.

BRASIL. Tribunal de Contas da União. *Parecer sobre o PL nº 7448/2017, processo* nº *012.028/ 2018-5.* Disponível em: https://cdn.oantagonista.net/uploads/2018/04/PL-7448-2017-Inteiro-teor-Altera-LINDB-Parecer-Conjur-2018-04-20.pdf. Acesso em: 9 ago. 2021.

BRASIL. Tribunal de Contas da União. *Acórdão nº 1508/2020 – Plenário.* Relator Ministro André de Carvalho, processo nº 022.253/2019-0, julgamento em 10.06.2020. Disponível em: https://pesquisa.apps.tcu.gov.br/#/documento/acordao-completo/1508%252F2020/%2520/DTRELEVANCIA%2520desc%252C%2520NUMACORDAOINT%2520desc/0/%2520. Acesso em: 9 ago. 2021.

BRASIL. Tribunal de Contas da União. *Acórdão nº 1784/2021 – Plenário.* Relator Ministro Vital do Rego, processo nº 035.093/2020-0, julgamento em 28.07.2021. Disponível em: https://pesquisa.apps.tcu.gov.br/#/documento/acordao-completo/3509320200.PROC/%2520/DTRELEVANCIA%2520desc%252C%2520NUMACORDAOINT%2520desc/0/%2520. Acesso em: 9 ago. 2021.

BRASIL LAB; ITS RIO. Governo e Tecnologia: Como promover a transformação digital do serviço público: materiais de referência. *Gov-Tech Brasil*, 2018. Disponível em: https://2018.govtechbrasil.org.br/governo-e-tecnologia-como-promover-a-transformacao-digital-do-servico-publico/. Acesso em: 7 ago. 2021.

BRESSER-PEREIRA, Luiz Carlos Bresser. Da administração pública burocrática à gerencial. *Revista do Serviço público*, v. 47, n. 1, p. 07-40, 1996.

BRESSER-PEREIRA, Luiz Carlos Bresser. A reforma gerencial do Estado de 1995. *Revista de Administração Pública*, v. 34, n. 4, p. 7-26, 2000. Disponível em: http://bibliotecadigital.fgv.br/ojs/index.php/rap/article/view/6289. Acesso em: 7 ago. 2021.

BRESSER-PEREIRA, Luiz Carlos. Reforma gerencial e legitimação do estado social. *Revista de Administração Pública*, v. 51, n. 1, p. 147-156, jan./fev. 2017.

BRIDLE, James. *A nova idade das pedras*: a tecnologia e o fim do futuro. (Trad. Érico Assis). São Paulo: Todavia, 2019.

BOBBIO, Norberto; MATTEUCCI, Nicola; PASQUINO, Gianfranco. Burocracia. *In*: *Dicionário de política*. Brasília, Distrito Federal: Editora UnB – Imprensa Oficial, 2004.

CALIL, Ana Luiza. Motivação administrativa: passado, presente e futuro no direito administrativo brasileiro. *In*: MAFFINI, Rafael; RAMOS, Rafael (Coord.). *Nova LINDB*: consequencialismo, deferência judicial, motivação e responsabilidade do gestor público. Rio de Janeiro: Lumen Juris, 2020.

CAMPELO, Graham Stephan Bentzen. Administração pública no Brasil: ciclos entre patrimonialismo, burocracia e gerencialismo, uma simbiose de modelos. *Ciência & Trópico*, v. 34, p. 310, 2010.

DROMI, Roberto. *Modernización del control público*. Madrid – México: Hispania Libros, 2005.

FRY, Brian R.; RAADSCHELDERS, Jos C. N. *Mastering public administration*: from Max Weber to Dwight Waldo. Washington: CQ Press, 2008.

GARCÍA-PELAYO, Manuel. *Las transformaciones del Estado contemporáneo*. Madrid: Alianza Editorial, 2005.

GIANNINI, Massimo Severo. *Il pubblico potere*: stati e amministrazioni pubbliche. Padova: Il Mulino – Universale Paperbacks, 1986.

GOUVEIA, L. Uma perspectiva orientada ao território para o local e-government. *In*: *XII Congreso Internacional del CLAD sobre la Reforma del Estado y de la Administración Pública*. 2007.

MEDAUAR, Odete. *Controle da Administração Pública*. 2. ed., rev. e ampliada. São Paulo: Editora Revista dos Tribunais, 2012.

MOREIRA NETO, Diogo de Figueiredo. *O direito administrativo no século XXI*. (Posfácio Jessé Torres Pereira Junior e Flavio Amaral Garcia). Belo Horizonte: Editora Fórum, 2018.

NUNES, Fernanda. O meio ambiente digital e tecnologias: 2017 à luz da (in)dignidade humana. *Jus.com.br*, 2016. Disponível em: https://jus.com.br/artigos/54367/o-meio-ambiente-digital-e-tecnologias-2017-a-luz-da-in-dignidade-humana. Acesso em: 7 ago. 2021.

OECD. *Recommendation of the Council on Digital Government Strategies*. Paris: OECD Publishing, 2014. Disponível em: www.oecd.org/gov/digital-government/Recommendation-digital-government-strategies.pdf. Acesso em: 9 ago. 2021.

PENENGO, M. O papel do gerente público em processos de mudança. *Revista do Serviço Público*, [S. l.], v. 48, n. 1, p. 79-89, 2014. Disponível em: https://revista.enap.gov.br/index.php/RSP/article/view/378. Acesso em: 8 ago. 2021.

REZENDE, Flavio da Cunha. O dilema do controle e a falha seqüencial nas reformas gerenciais. *Revista do Serviço Público*, v. 53, n. 3, p. 53-77, 2002.

SCHRAEDER, Mike; TEARS, Rachel S. Organizational culture in public sector organizations: promoting change through training and leading by example. *Leadership & Organization Development Journal*, v. 26, n. 6, p. 492-502, sep. 2005.

SUNDFELD, Carlos Ari. *Direito administrativo para céticos*. 2. ed., 2. tir. São Paulo: Malheiros Editores, 2014.

UNITED NATIONS. *2020 United Nations E-Government Survey*: digital Government in the Decade of Action for Sustainable Development. 2020. Disponível em: https://publicadministration.un.org/egovkb/en-us/Reports/UN-E-Government-Survey-2020. Acesso em: 5 ago. 2021.

VALLE, Vanice Regina Lírio do. *Direito fundamental* à *boa administração e governança*. (Prefácio de Diogo de Figueiredo Moreira Neto). Belo Horizonte: Editora Fórum, 2011.

VALLE, Vanice Regina Lírio do. Três axiomas para o agir administrativo fundado em novas tecnologias de informação e comunicação: three axioms to administrative action grounded in new information and communication technologies. *International Journal of Digital Law*, v. 2, n. 1, p. 11-28, 2021.

Informação bibliográfica deste texto, conforme a NBR 6023:2018 da Associação Brasileira de Normas Técnicas (ABNT):

VALLE, Vanice Regina Lírio do; MOTTA, Fabrício. Governo Digital: mapeando possíveis bloqueios institucionais à sua implantação. *In*: MOTTA, Fabrício; VALLE, Vanice Regina Lírio do. *Governo digital e a busca por inovação na Administração Pública*: a Lei 14.129, de 29 de março de 2021. 2. ed. Belo Horizonte: Fórum, 2025. p. 47-67. ISBN 978-85-450-0987-0.

A LEI Nº 14.129/21 COMO FACILITADORA NORMATIVA PARA TRANSFORMAÇÃO DIGITAL E GESTÃO DO CONHECIMENTO NAS ORGANIZAÇÕES PÚBLICAS

SABRINA NUNES IOCKEN

RODRIGO GUERRA GARCIA

Introdução

No mundo movido à tecnologia,[1] a velocidade do fluxo informacional acelera o processo de mudanças e abre, de modo disruptivo, inumeráveis possibilidades de reconfiguração das relações humanas, estimulando novos arranjos econômicos, políticos, sociais e culturais, assim como impulsiona um novo modelo de governança pública, cada vez mais integrada com a gestão do conhecimento. Em termos mais práticos, é possível afirmar que a desmaterialização dos dados e seu uso como matéria-prima do conhecimento, *on time*, impele o redesenho dos modelos organizacionais, exigindo mudanças no setor privado e, sobretudo, no setor público. No Brasil, há aproximadamente duas décadas, iniciou-se o processo do governo eletrônico, o qual impulsionou, após dez anos, em 2012, a regulamentação da digitalização.

---

[1] Sobre o tema v. PERELMUTER, Guy. *Futuro presente*: o mundo movido à tecnologia. Jaguaré, SP: Companhia Editora Nacional, 2019.

Diversos instrumentos normativos foram dando os contornos desse processo de transformação.[2] O Sistema Nacional para a Transformação Digital (E-Digital), instituído pelo Decreto nº 9.319/18, desenhou a estratégia brasileira para a Transformação Digital – E-Digital, a partir de eixos temáticos e de uma estrutura de governança. Atualmente, o Decreto nº 12.308/24 instituiu o Comitê Interministerial para a Transformação Digital – CITDigital, que atua na coordenação de ações interministeriais e no monitoramento de políticas relacionadas à transformação digital, sendo composto por quatro estruturas, quais sejam: plenário, comitê executivo, câmaras técnicas e conselho consultivo para a Transformação Digital.[3]

A política de Governança Digital, que trata propriamente das estratégias para a real implementação no âmbito dos órgãos e das entidades da administração pública federal direta, autárquica e fundacional havia sido, primeiramente, contemplada pelo Decreto nº 8.638/16, avançou e foi direcionada, posteriormente, pelo Decreto nº 10.332/20. Atualmente, está estruturada pela Portaria nº 6.543/22, a qual reforça as ações de inclusão digital, de implantação de infraestruturas digitais, de formação profissional, de segurança da informação, de segurança cibernética e de desenvolvimento tecnológico, para que se avance ainda mais na transformação digital no ciclo de 2022 a 2026.[4]

Trata-se de mudanças profundas que exigem esforço coordenado e envolvimento de diversos atores institucionais. É nesse contexto que os órgãos de controle também têm atuado como indutores no processo de transformação digital, sobretudo mediante o monitoramento da efetiva adoção de mecanismos de governança necessários para a implantação do Gov.br.[5]

---

[2] Uma consolidação dos diversos instrumentos normativos que dão suporte ao modelo nacional de transformação digital foi sistematizada com muita propriedade por MITKIEWICZ, Fernando André Coelho. Transformação digital: análise da implantação da plataforma Gov.br e da evolução da maturidade da política de governo digital no Brasil. *In: Digitalização e tecnologias da informação e comunicação*: oportunidades e desafios para o Brasil. Rio de Janeiro: IPEA, 2024.

[3] Cabe ainda destacar a Resolução CITDIGITAL nº 02/25, que instituiu o grupo de trabalho para a gestão do Plano Brasileiro de Inteligência Artificial pelos próximos 4 (quatro) anos.

[4] Disponível em: https://www.gov.br/governodigital/pt-br/estrategia-de-governanca-digital/eDigital.pdf. Acesso em: 14 jun. 2025.

[5] O paradigma foi o Acórdão nº 1.469/17-TCU-Plenário, cujo relator foi o Ministro Benjamin Zylmer. A decisão trouxe um diagnóstico sobre serviços públicos digitais federais. Citam-se, ainda, processos posteriores direcionados a acompanhar as medidas adotadas: Acórdão nº 1.103/2019-TCU-Plenário; Acórdão nº 3.145/2020-TCU-Plenário; Acórdão nº 419/2021- TCU-Plenário; Acórdão nº 1.784/2021 – TCU-Plenário. (BRASIL. Tribunal de

Deveras, deve-se compreender que a concepção de redes de conhecimento está intimamente conectada ao ecossistema de inovação e de mudanças, verdadeiros pilares estruturantes de novas modelagens organizacionais. Por conseguinte, a publicação da Lei nº 14.129/21 robustece o ambiente de transformação digital no âmbito da Administração Pública, operando como uma facilitadora para o uso de artefatos tecnológicos, os quais devem ser compreendidos como instrumentos valiosos para a Gestão do Conhecimento no ecossistema de inovação.

O objetivo deste estudo, então, é o de promover um diálogo entre o Direito Administrativo e a Gestão do Conhecimento, outro campo do saber diretamente relacionado à prática administrativa, com o propósito de estimular novas reflexões jurídicas sobre o propósito e o alcance da própria Lei do Governo Digital.

Sob essa perspectiva, o presente estudo se propõe a realizar, como estratégia metodológica, uma análise dos dispositivos legais introduzidos pela Lei nº 14.129/21, no que se refere aos eixos de digitalização, governo digital e rede de conhecimento (arts. 5º ao 17), correlacionando-os à literatura sobre Transformação Digital e Gestão do Conhecimento no âmbito do setor público. Para atingir tal intento, foram realizadas uma pesquisa bibliográfica sobre estudos relacionados ao tema e consultas de documentos institucionais, leis e atos normativos.

O presente capítulo elege, portanto, três eixos centrais: o primeiro busca traçar um panorama do processo de digitalização no setor público, identificando os aperfeiçoamentos promovidos pela Lei do Governo Digital. O segundo eixo dedica-se à compreensão da transformação digital e o papel do governo direcionado para a criação de valor público.[6] E, por fim, o terceiro eixo aborda as redes de conhecimento como combustível para a contínua inovação e para o incremento da maturidade digital das organizações públicas.

Contas da União. *Acórdão nº 1.469/17*. Plenário. Relator: Ministro Benjamin Zylmer. Sessão de 12.07.2017. Disponível em: https://pesquisa.apps.tcu.gov.br/#/documento/acordao-completo/1.469/%2520/DTRELEVANCIA%2520desc%252C%2520NUMACORDAOINT%2520desc/26/%2520. Acesso em: 14 jun. 2025).

[6] Sobre a criação de valor público cf.: CRIADO, J. I., GIL-GARCIA, J. R. Creating public value through smart technologies and strategies: from digital services to artificial intelligence and beyond. *International Journal of Public Sector Management*, v. 32, n. 5, p. 438-450, 2019.

1 O início da digitalização e os ritmos distintos de utilização pelos entes públicos brasileiros

Digitalizar significa converter a fiel imagem de um documento para código digital. O processo de digitalização de documentos físicos no âmbito federal foi, primeiramente, disciplinado pela Lei nº 12.682/12,[7] a qual regulamentou a digitalização, o armazenamento em meio eletrônico, óptico ou equivalente, e a reprodução de documentos públicos e privados. Não obstante, três artigos foram vetados dessa lei, retirando a previsão de equivalência dos efeitos jurídicos entre os documentos digitalizados e os originais, bem como a possibilidade de eliminação dos documentos armazenados em meio eletrônico, decorridos os prazos legais e observadas as legislações pertinentes.

Somente em 2019, inseriu-se um dispositivo na Lei nº 13.874, art. 3º, *caput*, inciso X, estabelecendo a possibilidade de arquivamento de qualquer documento por meio de microfilme ou por meio digital, equiparando-os aos documentos físicos para todos os efeitos legais e para a comprovação de qualquer ato de direito público. A mesma lei promoveu alterações na Lei nº 12.682/2012, restabelecendo as disposições anteriormente vetadas e possibilitando o armazenamento em meio eletrônico, com a possibilidade de destruição dos documentos originais, exceto os de valor histórico.

A matéria encontra-se regulamentada, hoje, pelo Decreto nº 10.278/2020, o qual estabelece a técnica e os requisitos para a digitalização de documentos públicos ou privados, a fim de que os documentos digitalizados produzam os mesmos efeitos legais dos documentos originais, além de prever regras de segurança e armazenamento. É importante salientar a preocupação da Governança de dados[8] em assegurar: i) a integridade e a confiabilidade do documento digitalizado; (ii) a rastreabilidade e a auditabilidade dos procedimentos empregados; (iii) o emprego dos padrões técnicos de digitalização para garantir a qualidade da imagem, da legibilidade e do uso do

---

[7] O primeiro marco regulatório para os documentos eletrônicos no Brasil foi estabelecido com a Medida Provisória nº 2.200-2, de 2001, a qual instituiu a Infraestrutura de Chaves Públicas Brasileira (ICP-Brasil) e regulamentou as assinaturas digitais e o formato de validação jurídica de documentos. Essa Medida Provisória, porém, não tratava da digitalização de documentos, uma vez que somente alcançava os documentos nato-digitais, isto é, os documentos que já nascem em formato eletrônico.

[8] Sobre o tema, cf.: BARBIERI, Carlos. *Governança de Dados*: práticas, conceitos e novos caminhos. Rio de Janeiro: Alta Books, 2020.

documento digitalizado; (iv) a confidencialidade, quando aplicável; e (v) a interoperabilidade entre sistemas informatizados. Deve-se ter em conta, ainda, a necessidade de se adotar mecanismos de governança e segurança eletrônica dos arquivos digitais, como a adoção de uma política de backup[9] e de restauração de dados digitais, devidamente regulamentada.

A maturidade digital entre os diversos entes da federação apresenta desníveis e problemas estruturantes em estágios distintos, o que reforça a importância da matéria e insere na agenda pública o incentivo da inovação como uma política pública de Estado[10]. No âmbito federal, a digitalização já teve seu início há quase uma década, realidade distinta de muitos outros entes federados que só foram impelidos ao processo de digitalização recentemente ou em face da pandemia da COVID-19. Não por outro motivo, a Lei nº 14.129/21 dedicou uma seção para disciplinar normas sobre o trâmite de processos administrativos eletrônicos em âmbito federal, que poderão também ser aplicada às demais esferas de governo, mediante ato normativo próprio (art. 2, III, da Lei).

É importante salientar a preocupação do legislador na preservação da integridade, da autenticidade, da confidencialidade e da segurança do meio digital, considerando os níveis de risco.[11] A confiança está diretamente relacionada à segurança da governança de dados das instituições para a utilização de documentos e atos processuais digitais.

A Lei nº 14.129/21 tratou ainda de questões relativas ao tempo do ato, requisitos de validade, como a assinatura eletrônica, as formas de acesso e a força probatória dos documentos digitais, ou seja, reforçou as normas procedimentais para a ampla utilização de atos, processos e documentos digitais. Além de resguardar algumas hipóteses de exceção à regra dos processos administrativos eletrônicos (solicitação do usuário, quando o procedimento for inviável ou houver

---

9 O Tribunal de Contas da União, por meio do Acórdão nº 1.109/2021, Plenário. Rel. Ministro Vital do Rêgo, verificou a política de *backup* em 422 organizações federais, demonstrando a importância da matéria para a segurança dos dados públicos.

10 Sobre a maturidade digital, a OCDE elaborou um relatório em que analisa os desenvolvimentos recentes na economia digital brasileira, revisa políticas relacionadas à digitalização e faz recomendações para aumentar a coerência das políticas nessa área, cf.: OCDE. *A caminho da era digital no Brasil*, OECD Publishing, Paris, https://doi.org/10.1787/45a84b29-pt, 2020.

11 Originalmente, essa garantia era resguardada pela utilização da certificação digital no padrão da Infraestrutura de Chaves Públicas Brasileira (ICP-Brasil), mas a Lei nº 14.129/21 promoveu uma alteração no art. 3º da Lei nº 12.682/12, substituindo o uso do certificado digital pelo uso da assinatura eletrônica.

indisponibilidade do meio eletrônico ou, ainda, diante de risco de dano relevante à celeridade do processo). De todo modo, o documento-base correspondente deve ser digitalizado posteriormente.

Em sede de consulta,[12] o TCE/SC firmou o entendimento sobre a competência de cada ente federativo para estabelecer o nível mínimo exigido para a assinatura eletrônica em documentos e em interações com o ente público, disciplinando os procedimentos inerentes ao uso de certificado digital e da utilização de assinaturas. Trata-se da aplicação do art. 4º da Lei nº 14.063/20, que classificou as assinaturas eletrônicas em três espécies: simples, avançada e qualificada.

Deve-se reconhecer, em relação ao processo de digitalização, que as modificações legislativas relativamente recentes quanto à equivalência dos efeitos jurídicos dos documentos digitais, ao armazenamento e ao descarte ainda suscitam dúvidas e dificuldades de implementação,[13] sobretudo em pequenos municípios.[14] Todavia, conclui-se que a diretriz nacional direciona e impulsiona os demais entes federados e entidades públicas a adotarem práticas que potencializam o uso de documentos e processos digitais, favorecendo a troca e o compartilhamento de dados.

2 Transformação Digital (TD)

A produtividade é fator de sobrevivência do setor privado, impondo adaptabilidade, dinamismo e agilidade às empresas privadas, sob pena de redução ou até de extinção, o que, a princípio, não ocorreria no setor público. Isso tem impulsionado a melhoria do nível

---

[12] Tratava-se de questionamento do Consórcio de Informática na Gestão Pública Municipal (CIGA) para verificar a possibilidade de consórcios promoverem a sua própria cadeia de certificados digitais, o que entendeu não ser cabível por força do art. 5º da Lei nº 14.063/2020 (Prejulgado 2283 do TCE/SC).

[13] Os autores elaboraram um *framework* para análise das dificuldades de transformação digital, a partir de cinco mini casos brasileiros. Sobre o tema, cf.: TAVARES, A. P. S.; FORNAZIN, M.; JOIA, L. A. The Good, the Bad, and the Ugly: digital Transformation and the Covid-19 Pandemic. *AMCIS 2021 Proceedings*, v. 5, 2021. Disponível em: https://aisel.aisnet.org/amcis2021/global_develop/global_develop/5. Acesso em: 14 jun. 2025.

[14] Esse foi o caso da consulta formulada em 2021, junto ao TCE/SC, na qual a Prefeita do Município de Anitápolis indagava sobre a possibilidade de substituição dos arquivos físicos em papéis (ex.: movimentações gerais, empenhos, liquidação, ordem de pagamento, despesas extras), por meio de arquivamento digital (armazenamento em meio eletrônico) com assinatura eletrônica (certificado digital) na administração pública. A resposta à consulta inseriu um item no entendimento consolidado do TCE/SC (Prejulgado 2131), confirmando a possibilidade de aplicação dos dispositivos inseridos na Lei nº 12.682/12.

de maturidade digital das empresas privadas,[15] com capacidade de utilização de base de dados e informações organizadas e sistematizadas para análises descritivas, de diagnóstico, preditivas e prescritivas, conforme a sua maturidade.

Por outro lado, como acentuam Agune e Carlos,[16] as organizações públicas da Administração Direta não correm o risco de extinção, mesmo diante do enfraquecimento institucional, da deterioração da gestão pública e da incapacidade de prover serviços adequados. Os autores põem foco no distanciamento do arquétipo organizacional quando se insere o conhecimento como elemento central. Os autores elencam, ainda, os principais pontos de estrangulamento que impedem o setor público de dar respostas efetivas a problemas complexos e apontam as mudanças necessárias para que a inovação seja captada pelos radares dos governos, que hoje estão direcionados para uma sociedade que não existe mais.

Questões como hierarquia, setorização, especialização em ambientes naturalmente complexos e defasagem do arcabouço legal são apontadas como indicadores de um modelo burocrático e lento, não mais compatível com a sociedade digital. O descompasso alertado por Agune e Carlos[17] põe em discussão o excesso de caixinhas hierarquicamente isoladas, a compartimentalização de modo setorial e distante da complexidade dos problemas coletivos. A atualização da cultura organizacional no setor público pressupõe "[...] mudanças de modelos mentais, paradigmas, cultura e valores, que se acumulam há muito [...]".[18]

O cenário de TD não comporta a visão simplista de "uma mera redução do uso de papel no serviço público".[19] O seu sentir é bem

---

[15] De acordo com a Agência Brasileira de Desenvolvimento Industrial (ABDI), o Mapa da Digitalização das Micro e Pequenas Empresas (MPEs) brasileiras de 2023 aponta que a média de maturidade digital dessas empresas é de 48,25 pontos, numa escala que varia de 0 a 100. Apesar de a maior parte das MPEs ainda se situar nos estágios iniciais (níveis 1 e 2), esse desempenho já supera claramente o observado no setor público.

[16] AGUNE, R.; CARLOS, J. A. Radar da Inovação. O que os governos precisam enxergar. *Estudos Avançados*, [S. l.], v. 31, n. 90, p. 143-157, 2017. Disponível em: https://www.revistas.usp.br/eav/article/view/137890. Acesso em: 14 jun. 2025.

[17] AGUNE, R.; CARLOS, J. A. Radar da Inovação. O que os governos precisam enxergar. *Estudos Avançados*, [S. l.], v. 31, n. 90, p. 143-157, 2017. Disponível em: https://www.revistas.usp.br/eav/article/view/137890. Acesso em: 14 jun. 2025.

[18] AGUNE, R.; CARLOS, J. A. Radar da Inovação. O que os governos precisam enxergar. *Estudos Avançados*, [S. l.], v. 31, n. 90, p. 143-157, 2017, p. 148. Disponível em: https://www.revistas.usp.br/eav/article/view/137890. Acesso em: 14 jun. 2025.

[19] Surge, em 2000, o conceito de Governo Eletrônico, com o objetivo de inserir as TICs na formatação dos serviços públicos, a fim de mitigar os custos burocráticos e ampliar a

mais profundo,[20] ao possibilitar o uso de Tecnologias da Informação e Comunicação (TICs) para a remodelagem do *design* governamental e dos serviços públicos, com artefatos tecnológicos que assegurem a interoperabilidade dos dados, com segurança, integridade e respeitando a privacidade dos seus titulares.

O cenário global vivencia o processo de TD das organizações, rompendo paradigmas, quebrando barreiras e promovendo mudanças nos diversos setores e segmentos da economia. A TD que já acontecia nas organizações foi intensificada na pandemia, o que tornou imprescindível reformular planejamentos, adaptar novas modalidades de trabalho e analisar a complexidade do fenômeno e seus reflexos.

É preciso salientar que a TD amplia e altera a maneira pela qual as organizações passaram a enxergar e a processar os dados. Na era pré-digital, o gerenciamento dos dados exigia um dispendioso investimento para aquisição e manutenção de sistemas de TI, além de possuir um elevado risco associado e uma grande dificuldade de manejo em relação ao processo de armazenamento de dados. Na segunda década do século XXI, os dados são gerados e compartilhados em quantidades exponenciais, por pessoas, empresas e governos ao redor do mundo.

2.1 Transformação Digital no Governo

No setor público, a TD torna-se uma estratégia para a modernização e melhoria dos serviços oferecidos ao cidadão, visando à redução da burocracia, à eliminação de controles inoportunos e ao aumento da eficiência nas operações.[21] Dessa maneira, o governo digital tem como principal foco o cidadão e está orientado para criação de valor público[22] e transformação do ecossistema que envolve a Administração Pública, a sociedade civil e as empresas, em que no centro está o cidadão.

---

universalização dos serviços públicos. Sobre a linha do tempo, vide: BRASIL. Ministério da Economia. *Do eletrônico ao Digital*. 25 nov. 2019. Disponível em: https://www.gov.br/governodigital/pt-br/estrategia-de-governanca-digital/do-eletronico-ao-digital. Acesso em: 14 jun. 2025.

[20] No cenário de TD, as tecnologias digitais propiciaram novas perspectivas sobre como compreender e criar valor para os clientes (ROGERS, David L. *Transformação digital*: repensando seu negócio para a era digital. São Paulo: Autêntica Business, 2020).

[21] LUCIANO *et al*. *Capacidades para a Transformação Digital*: um Diagnóstico nos Estados Brasileiros e no Distrito Federal. 2021. Disponível em: https://gtdgov.org.br/uploads/publications/ZMXqRXx6xqOHtfAdxSStkxwWw1Xq1tA84OAfTg5n.pdf. Acesso em: 14 jun. 2025.

[22] CRIADO, J. I., GIL-GARCIA, J. R. Creating public value through smart technologies and strategies: from digital services to artificial intelligence and beyond. *International Journal of Public Sector Management*, v. 32, n. 5, p. 438-450, 2019.

Assim, a transformação do Estado para uma governança digital é um canal ampliado de democratização, estimulando o maior envolvimento e protagonismo do cidadão, apto, portanto, a agregar as preferências coletivas com a utilização das tecnologias digitais.[23] Não obstante, para além dos serviços eletrônicos, busca-se, ainda, ampliar o acesso às instituições públicas de forma universal e a qualificação das interações entre os cidadãos e os decisores dos serviços públicos, do mesmo modo que os valores que suportam tais relações.[24]

Sobre a temática da prestação digital dos serviços públicos no âmbito jurídico, Cristóvam, Saikali e Sousa[25] estabelecem como diretrizes principiológicas para e-Serviços Públicos: (i) eficiência, almejando a máxima satisfação do cidadão usuário; (ii) universalidade, maximizando a abrangência da disponibilidade de tais serviços; e (iii) atualidade, garantindo que os avanços tecnológicos, na comunicação e informação, sejam instrumentais para as ações públicas de corporificação dos direitos sociais. Tais diretrizes possuem seu atendimento facilitado pelo uso das TICs.

A perspectiva evolutiva em relação ao uso das TICs foi sintetizada por Dias e Gomes, conforme quadro a seguir, o qual reúne características de cada etapa.

---

23 DIAS, R.; GOMES, M. Do governo eletrônico à governança digital: modelos e Estratégias de Governo. *Transformacional Public Sciences & Policies – Ciências e Políticas Públicas,* v. VII, n. 1, p. 93-117, 2021.

24 BERTOT, J., ESTEVEZ E.; JANOWSKI, T. Universal and contextualized public services: digital public service innovation framework. *Government Information Quarterly,* v. 33, n. 2, p. 211-222, 2016.

25 CRISTÓVAM, José Sérgio da Silva; SAIKALI, Lucas Bossoni; SOUSA, Thanderson Pereira de. Governo Digital na Implementação de Serviços Públicos para a Concretização de Direitos Sociais no Brasil. *Sequência,* Florianópolis, n. 84, p. 209-242, 2020. p. 231.

Quadro 1 – Evolução da Tecnologia e do Governo Eletrônico (e-Gov)

Web / e-Gov	**Web 1.0 / e-Gov 1.0**	**Web 2.0 / e-Gov 2.0**	**Web 3.0 / e-Gov 3.0**
Foco	Orientado para o governo	Orientado para o cidadão	Serviço para indivíduos
Interação	Interatividade restrita	Interativo	Colaborativo
Abrangência	Serviços limitados no tempo e no espaço	Serviços móveis	Serviços integrados e acessíveis em qualquer tempo e lugar
Base de oferta	Informações baseadas na oferta governamental	Serviços mediados pela participação	Serviços inteligentes baseados em dados e necessidades reais
Produção de conteúdo	Organizações publicam conteúdo	Pessoas também publicam conteúdo	Interação mútua: organizações e cidadãos cocriam e coproduzem conteúdos e serviços
Tecnologias utilizadas	*Webpage* com informações em hipertexto	Portais com *blogs*, *wikis*, RSS *feeds*, *podcasts*, redes sociais	Plataformas multisserviços com Web Semântica, IA, *blockchain* e IoT

Fonte: Adaptado de DIAS; GOMES, 2021.[26]

Autores como Agune e Carlos[27] já chamavam a atenção para outras metodologias, como a do *design thinking*,[28] procedimento

---

[26] DIAS, R.; GOMES, M. Do governo eletrônico à governança digital: modelos e Estratégias de Governo. *Transformacional Public Sciences & Policies – Ciências e Políticas Públicas*, v. VII, n. 1, p. 93-117, 2021. p. 97.

[27] AGUNE, R.; CARLOS, J. A. Radar da Inovação. O que os governos precisam enxergar. *Estudos Avançados*, [S. l.], v. 31, n. 90, p. 143-157, 2017, p. 152. Disponível em: https://www.revistas.usp.br/eav/article/view/137890. Acesso em: 14 jun. 2025.

[28] Sobre o tema, v. BRORSTRÖM, S. How numbers of the future are shaping today: the role of forecasts and calculations in public sector strategic thinking. *Revista Financial Accountability and Management*, v. 34, v. 1, p. 17-29, 2018.

centrado no ser humano, voltado para a solução de problemas e para a descoberta de novas oportunidades de negócio, a partir do uso integrado de técnicas e ferramentas que estimulem a criatividade e a colaboração, envolvendo as etapas do entender, observar, definir, idealizar, prototipar e testar. Ou seja, metodologia que se insere no modelo da Web 3.0, assim como as ferramentas da Web semântica, mineração de dados, Blockchain, Internet das Coisas (IoT), Inteligência Artificial (IA) e Bots.

O uso desses artefatos, no âmbito governamental, está sendo direcionado para a prestação de serviços inteligentes, a formulação de políticas públicas fundamentadas em evidência e a geração de valor público[29] de forma colaborativa.[30]

Outro aspecto é a perspectiva colaborativa da cidadania, facilitada pela possibilidade de cada indivíduo exercer um papel mais ativo como cocriador, coprodutor, codecisor e coavaliador dos serviços públicos,[31] o que, ao mesmo tempo, repercute na forma como as organizações públicas planejam a prestação do serviço, já que passam a dispor de informações mais precisas em relação às demandas. Esse é um ponto chave, pois, como coloca Erkut,[32] uma das grandes dificuldades dos governos para atender as reais necessidades da população está na identificação de suas preferências.

Nesse mesmo sentido, a Lei nº 14.129/21 não tratou apenas de robustecer os mecanismos de digitalização como um facilitador da estruturação de dados e informações no setor público, mas foi além. A prestação digital de serviços públicos significa avançar em relação ao nível de maturidade digital.[33] De acordo com o TCU, o e-Gov vai

---

[29] Sobre o conceito de valor público, *cf.*: BENINGTON, John; MOORE, Mark H. *Public Value:* theory and Practice. Londres: Palgrave Macmillan, 2011. MEYNHARDT, T.; BRIEGER, S. A.; STRATHOFF, P.; ANDERER, S.; BÄRO, A.; HERMANN, C.; GOMEZ, P. Public Value Performance: what does it mean to create value in the public sector. Springer Gabler, Wiesbaden, 2017. pp. 135-160. Disponível em: https://www.researchgate.net/publication/310791918_Public_Value_Performance_What_Does_It_Mean_to_Create_Value_in_the_Public_Sector. Acesso em: 14 jun. 2025.

[30] DIAS, R.; GOMES, M. Do governo eletrônico à governança digital: modelos e Estratégias de Governo. *Transformacional Public Sciences & Policies – Ciências e Políticas Públicas,* v. VII, n. 1, p. 93-117, 2021. p. 98.

[31] LEMBER, V.; BRANDSEN, T.; TÕNURIST, P. The potential impacts of digital technologies on co-production and co-creation. *Public Management Review,* v. 21, n. 11, p. 1665-1686, 2019.

[32] ERKUT, P. From Digital Government to Digital Governance: are we there yet? *Sustainability,* v. 12, n. 860, p. 1-13, 2020.

[33] Sobre a perspectiva da transformação digital como política pública de Estado, cf.: OCDE. *Medir a transformação digital*: um roteiro para o futuro, 2019.

além da oferta de informações e serviços *online*, podendo ser utilizado como um poderoso instrumento para transformar estruturas, processos e cultura do governo, tornando-o mais eficiente, transparente e com foco no cidadão.[34]

Ou seja, supera-se o objetivo de digitalizar serviços e processos existentes, postos pelo governo eletrônico, e almeja-se a transformação radical no sentido de desenvolver novos modelos de serviço utilizando, de forma exponencial, as potencialidades tecnológicas. A transição de governo eletrônico para o conceito de governo digital adota metas estratégicas, visando promover a simplificação de processos, maior acessibilidade e eficiência nos serviços oferecidos ao cidadão por meio de tecnologias digitais.[35]

No âmbito do controle externo, o TCU promoveu auditoria para identificar o panorama dos serviços públicos digitais e avaliar a estrutura de governança[36] federal para a adequada prestação dos serviços, o que resultou no Acórdão nº 1.469/17-TCU-Plenário, com recomendações de adequações, com posteriores decisões em processos de monitoramento e de avaliações.[37] Mais recentemente, o TCU promoveu novamente a avaliação dos seguintes aspectos da governança da transformação digital no âmbito federal: 1) formulação da estratégia e dos planos de transformação digital, incluindo as diretrizes, os objetivos, as metas, a priorização, os responsáveis, os prazos e a orientação estratégica a que os esforços estão alinhados; 2) sistema de monitoramento e avaliação; 3) gestão de riscos; e 4) articulação entre as estruturas de governança. A decisão do pleno do TCU constou no Acordão nº 1.784/21, enfocando as falhas e deficiências detectadas em relação ao modelo padrão de gestão

---

34 BRASIL. Tribunal de Contas da União. *Acórdão nº 1.469/17*. Plenário. Relator: Ministro Benjamin Zylmer. Sessão de 12.07.2017. Disponível em: https://pesquisa.apps.tcu.gov.br/#/documento/acordao-completo/1.469/%2520/DTRELEVANCIA%2520desc%252C%2520NUMACORDAOINT%2520desc/26/%2520. Acesso em: 14 jun. 2025.

35 BRASIL. Ministério da Economia. *Do eletrônico ao Digital*. 25 nov. 2019. Disponível em: https://www.gov.br/governodigital/pt-br/estrategia-de-governanca-digital/do-eletronico-ao-digital. Acesso em: 14 jun. 2025.

36 Nos termos do Manual de Governança elaborado pelo TCU, o conceito de governança pode ser compreendido como a "habilidade e a capacidade governamental para formular e implementar, de forma efetiva, políticas públicas mediante o a estabelecimento de relações e parcerias coordenadas entre organizações públicas e/ou privadas". (BRASIL. Tribunal de Contas da União. *Referencial básico de governança aplicável a órgãos e entidades da administração pública*. Brasília: TCU, Secretaria de Planejamento, Governança e Gestão, 2014. v. 2).

37 V. Acórdão nº 1.103/2019-TCU-Plenário; Acórdão nº 3.145/2020-TCU-Plenário; Acórdão nº 419/2021- TCU-Plenário; Acórdão nº 1.784/2021- TCU-Plenário.

de riscos com, pelo menos, as atividades de identificação, avaliação, tratamento e monitoramento dos riscos referentes à transformação digital dos serviços públicos, bem como à necessidade da definição das responsabilidades pela mitigação de riscos.

A referida decisão do TCU também contemplou a necessidade de identificação dos principais riscos comuns aos quais os esforços de transformação digital comumente estão expostos, inclusive os riscos de ataque cibernético. Não se pode olvidar que a segurança cibernética[38] é uma facilitadora da inovação digital mais rápida.

Outra questão também contemplada pela Lei nº 14.129/21 diz respeito ao alcance e à integração dos serviços públicos digitais pelos entes federados. Ainda que se reconheça a maior capacidade federal, os entes menores também estão sendo instados a ingressar na rede de serviços digitais. Diversas pesquisas acadêmicas, inclusive, já têm sido direcionadas para a avaliação do patamar de maturidade digital da governança local.

Em 2018, como desdobramento do *peer review* da OCDE sobre governo digital no Brasil, foram desencadeadas importantes iniciativas, entre as quais se destacam a implantação da plataforma Gov.br, em 2019, a formalização de planos de transformação digital pelos órgãos públicos e a execução da Estratégia de Governo Digital (EGD), que hoje encontra-se no ciclo 2022-2026.[39]

Tais medidas aceleraram o processo de transformação digital e a implantação do conceito de *one-stop shop* na oferta de serviços à população. Em 2022, cerca de 4.100 serviços digitais foram disponibilizados na plataforma, após a migração de 177 portais de órgãos federais, além da criação da conta digital Gov.br, que passou a centralizar o acesso da população aos serviços públicos digitais e, no mesmo período, registrava 142 milhões de cidadãos cadastrados.[40]

---

[38] Utiliza-se o termo "cibersegurança" de modo mais amplo, de forma a englobar a proteção de dados e as informações digitais; a proteção de dados pessoais em formato eletrônico; a segurança de computador; a segurança de rede; os e-serviços de segurança; a segurança de TIC; a segurança cibernética etc.

[39] MITKIEWICZ, Fernando André Coelho. Transformação digital: análise da implantação da plataforma Gov.br e da evolução da maturidade da política de governo digital no Brasil. *In: Digitalização e tecnologias da informação e comunicação*: oportunidades e desafios para o Brasil. Rio de Janeiro: IPEA, 2024.

[40] MITKIEWICZ, Fernando André Coelho. Transformação digital: análise da implantação da plataforma Gov.br e da evolução da maturidade da política de governo digital no Brasil. *In: Digitalização e tecnologias da informação e comunicação*: oportunidades e desafios para o Brasil. Rio de Janeiro: IPEA, 2024.

Nesse sentido, também pode-se citar a pesquisa realizada por Roesler e Rezende,[41] a qual quantificou e analisou, qualitativamente, as diferentes estratégias previstas nos planos de gestão municipal, bem como os serviços públicos digitais ofertados no portal eletrônico. Em suas conclusões verificaram a relevância e o impacto da regulamentação, do planejamento e da implementação dos serviços digitais pelos gestores das cidades, destacando, ainda, a importância da participação social na definição e no acompanhamento da execução das estratégias e do uso de sistemas digitais de informação e inteligência artificial.

Exatamente na mesma direção, a Lei nº 14.129/21 elencou, em seu art. 16, a possibilidade de a Administração Pública de cada ente federado editar estratégia de governo digital, no âmbito de sua competência, buscando a sua compatibilização com a estratégia federal e a de outros entes. Cabe observar que a participação da Administração Pública de modo integrado e cooperativo está contida na lei como um comando cogente em relação à Estratégia Nacional de Governo Digital, hoje, contemplada pela Portaria nº 6.543/22.

Desse modo, a Lei nº 14.129/21 é inserida no ordenamento jurídico nacional, em consonância com as diretrizes internacionais, inaugurando no arcabouço jurídico o "Governo Digital", com previsão de ampla acessibilidade (art. 14); da atuação estratégica, integrada e cooperativa (art. 15); e da busca da máxima aderência dos demais entes federados (art. 16). É nesse sentido que a legislação, ao regulamentar a transformação digital no governo, impõe o dever de organizar e integrar plataformas de modo a pavimentar as "rodovias digitais", fornecendo um ambiente em que cidadãos, empresários e órgãos públicos possam trafegar digitalmente com segurança.

Resultados recentes, como os *rankings* da ONU e do Banco Mundial, colocam o Brasil entre os países com o mais alto grau de maturidade digital. Em 2022, o país obteve o 2º lugar entre 198 países no *GovTech Maturity Index* (GTMI) e alcançou sua melhor colocação histórica no *Online Service Index* (OSI) da ONU, ocupando o 14º lugar entre 193 países. Já no *Digital Government Index* (DGI) da OCDE, em 2020, superou a média dos países-membros, ficando na 16ª posição entre 33 nações.[42]

---

[41] ROESLER, Douglas André; REZENDE, Denis Alcides. Estratégias da cidade e dos serviços públicos e suas relações com projeto Cidade Digital Estratégica: estudo em Toledo – Brasil. *Revista Contribuciones a las Ciencias Sociales*, ago. 2020. Disponível em: https://www.eumed.net/rev/cccss/2020/08/cidade-digital-brasil.html. Acesso em: 14 jun. 2025.

[42] MITKIEWICZ, Fernando André Coelho. Transformação digital: análise da implantação da plataforma Gov.br e da evolução da maturidade da política de governo digital no

Tais avanços demonstram a construção de uma trajetória que tem sido impulsionada por diversos atores institucionais através de medidas estruturantes[43] em múltiplas dimensões, para a consolidação da TD como política permanente e estratégica de Estado.

2.2 O Governo como líder digital

A Estônia é considerada como o modelo da Sociedade Digital, em que a prestação de serviços públicos é realizada em ambiente seguro para troca de dados mediante a rede de interoperabilidade denominada *X-Road.*[44] A metáfora geralmente utilizada associa a *X-Road* ao território oficial da Estônia no ciberespaço e a Identidade Digital (eID) como o passaporte para esse território virtual. Importante destacar que a Estônia foi reconhecida pela capacidade de gerenciar incidentes cibernéticos (incidente de negação de serviço eletrônico, manipulação de dados ou violação de integridade de dados e a violação de confidencialidade de dados) e por garantir a segurança dos sistemas e da sociedade digital.

De acordo com Ott,[45] o modelo de sociedade digital da Estônia[46] está ancorado em alguns princípios fundamentais, quais sejam: i) o desenvolvimento da sociedade digital da Estônia é uma escolha estratégica para melhorar a competitividade do estado e aumentar o total bem-estar de seus cidadãos; ii) o setor público lidera o caminho para o desenvolvimento da sociedade digital; iii) a proteção dos direitos e

---

Brasil. *In: Digitalização e tecnologias da informação e comunicação*: oportunidades e desafios para o Brasil. Rio de Janeiro: IPEA, 2024.

43 Nesse sentido, cita-se como exemplo o Anexo II do Plano Brasileiro de Inteligência Artificial (PBIA), o qual expressamente elenca as ações estruturantes para a TD no campo da IA.

44 Como princípios de *design* da *X-Road,* pode-se elencar que este é: distribuído, de modo que não centraliza os dados e não altera a propriedade dos dados; seguro, sendo projetado para permitir a interoperabilidade dos dados com segurança e integridade; heterogêneo, ao possibilitar a integração de sistemas construídos em qualquer plataforma; possui altíssimo grau de confiança, adotando medidas de proteção e inviolabilidade dos dados; possui apoio governamental, possibilitando acordos em diferentes instalações; e tem facilidade de implementação e de utilização. (VALLNER, Unno. *Data Exchange Infrastructure*: e-Estonia. E-Governance in Practice The 3rd Updated Edition. Taillinn: e-Governance Academy, 2019. p. 72).

45 OTT, Arvo. Planning and coordination of the digital society. *In: E-Estonia. E-Governance in Practice.* 3. ed. Taillinn: e-Governance Academy, 2019. p. 40.

46 O Brasil tem sido um membro ativo do projeto de Cooperação Digital Internacional com a E-Governance Academy da Estônia, que visa desenvolver uma esfera digital internacional segura e baseada em direitos. V. BRASIL DIGITAL. *Relatório de competitividade.* Disponível em: https://www.imd.org/centers/wcc/world-competitiveness-center/rankings/world-competitiveness-ranking/rankings/wcr-rankings/#_tab_Rank. Acesso em: 14 jun. 2025.

liberdades fundamentais, dos dados pessoais e da identidade estão resguardados, cabendo aos cidadãos a propriedade de seus dados pessoais, podendo estes controlarem de que forma eles serão utilizados; iv) o setor público organizará seus processos de forma a garantir que os cidadãos, empresários e órgãos públicos tenham que disponibilizar quaisquer dados apenas uma vez; v) a criação da sociedade digital a partir da cooperação entre os setores público e privado, bem como todas as outras partes, incluindo os usuários de soluções de TIC; vi) a preservação de aspectos culturais como a língua e os costumes; vii) o acesso à sociedade digital para todos os residentes da Estônia, em que todos devem ter acesso à Internet.

Países-referências na implementação da sociedade digital como Estônia e Reino Unido têm contribuído para a aceleração do processo de transformação digital, respaldados por uma regulamentação[47] forte em termos de segurança, privacidade e proteção de dados[48] dos cidadãos.[49] Conceitos como inovações e sua base no *privacy by design* e *privacy by default* foram incorporados no Regulamento Geral de Proteção de Dados (GDPR) europeu, em 2016, bem como na Lei nº 13.709/18, Lei Geral de Proteção de Dados.[50]

Willemin e Hendler reforçam que as entidades que realizarem tratamento de dados devem assumir a responsabilidade pela segurança das informações pessoais, de acordo com os padrões técnicos, capazes de conferir confidencialidade, integridade e disponibilidade dos dados

---

47 Acerca dos dilemas regulatórios de natureza ético-jurídica do uso da Inteligência Artificial, Freitas aponta medidas estruturantes a serem observadas: a implementação *ex ante* da avaliação de impactos algorítmicos; a regulação imantada pelo desenvolvimento sustentável, acompanhada de contínua prestação de contas, contrapondo-se ao atendimento de interesses meramente econômicos; e, por fim, a necessidade de impossibilitar a supervisão de modo artificial, condicionando ao final à decisão humana (FREITAS, Juarez; FREITAS, Thomas Bellini. *Direito e Inteligência Artificial.* Belo Horizonte: Fórum, 2020. p. 116).

48 No cenário nacional, o tema da proteção de dados é tratado com singularidade por HAHN, Tatiana Meinhart. *Regras de boas práticas e governança em privacidade na LGPD.* Belo Horizonte: Fórum, 2024.

49 O intercâmbio de experiências foi apresentado no Seminário Internacional de Proteção de Dados *"Once-only, But Privacy First"*. (BRASIL. Ministério da Economia. *Seminário Internacional de Proteção de Dados "Once-only, But Privacy First"*. Disponível em: https://www.youtube.com/watch?v=VROskx8FdtM&ab_channel=MPStreaming. Acesso em: 14 jun. 2025).

50 WILLEMIN, Andrea; HENDLER, Elenise Magnus. Tecnologia da informação e o grande desafio da meta 9.C do ODS 9: garantir proteção aos dados pessoais em tempos de economia digital. *In*: WARPECHOWSKI, Ana Cristina Moraes; GODINHO, Heloísa Helena Antonácio Monteiro; IOCKEN, Sabrina Nunes (Coord.). *Políticas Públicas e os ODS da Agenda 2030.* Belo Horizonte: Fórum, 2021. p. 295.

pessoais[51] em todo o seu ciclo de vida, incluindo, entre outros, métodos de destruição segura, criptografia apropriada e forte controle de acesso e métodos de registro.

Reforça-se, portanto, a importância do protagonismo governamental atuando como líder para a transformação da sociedade digital, ou seja, um passo adiante em relação à cultura descrita anteriormente. Sentido este no qual a Lei do Governo Digital é tida como um divisor para a implantação efetiva das estratégias de transformação digital governamental.[52]

Com o avanço das tecnologias de inteligência artificial (IA), sua aplicação tornou-se indispensável nas iniciativas de TD, ao viabilizar a análise de dados dos usuários e a oferta de recomendações personalizadas para serviços e canais de atendimento, promovendo maior engajamento e fidelização. Entretanto, sua utilização no setor público exige atenção a aspectos éticos, como o viés algorítmico e seus impactos na prestação de serviços. Quando decisões são baseadas em IA, dados e modelos falhos ou tendenciosos podem comprometer a formulação de políticas e distorcer a alocação de recursos, afetando a equidade e a eficácia das ações governamentais.[53]

O Brasil, em junho de 2025, publicou a versão final do Plano Brasileiro de Inteligência Artificial (PBIA), direcionando suas ações para o desenvolvimento e aplicação responsável da inteligência artificial[54] a partir da identificação de dois grupos centrais. O primeiro, focado nas

---

[51] As autoras apontam que o primeiro registro doutrinário significativo de embates que clamaram pela atenção do Estado para o tema da privacidade, destacando a importância não só do exercício jurisdicional, mas também da necessidade de atividade legislativa, para uma inovação tecnológica ocorrida em 1890, foi a fotografia. (WILLEMIN, Andrea; HENDLER, Elenise Magnus. Tecnologia da informação e o grande desafio da meta 9.C do ODS 9: garantir proteção aos dados pessoais em tempos de economia digital. *In*: WARPECHOWSKI, Ana Cristina Moraes; GODINHO, Heloísa Helena Antonácio Monteiro; IOCKEN, Sabrina Nunes (Coord.). *Políticas Públicas e os ODS da Agenda 2030*. Belo Horizonte: Fórum, 2021. p. 285).

[52] Insere-se nesse contexto o marco legal das *startups* e do empreendedorismo inovador, estabelecido pela Lei Complementar nº 182, que tem, por exemplo, medidas de fomento ao ambiente de negócios e ao aumento da oferta de capital para investimento em empreendedorismo inovador; e regras para a licitação e a contratação de soluções inovadoras pela Administração Pública.

[53] ALMURTADHA, Yahya. Modelo de Previsão de IA para Investigar os Indicadores do Índice de Maturidade GovTech (GTMI) para Avaliar a Prontidão dos Governos para a Transformação Digital. *Journal of Applied Data Sciences*, v. 5, n. 4, p. 1838-1849, 2024.

[54] MINISTÉRIO DA CIÊNCIA, TECNOLOGIA E INOVAÇÃO - MCTI; CENTRO DE GESTÃO E ESTUDOS ESTRATÉGICOS – CGEE. *IA para o bem de todos*; Plano Brasileiro de Inteligência Artificial. Brasília, DF: MCTI; CGEE, 2025. Disponível em: https://www.cgee.org.br/documents/10195/11009772/CGEE_PBIA.PDF. Acesso em: 14 jun. 2025.

ações de impacto imediato, e o segundo, nas ações estruturantes, que estão direcionadas para a infraestrutura e o desenvolvimento de IA, para a difusão, formação e capacitação em IA, para a IA na melhoria dos serviços públicos, para a IA na inovação empresarial e para o apoio ao processo regulatório e de governança da IA.

Portanto, as ações estruturantes previstas no PBIA devem ser compreendidas como um *start* decisivo e relevante para um processo dinâmico e evolutivo, que exige constante aperfeiçoamento e atualização.

A busca por melhorias contínuas deve estar entrelaçada com avanços teóricos e práticos em diversos campos do conhecimento, em especial com a Gestão do Conhecimento, que promove a criação, o compartilhamento, a integração e a disseminação do conhecimento institucional para melhorar a capacidade de resposta do Estado, qualificando a prestação de serviços à população e gerando valor público.[55]

3 Gestão do Conhecimento nas organizações públicas

A Gestão do Conhecimento (GC) envolve, nos termos da Organização para Cooperação Econômica e Desenvolvimento (OCDE),[56] as atividades relativas à retenção, ao uso e ao compartilhamento de conhecimentos pela organização, envolvendo a gestão das interações externas e dos fluxos de conhecimento no interior da empresa, incluindo métodos e procedimentos de busca de conhecimento externo e o estabelecimento de relacionamentos mais estreitos com outras empresas (fornecedores, concorrentes), consumidores ou instituições de pesquisa.

Portanto, a cultura da inovação contínua é um dos propósitos da Gestão do Conhecimento, campo científico vocacionado para o estudo do ciclo estratégico do conhecimento, como ferramenta essencial para a transformação organizacional na busca de soluções inovadoras, vinculadas a uma abordagem interdisciplinar. A expressão GC obteve

---

[55] KASSA, Erstu Tarko; NING, Jing. Uma revisão sistemática sobre os papéis da gestão do conhecimento nos setores públicos: Síntese e caminhos a seguir. *Heliyon*, v. 9, n. 11, 2023.

[56] OECD; EUROSTAT. *Oslo Manual 2018*: Guidelines for Collecting, Reporting and Using Data on Innovation. 4th Edition. The Measurement of Scientific, Technological and Innovation Activities. Paris: OECD; Luxembourg: Eurostat, 2018. p. 134. Disponível em: https://www.ovtt.org/wp-content/uploads/2020/05/Manual_Oslo_2018.pdf. Acesso em: 14 jun. 2025.

visibilidade quando foi definida como uma área de pesquisa nos contextos acadêmico, corporativo e econômico e passou a integrar as temáticas relacionadas aos processos de inovação.

Remonta à década de 80, o uso da GC como pesquisa acadêmica, em razão de uma disputa entre empresas japonesas e americanas, em que a vantagem competitiva foi atribuída à capacidade organizacional de gerenciar conhecimento.[57] O conhecimento, dessa forma, como objeto de estudo da GC, é definido como o conteúdo ou o processo efetivado por agentes humanos ou artificiais em atividades de geração de valor científico, tecnológico, econômico, social ou cultural.

Para as organizações voltadas à GC, o conhecimento é percebido como um ativo intangível e estratégico no processo de aprendizagem organizacional, agregando valor e potencializando a competitividade da organização. Caracterizam-se os ativos intangíveis[58] por especificidades como a singularidade,[59] a baixa rivalidade e a capacidade de escala.[60]

Seguindo essa linha, o estudo da GC é tratado como um processo que promove o fluxo de conhecimento entre os colaboradores e grupos da organização, sendo constituído pelas etapas de aquisição, armazenamento, distribuição e utilização.[61]

Uma das questões centrais para a GC é compreender a diferenciação entre dado, informação, conhecimento e sabedoria. Os dados

---

[57] REGENSTEINER, Roberto. Gerenciamento do conhecimento: origem, contexto histórico e gestão. *Augusto Guzzo Revista Acadêmica*, n. 12, p. 141-153, 2013. p. 141-142.

[58] Os ativos intangíveis, segundo o Jornal Diário do Comércio (2020), alcançam alto percentual patrimonial nas empresas de tecnologia. As cinco empresas mais valiosas nas cotações da bolsa, em 22 de junho de 2020, eram Apple, Microsoft, Amazon, Alphabet (Google) e Facebook, que, somadas, alcançavam o patamar de U$$6.023 bilhões em valor de mercado, sendo 91% do seu valor de mercado representados por ativos intangíveis, e não por patrimônio líquido auditado.

[59] KAYO, E. K. *et al*. Ativos intangíveis, ciclo de vida e criação de valor. *Revista de Administração Contemporânea*, v. 10, n. 3, p. 73-90, 2006.

[60] LEV, Baruch. A matemática da nova economia. *Revista HSM Management*, São Paulo, p. 34-40, mai./jun. 2000.

[61] DURST, S.; EDVARDSSON, I. R. Knowledge management in SMEs: a literature review. *Journal of Knowledge Management*, v. 16, n. 6, p. 879-903, 2012. Disponível em: http://dx.doi.org/10.1108/13673271211276173. Acesso em: 14 jun. 2025; LIAO, C.; CHUANG, S. H.; TO, P. L. How knowledge management mediates relationship between environment and organizational structure. *Journal of Business Research*, v. 64, p. 728-736, 2011; ARGOTE, Linda; MCEVILY, Bill; REAGANS, Ray. Managing knowledge in organizations: an integrative framework and review of emerging themes. *Management Science*, v. 49, n. 4, p. 571-582, 2003; CORMICAN, K.; O'SULLIVAN, D. A. Collaborative knowledge management tool for product innovation management. *International Journal of Technology Management*, v. 26, n. 1, p. 53-68, 2003. Disponível em: http://dx.doi.org/10.1504/ IJTM.2003.003144. Acesso em: 14 jun. 2025.

são, na verdade, códigos que constituem matéria-prima da informação, representando um ou mais significados que, isoladamente, não conseguem transmitir uma mensagem. As informações, por sua vez, decorrem do processamento de dados e permitem a compreensão de determinada situação. Com a análise e interpretação da informação surge o conhecimento, o qual dá suporte às tomadas de decisão. E, por fim, a sabedoria, a qual permite um julgamento baseado em experiências e na melhor forma de aplicação do conhecimento sobre determinados assuntos.[62]

No que se refere aos sistemas de Gestão do Conhecimento, estes são estruturados para impulsionar o compartilhamento do capital intelectual[63] da organização, sendo voltados para a construção do conhecimento, a partir de um esforço interdisciplinar. É neste contexto que as ações buscam vincular a inovação em todas as atividades desempenhadas dentro da organização, de modo a fomentar um ambiente de transformação e aprendizado contínuo.

A Gestão do Conhecimento, consequentemente, fomenta a geração, o compartilhamento e o uso sistemático do conhecimento, com o propósito de atingir os objetivos estratégicos organizacionais, o que proporciona para as organizações o aumento da eficiência e da efetividade das operações, a manutenção de sua competitividade, além de inovação e aprendizagem organizacional.[64]

No âmbito da Administração Pública, a GC envolve aspectos que impulsionam e qualificam a prestação de serviços públicos, assim como a estruturação de sistemas de conhecimento, com o intuito de apoiar o planejamento estratégico institucional.

---

62 SERRAT, Olivier. Notions of Knowledge Management. *In*: *Asian Development Bank. Knowledge solutions*: tools, methods, and approaches to drive development forward and enhance its effects. Mandaluyong City, Philippines: Asian Development Bank, 2010.

63 O compartilhamento deve levar em conta a clássica divisão de Nonaka e Takeuchi sobre os dois tipos de conhecimento: o tácito e o explícito. O conhecimento tácito é definido como pessoal, específico ao contexto, difícil de ser formulado e comunicado, de modo que exige uma estrutura que facilite a integração dos indivíduos para estimular compartilhamento de conhecimento. Por outro lado, o conhecimento explícito refere-se ao que é transmissível, em linguagem formal e sistemática. Acrescenta-se, ainda, que o explícito utiliza a tecnologia da informação como facilitadora para armazenar, distribuir e reutilizar o conhecimento por meio de procedimentos e da estrutura organizacional. (NONAKA, Ikujiro; TAKEUCHI, Hirotaka. *Criação do Conhecimento na Empresa*: como as empresas geram a dinâmica da inovação. Rio de Janeiro: Campus,1997).

64 KUMTA, G.; NORTH, K. *Knowledge Management. Value Creation Through Organizational Learning.* Springer International Publishing Switzerland, 2014.

Santos e Bastos[65] destacam seis dimensões conceituais que abordam a Gestão do Conhecimento no contexto do setor público, sendo elas: (i) a cocriação de conhecimento; (ii) a importância da avaliação de impacto sobre o uso da GC em processos de cocriação; (iii) o uso da GC como um fator de mudança organizacional; (iv) o conhecimento como um recurso estratégico e um instrumento de governança; (v) o uso de mapas de conhecimento como ferramenta para geração de novos conhecimentos; e (vi) os desafios para implantação da GC no setor público.

Todavia, deve-se reconhecer que há pouca literatura específica sobre o tema da GC no setor público, conforme aponta Menezes.[66] Um cenário que tende a se modificar com a formação de um número cada vez maior de profissionais especializados no campo da GC, fomentando publicações acadêmicas e de manuais de GC para o setor público, bem como a utilização de práticas e ferramentas próprias da GC. Nesse contexto, as redes de conhecimento tornam-se, por derradeiro, fundamentais para estimular e promover a inovação das organizações públicas.

3.1 Redes de Conhecimento

A abordagem sistêmica da inovação busca uma melhor compreensão de vários aspectos críticos do seu processo, dentre eles as interações entre os atores e os fluxos relevantes de conhecimento. Incluem-se os processos interativos para a criação de conhecimento, passando pela difusão, até a aplicação do conhecimento.

O tema específico das redes de conhecimento no setor público é tratado por Dawes, Cresswel e Pardo,[67] os quais estabelecem uma tipologia para definir o alcance da rede. As mais complexas, denominadas de redes interorganizacionais, são as mais amplas, agrupando

---

[65] SANTOS, V.; BASTOS, R.: Gestão do Conhecimento e Administração Pública: uma revisão sistemática da literatura. *Revista Contribuciones a las Ciencias Sociales*, enero./marzo 2018. Disponível em: http://www.eumed.net/rev/cccss/2018/01/gestao-conhecimento-administracao.html. Acesso em: 14 jun. 2025.

[66] MENEZES, Rômulo Fisch de Berrêdo. *Gestão do Conhecimento no setor público*: o aproveitamento da atividade investigativa da polícia federal brasileira. Dissertação (Mestrado em Administração Pública). Universidade de Brasília (UnB), Brasília, 2020.

[67] DAWES, S. S.; CRESSWELL, A. M.; PARDO, T. A. From "Need to Know" to "Need to Share": tangled Problems, Information Boundaries, and the Building of Public Sector Knowledge Networks. *Public Administration Review*, v. 69, n. 3, p. 392–402, 2009.

jurisdições, setores e níveis de governo distintos. Como aspecto positivo, esse tipo de rede proporciona maior profundidade e amplitude do conhecimento disponível para compartilhar, mas, ao mesmo tempo, conta com um maior número e variedade de partes interessadas, levando a contextos com mais riscos, custos e barreiras. Dentre as barreiras, os autores elencam a falta de delimitação clara de divisão de competência e autoridade, formando o que denominaram de "barreiras sérias para informação e partilha de conhecimento".[68]

A questão da delimitação de competências alcança novos contornos quando se está diante da transformação digital governamental, pois, se por um lado, as TICs podem evidenciar ainda mais a sobreposição de funções, por outro, têm o potencial de encontrar novas soluções e remodelar as instituições públicas.

Caminha nesse sentido, ainda que num estágio inicial, a Lei nº 14.129/21, que traz, em seu art. 17, a possibilidade do executivo federal criar redes de conhecimento, justamente para gerar, compartilhar e disseminar conhecimento e experiências; formular propostas de padrões, políticas, guias e manuais; discutir sobre os desafios enfrentados e as possibilidades de ação quanto ao Governo Digital e à eficiência pública; prospectar novas tecnologias para facilitar a prestação de serviços públicos disponibilizados em meio digital, o fornecimento de informações e a participação social por meios digitais.

O objetivo dessa rede de conhecimento é abrir o canal de comunicação a partir de visões distintas, de modo que a lei estimula não só a participação do todos os órgãos e entidades da administração pública direta e indireta, mas também assegura às instituições científicas, tecnológicas e de inovação o acesso às redes de conhecimento e o estabelecimento de canal de comunicação permanente com o órgão federal.

Já em 2019, a Portaria SGD/ME nº 23 institucionalizou a Rede Nacional de Governo Digital (Rede Gov.br), plataforma de natureza colaborativa, que tem como finalidade promover a colaboração, o

---

[68] O tema suscita diversas reflexões sobre o rearranjo e a delimitação mais precisa das competências sancionatórias das diversas instituições de controle, considerando as sobreposições e os ruídos decisórios, ou seja, a variabilidade dos julgamentos que deveriam ser idênticos. Cf. (KAHNEMAN, D.; SIBONY D.; SUNSTEIN C. *Noise*: a flaw in human judgment. First edition. New York: Little, Brown Spark, 2021; DAWES, S. S.; CRESSWELL, A. M.; PARDO, T. A. From "Need to Know" to "Need to Share": tangled Problems, Information Boundaries, and the Building of Public Sector Knowledge Networks. *Public Administration Review*, v. 69, n. 3, p. 392–402, 2009. p. 395).

intercâmbio, a articulação e a criação de iniciativas inovadoras relacionadas à temática de governo digital no setor público com demais entes federativos. Trata-se de uma medida cuja finalidade é a de promover o intercâmbio de informações e a articulação de ações conjuntas relacionadas à expansão da Estratégia de Governo Digital.

A experiência prática demonstra, como aponta Menezes,[69] que a demanda pelo conhecimento incrementa a necessidade de participação em todas as redes capazes de agregar novos saberes à organização. De acordo com o autor, o resultado positivo se dá pela proatividade no compartilhamento do próprio conhecimento nessas redes, em regime colaborativo intenso que, em se tratando do setor público, tende a proporcionar melhores práticas e serviços à comunidade.

Contudo, não se pode perder de vista os dificultadores, como alertado por Dawes, Cresswel e Pardo.[70] Ou seja, obstáculos que recaem sobre a própria natureza da atividade de pesquisa no campo da inovação. Não se trata de conceber a inovação como uma fonte de ideias inventivas, mas como uma forma de solução de problemas a ser utilizada em qualquer ponto.[71]

Tal estímulo está em consonância com a transformação digital, em que o uso de tecnologias e o *redesign* de modelos organizacionais são a mola propulsora de uma nova economia, na qual o conhecimento ergue-se como alicerce de produtividade para as organizações privadas e, também, para as entregas governamentais de políticas públicas eficientes e para prestação de serviços públicos de qualidade.

Considerações finais

O estudo se propôs a relacionar as mudanças normativas trazidas pela Lei nº 14.129/21, sobretudo em relação aos dispositivos que tratam

---

69 MENEZES, Rômulo Fisch de Berrêdo. *Gestão do Conhecimento no setor público*: o aproveitamento da atividade investigativa da polícia federal brasileira. Dissertação (Mestrado em Administração Pública). Universidade de Brasília (UnB), Brasília, 2020.

70 DAWES, S. S.; CRESSWELL, A. M.; PARDO, T. A. From "Need to Know" to "Need to Share": tangled Problems, Information Boundaries, and the Building of Public Sector Knowledge Networks. *Public Administration Review*, v. 69, n. 3, p. 392–402, 2009.

71 OECD; EUROSTAT. *Oslo Manual 2018*: Guidelines for Collecting, Reporting and Using Data on Innovation. 4th Edition. The Measurement of Scientific, Technological and Innovation Activities. Paris: OECD; Luxembourg: Eurostat, 2018. p. 134. Disponível em: https://www.ovtt.org/wp-content/uploads/2020/05/Manual_Oslo_2018.pdf. Acesso em: 14 jun. 2025.

da digitalização, do governo digital e das redes de conhecimento, correlacionando-os com as referências teóricas que abordam a transformação digital e a Gestão do Conhecimento no setor público.

No mundo em que a tecnologia é incorporada como um facilitador para a remodelagem organizacional, as soluções tecnológicas precisam estar em conformidade com os objetivos estratégicos, o que, nas organizações públicas, significa o alinhamento com a boa governança pública, com melhores políticas públicas e com a qualidade na prestação dos serviços públicos.

A adoção de uma abordagem interdisciplinar decorre do reconhecimento de que o direito não é um fim em si mesmo e exige o contínuo diálogo com outros saberes.

Nesse sentido, o primeiro eixo do capítulo elencou as melhorias da Lei nº 14.129/21, no que se refere ao estágio de digitalização e utilização de documentos e processos digitais. Normas jurídicas procedimentais que não apenas contribuem para a padronização nacional, mas também conferem segurança jurídica para aceitação e utilização de documentos e processos digitais. Ainda que a realidade seja díspar entre os entes públicos, sobretudo em relação aos pequenos municípios, tem-se nos dispositivos legais (art. 5º ao 13) um reforço para o total alcance da digitalização no cenário brasileiro.

Em relação ao segundo eixo, no qual foram abordados os arts. 14 ao 16, que tratam sobre o Governo Digital, reforçou-se a importância das redes de conhecimento, sobretudo no cenário de transformação digital. O uso das TICs direciona para a prestação de serviços inteligentes, a formulação de políticas públicas fundamentadas em evidência e a geração de valor público de forma colaborativa. Assim, a Lei nº 14.129/21 estabeleceu o arcabouço normativo da prestação digital de serviços públicos, o que exige uma verdadeira transformação nas estruturas, nos processos e na cultura do governo.

O Plano Brasileiro de Inteligência Artificial (PBIA), ao direcionar suas ações para o desenvolvimento e a aplicação responsável da inteligência artificial, também estabelece como ação estruturante o programa de soluções de IA para serviços públicos, estimulando ainda mais a integração da rede de serviços públicos digitais.

Nesse sentido é que se verifica que as ações contempladas pelas estratégias de implementação não só já estão sendo executadas, como estão sendo monitoradas pelos *órgãos* de controle, tal como o TCU. Ações estas que visam a dar concretude aos comandos legais que impõem serviços com ampla acessibilidade (art. 14); com atuação estratégica, integrada e cooperativa de todo o setor público (art. 15); e com a participação e máxima aderência dos demais entes federados (art. 16).

O protagonismo governamental é fator decisivo no desenvolvimento da sociedade digital, como mostram experiências bem-sucedidas como a da Estônia. Assim, a lição que podemos aprender é a de que o processo de transformação digital requer uma regulamentação forte em termos de segurança, de privacidade e de proteção de dados dos cidadãos.

Governo Digital significa alta velocidade do fluxo informacional, significa inovação, significa conhecimento, significa desenvolvimento. Para isso, a Gestão do Conhecimento torna-se estratégica para impulsionar as redes de conhecimento, contempladas pelo art. 17 da Lei nº 14.129/21, como vetor de aceleração do processo de transformação digital nas organizações públicas.

A pavimentação da "rodovia digital" já avança de forma expressiva no país. Há, por certo, um cenário promissor em termos de instrumentos e ferramentas tecnológicas, capazes de impulsionar uma governança pública mais efetiva. Agora, como vamos dirigir e para onde vamos, eis o nosso caminhar...

Referências

AGUNE, R.; CARLOS, J. A. Radar da Inovação. O que os governos precisam enxergar. *Estudos Avançados*, [S. l.], v. 31, n. 90, p. 143-157, 2017. Disponível em: https://www.revistas.usp.br/eav/article/view/137890. Acesso em: 14 jun. 2025.

ALMURTADHA, Yahya. Modelo de Previsão de IA para Investigar os Indicadores do Índice de Maturidade GovTech (GTMI) para Avaliar a Prontidão dos Governos para a Transformação Digital. *Journal of Applied Data Sciences*, v. 5, n. 4, p. 1838-1849, 2024.

ARGOTE, Linda; MCEVILY, Bill; REAGANS, Ray. Managing knowledge in organizations: an integrative framework and review of emerging themes. *Management Science*, v. 49, n. 4, p. 571-582, 2003.

BARBIERI, Carlos. *Governança de Dados*: práticas, conceitos e novos caminhos. Rio de Janeiro: Alta Books, 2020.

BENINGTON, John; MOORE, Mark H. *Public Value:* Theory and Practice. Londres: Palgrave Macmillan, 2011.

BERTOT, J., ESTEVEZ E.; JANOWSKI, T. Universal and contextualized public services: digital public service innovation framework. *Government Information Quarterly*, v. 33, n. 2, p. 211-222, 2016.

BRASIL. Ministério da Economia. *Do eletrônico ao Digital*. 25 nov. 2019. Disponível em: https://www.gov.br/governodigital/pt-br/estrategia-de-governanca-digital/do-eletronico-ao-digital. Acesso em: 14 jun. 2025.

BRASIL. Ministério da Economia. *Seminário Internacional de Proteção de Dados "Once-only, But Privacy First"*. Disponível em: https://www.youtube.com/watch?v=VROskx8FdtM&ab_channel=MPStreaming. Acesso em: 14 jun. 2025.

BRASIL. Tribunal de Contas da União. *Acórdão nº 1.469/17*. Plenário. Relator: Ministro Benjamin Zylmer. Sessão de 12.07.2017. Disponível em: https://pesquisa.apps.tcu.gov.br/#/documento/acordao-completo/1.469/%2520/DTRELEVANCIA%2520desc%252C%2520NUMACORDAOINT%2520desc/26/%2520. Acesso em: 14 jun. 2025.

BRASIL. Tribunal de Contas da União. *Acórdão nº 1.784/21*. Plenário. Relator: Ministro Vital do Rêgo. Sessão de 29.07.21. Disponível em: https://pesquisa.apps.tcu.gov.br/#/documento/acordao-completo/1.784/%2520/DTRELEVANCIA%2520desc%252C%2520NUMACORDAOINT%2520desc/0/%2520. Acesso em: 14 jun. 2025.

BRASIL. Tribunal de Contas da União. *Referencial básico de governança aplicável a* órgãos *e entidades da administração pública*. Brasília: TCU, Secretaria de Planejamento, Governança e Gestão, 2014. v. 2.

BRASIL DIGITAL. *Relatório de competitividade*. Disponível em: https://www.imd.org/centers/wcc/world-competitiveness-center/rankings/world-competitiveness-ranking/rankings/wcr-rankings/#_tab_Rank. Acesso em: 14 jun. 2025.

BRORSTRÖM, S. How numbers of the future are shaping today: the role of forecasts and calculations in public sector strategic thinking. *Revista Financial Accountability and Management*, v. 34, v. 1, p. 17-29, 2018.

CORMICAN, K.; O'SULLIVAN, D. A. Collaborative knowledge management tool for product innovation management. *International Journal of Technology Management*, v. 26, n. 1, p. 53-68, 2003. Disponível em: http://dx.doi.org/10.1504/ IJTM.2003.003144. Acesso em: 14 jun. 2025.

CRIADO, J. I., GIL-GARCIA, J. R. Creating public value through smart technologies and strategies: from digital services to artificial intelligence and beyond. *International Journal of Public Sector Management*, v. 32, n. 5, p. 438-450, 2019.

CRISTÓVAM, José Sérgio da Silva; SAIKALI, Lucas Bossoni; SOUSA, Thanderson Pereira de. Governo Digital na Implementação de Serviços Públicos para a Concretização de Direitos Sociais no Brasil. *Sequência*, Florianópolis, n. 84, p. 209-242, 2020.

DAWES, S. S.; CRESSWELL, A. M.; PARDO, T. A. From "Need to Know" to "Need to Share": tangled Problems, Information Boundaries, and the Building of Public Sector Knowledge Networks. *Public Administration Review*, v. 69, n. 3, p. 392–402, 2009.

DIAS, R.; GOMES, M. Do governo eletrónico à governança digital: modelos e Estratégias de Governo. *Transformacional Public Sciences & Policies – Ciências e Políticas Públicas*, v. VII, n. 1, p. 93-117, 2021.

DURST, S.; EDVARDSSON, I. R. Knowledge management in SMEs: a literature review. *Journal of Knowledge Management*, v. 16, n. 6, p. 879-903, 2012. Disponível em: http://dx.doi.org/10.1108/13673271211276173. Acesso em: 14 jun. 2025.

ERKUT, P. From Digital Government to Digital Governance: are we there yet? *Sustainability*, v. 12, n. 860, p. 1-13, 2020.

FREITAS, Juarez; FREITAS, Thomas Bellini. *Direito e Inteligência Artificial*. Belo Horizonte: Fórum, 2020.

HAHN, Tatiana Meinhart. *Regras de boas práticas e governança em privacidade na LGPD*. Belo Horizonte: Fórum, 2024.

KAHNEMAN, D.; SIBONY D.; SUNSTEIN C. *Noise*: a flaw in human judgment. First edition. New York: Little, Brown Spark, 2021.

KASSA, Erstu Tarko; NING, Jing. Uma revisão sistemática sobre os papéis da gestão do conhecimento nos setores públicos: Síntese e caminhos a seguir. *Heliyon*, v. 9, n. 11, 2023.

KAYO, E. K. *et al*. Ativos intangíveis, ciclo de vida e criação de valor. *Revista de Administração Contemporânea*, v. 10, n. 3, p. 73-90, 2006.

KUMTA, G.; NORTH, K. *Knowledge Management. Value Creation Through Organizational Learning*. Springer International Publishing Switzerland, 2014.

LEMBER, V.; BRANDSEN, T.; TÕNURIST, P. The potential impacts of digital technologies on co-production and co-creation. *Public Management Review*, v. 21, n. 11, p. 1665-1686, 2019.

LEV, Baruch. A matemática da nova economia. *Revista HSM Management*, São Paulo, p. 34-40, mai./jun. 2000.

LIAO, C.; CHUANG, S. H.; TO, P. L. How knowledge management mediates relationship between environment and organizational structure. *Journal of Business Research*, v. 64, p. 728-736, 2011.

LUCIANO *et al*. *Capacidades para a Transformação Digital*: um Diagnóstico nos Estados Brasileiros e no Distrito Federal. 2021. Disponível em: https://gtdgov.org.br/uploads/publications/ZMXqRXx6xqOHtfAdxSStkxwWw1Xq1tA84OAfTg5n.pdf. Acesso em: 14 jun. 2025.

MENEZES, Rômulo Fisch de Berrêdo. *Gestão do Conhecimento no setor público*: o aproveitamento da atividade investigativa da polícia federal brasileira. Dissertação (Mestrado em Administração Pública). Universidade de Brasília (UnB), Brasília, 2020.

MEYNHARDT, T.; BRIEGER, S. A.; STRATHOFF, P.; ANDERER, S.; BÄRO, A.; HERMANN, C.; GOMEZ, P. Public Value Performance: what does it mean to create value in the Public Sector. Springer Gabler, Wiesbaden, 2017. pp. 135-160. Disponível em: https://www.researchgate.net/publication/310791918_Public_Value_Performance_What_Does_It_Mean_to_Create_Value_in_the_Public_Sector. Acesso em: 14 jun. 2025.

MINISTÉRIO DA CIÊNCIA, TECNOLOGIA E INOVAÇÃO – MCTI; CENTRO DE GESTÃO E ESTUDOS ESTRATÉGICOS – CGEE. *IA para o bem de todos;* Plano Brasileiro de Inteligência Artificial. Brasília, DF: MCTI; CGEE, 2025. Disponível em: https://www.cgee.org.br/documents/10195/11009772/CGEE_PBIA.PDF. Acesso em: 14 jun. 2025.

MITKIEWICZ, Fernando André Coelho. Transformação digital: análise da implantação da plataforma Gov.br e da evolução da maturidade da política de governo digital no Brasil. *In: Digitalização e tecnologias da informação e comunicação*: oportunidades e desafios para o Brasil. Rio de Janeiro: IPEA, 2024. Disponível em: https://repositorio.ipea.gov.br/handle/11058/13147. Acesso em: 14 jun. 2025.

NONAKA, Ikujiro; TAKEUCHI, Hirotaka. *Criação do Conhecimento na Empresa*: como as empresas geram a dinâmica da inovação. Rio de Janeiro: Campus,1997.

OCDE. *Medir a transformação digital*: um roteiro para o futuro. OECD Publishing, Paris, 2019.

OCDE. *A caminho da era digital no Brasil,* OECD Publishing, Paris, 2020. Disponível em: https://doi.org/10.1787/45a84b29-pt. Acesso em: 14 jun. 2025.

OECD; EUROSTAT. *Oslo Manual 2018*: Guidelines for Collecting, Reporting and Using Data on Innovation. 4th Edition. The Measurement of Scientific, Technological and Innovation Activities. Paris: OECD; Luxembourg: Eurostat, 2018. p. 134. Disponível em: https://www.ovtt.org/wp-content/uploads/2020/05/Manual_Oslo_2018.pdf. Acesso em: 14 jun. 2025.

OTT, Arvo. Planning and coordination of the digital society. *In*: *E-Estonia. E-Governance in Practice.* 3. ed. Taillinn: e-Governance Academy, 2019.

PERELMUTER, Guy. *Futuro presente*: o mundo movido à tecnologia. Jaguaré, SP: Companhia Editora Nacional, 2019.

REGENSTEINER, Roberto. Gerenciamento do conhecimento: origem, contexto histórico e gestão. *Augusto Guzzo Revista Acadêmica,* n. 12, p. 141-153, 2013.

ROESLER, Douglas André; REZENDE, Denis Alcides. Estratégias da cidade e dos serviços públicos e suas relações com projeto Cidade Digital Estratégica: estudo em Toledo – Brasil. *Revista Contribuciones a las Ciencias Sociales,* ago. 2020. Disponível em: https://www.eumed.net/rev/cccss/2020/08/cidade-digital-brasil.html. Acesso em: 14 jun. 2025.

ROGERS, David L. *Transformação digital*: repensando seu negócio para a era digital. São Paulo: Autêntica Business, 2020.

SANTOS, V.; BASTOS, R.: Gestão do Conhecimento e Administração Pública: uma revisão sistemática da literatura. *Revista Contribuciones a las Ciencias Sociales,* enero./marzo 2018. Disponível em: http://www.eumed.net/rev/cccss/2018/01/gestao-conhecimento-administracao.html. Acesso em: 14 jun. 2025.

SERRAT, Olivier. Notions of Knowledge Management. *In*: *Asian Development Bank. Knowledge solutions*: tools, methods, and approaches to drive development forward and enhance its effects. Mandaluyong City, Philippines: Asian Development Bank, 2010.

TAVARES, A. P. S.; FORNAZIN, M.; JOIA, L. A. The Good, the Bad, and the Ugly: digital Transformation and the Covid-19 Pandemic. *AMCIS 2021 Proceedings*, v. 5, 2021. Disponível em: https://aisel.aisnet.org/amcis2021/global_develop/global_develop/5. Acesso em: 14 jun. 2025.

VALLNER, Unno. *Data Exchange Infrastructure*: e-Estonia. E-Governance in Practice The 3rd Updated Edition. Taillinn: e-Governance Academy, 2019.

WILLEMIN, Andrea; HENDLER, Elenise Magnus. Tecnologia da informação e o grande desafio da meta 9.C do ODS 9: garantir proteção aos dados pessoais em tempos de economia digital. *In*: WARPECHOWSKI, Ana Cristina Moraes; GODINHO, Heloísa Helena Antonácio Monteiro; IOCKEN, Sabrina Nunes (Coord.). *Políticas Públicas e os ODS da Agenda 2030.* Belo Horizonte: Fórum, 2021.

Informação bibliográfica deste texto, conforme a NBR 6023:2018 da Associação Brasileira de Normas Técnicas (ABNT):

IOCKEN, Sabrina Nunes; GARCIA, Rodrigo Guerra. A Lei nº 14.129/21 como facilitadora normativa para transformação digital e gestão do conhecimento nas organizações públicas. *In*: MOTTA, Fabrício; VALLE, Vanice Regina Lírio do. *Governo digital e a busca por inovação na Administração Pública*: a Lei 14.129, de 29 de março de 2021. 2. ed. Belo Horizonte: Fórum, 2025. p. 69-97. ISBN 978-85-450-0987-0.

ATO ADMINISTRATIVO DIGITAL

RICARDO MARCONDES MARTINS

1 Formalização dos atos administrativos

Formalização é a forma admitida – imposta ou facultada – pelo Direito para que o ato seja considerado regular.[1] Quanto à formalização, os atos administrativos podem ser classificados em três grupos.

(1) *Atos de forma escrita* – Regra geral, os atos administrativos devem ter a forma escrita. A razão é intuitiva: a forma escrita facilita o controle administrativo e, pois, a constatação de respeito ao regime jurídico administrativo, em especial aos princípios da juridicidade, impessoalidade, igualdade. Essa regra consta, por exemplo, de modo expresso, do §1º do art. 22 da Lei de Processo Administrativo Federal (Lei nº 9.784/99), por força do qual os atos "devem ser produzidos por escrito, em vernáculo, com a data e o local de sua realização e a assinatura da autoridade responsável".

(2) *Atos de forma oral ou por sinais* – A não adoção da forma escrita é excepcional. Dá-se quando haja necessidade de atuação imediata, muitas vezes repetitiva, sem possibilidade de redução a termo. Um bom exemplo é a atuação de guardas de trânsito, que editam diversos atos

---

[1] Cf. BANDEIRA DE MELLO, Celso Antônio. *Curso de direito administrativo*. 33. ed. São Paulo: Malheiros, 2016, p. 423; MARTINS, Ricardo Marcondes. Ato administrativo. *In*: BACELLAR FILHO, Romeu Felipe; MARTINS, Ricardo Marcondes. *Tratado de direito administrativo* – v. 5: Ato administrativo e procedimento administrativo. 3. ed. São Paulo: Revista dos Tribunais, 2022, p. 281.

administrativos por meio de sinal sonoro ou das mãos, determinando, por exemplo, que veículos parem ou prossigam. Quando possível, atos expressados oralmente devem, sim, ser posteriormente reduzidos à forma escrita. Nesse sentido, atos administrativos proferidos durante audiências são, posteriormente, formalizados, por escrito, na ata de audiência. Em relação aos contratos administrativos, a lei exige expressamente a forma escrita, mas admite a forma verbal para os contratos de pequenas compras ou de prestação de serviços de pronto pagamento, assim entendidos aqueles de valor não superior a dez mil reais (Lei Federal nº 14.133/2021, art. 91, *caput*, e 95, §2º).

(3) *Atos de forma eletrônica* – O registro da informação em meio eletrônico ocorre por meio da codificação em linguagem binária, de valor zero ou um. Para ser compreendida, a informação registrada em meio eletrônico precisa ser convertida em linguagem natural e representada em um suporte (papel ou tela de aparelho eletrônico, como o computador).[2] Logo, não se pode equiparar a forma eletrônica com a forma escrita, pois "o documento digital não é diretamente legível pelo ser humano, exigindo, para sua inteligibilidade, a restituição por intermédio de um computador".[3] Com a edição da Medida Provisória 2.200/01,[4] o Direito brasileiro passou a admitir a forma eletrônica para os atos administrativos, pois considerou válidos os atos constantes dos documentos em forma eletrônica produzidos com a utilização de processos de certificação disponibilizados pela Infraestrutura de Chaves Públicas Brasileiras – ICP-Brasil.[5] O art. 7º da Lei do Governo Digital (Lei Federal nº 14.129/21) estabelece que "os documentos e atos processuais serão válidos em meio digital mediante o uso de assinatura eletrônica, desde que respeitados parâmetros de autenticidade, de integridade e de segurança adequados para os níveis de risco em relação à criticidade da decisão, da informação ou do serviço específico, nos termos da lei". O §1º do referido art. 7º estabelece que a assinatura digital

---

[2] Cf. BREGA, José Fernando. *Governo Eletrônico e direito administrativo*. Brasília: Gazeta Jurídica, 2015, p. 76-77.

[3] *Idem*, p. 78.

[4] Vale lembrar que as Medidas Provisórias vigentes quando da promulgação da Emenda Constitucional nº 32/01, por força de seu art. 2º, continuam em vigor até que medida provisória ulterior as revogue explicitamente ou até deliberação definitiva do Congresso Nacional. É justamente o caso da Medida Provisória 2.200-2.

[5] Cf. FILGUEIRAS JÚNIOR, Marcus Vinícius. Ato administrativo eletrônico e teleadministração – perspectivas de investigação. *Revista de Direito Administrativo* – RDA, Rio de Janeiro, n. 237, p. 243-264, jul.-set. 2004, p. 262.

deverá ser disciplinada em regulamento administrativo. Apesar disso, a regulamentação deverá respeitar a Medida Provisória 2.220/01, que consagrou no Brasil o sistema de assinaturas eletrônicas baseado na *criptografia assimétrica.*[6] Respeitadas essas exigências, vigora o *princípio da equivalência de suportes*, segundo o qual os documentos administrativos eletrônicos são juridicamente equiparados aos documentos escritos.[7]

Ainda em relação à formalização, os atos administrativos podem ser classificados em três grupos:

(1) *Atos de transparência ativa* – são aqueles que devem ser divulgados de ofício pela Administração Pública, independentemente de qualquer pedido do administrado. A transparência ativa é parcialmente disciplinada no art. 8º da Lei do Acesso à Informação (Lei Federal nº 12.527/11),[8] segundo o qual as matérias arroladas no §1º devem ser divulgadas em sítios virtuais, vale dizer, em *sites* disponibilizados na rede mundial de computadores – internet (§§2º e 3º). Municípios com população de até dez mil habitantes estão dispensados da divulgação obrigatória na internet, mas não estão dispensados da divulgação das informações relativas à execução orçamentária financeira, estabelecida no art. 73-B da Lei Complementar nº 101/00 (§4º). O referido art. 8º não esgota a transparência ativa: sempre que o ato administrativo deva ser publicado no Diário Oficial, ou em veículo impresso equivalente, ou afixado no átrio da repartição, dá-se sua transparência ativa. Com a implementação do Governo Digital, vivencia-se uma progressiva

---

6 Explica José Fernando Brega: "A criptografia constitui um processo reversível de codificação de mensagens. Como o documento eletrônico consiste em uma sequência numérica, compreensível pela máquina, ele pode ser codificado por meio do uso de um código secreto, denominado *chave criptográfica.* A aplicação dessa chave por um *software* gera uma nova sequência numérica, que pode ser decodificada de modo semelhante. Quando a mesma chave é usada para codificar e decodificar o documento, fala-se em *criptografia simétrica;* quando são usadas chaves diferentes em tais operações, a criptografia é *assimétrica*". (*Governo Eletrônico e direito administrativo, op. cit.*, p. 92-93, grifos do autor). A criptografia assimétrica utiliza um par de chaves: uma reservada ao autor do documento – a *chave privada;* outra divulgável, para conhecimento de todos – a *chave pública.* (*Idem*, p. 93). O atestado de que uma chave pública pertence a alguém ocorre pelo *certificado digital.* Faz-se, assim, necessária a atuação de um terceiro, de uma entidade encarregada de registrar que determinado par de chaves pertence a alguém, bem como de dar publicidade à chave pública e de informar, a quem interessar, em nome de quem ela está registrada (*Idem*, p. 95).

7 Cf. BREGA, José Fernando. *Governo Eletrônico e direito administrativo, op. cit.* 85-88.

8 Sobre a *transparência ativa, vide*: CANHADAS, Fernando Augusto. *O direito de acesso à informação pública*: o princípio da transparência administrativa. Curitiba: Appris, 2018, p. 247 *et seq.*; HEINEN, Juliano. *Comentário à Lei de Acesso à Informação*: Lei 12.527/11. Belo Horizonte: Fórum, 2014, p. 134 *et seq.*

tendência de substituição da publicação impressa pela publicação digital.[9]

(2) *Atos de transparência passiva* – são aqueles cuja divulgação depende de solicitação do interessado. Quando o ato administrativo não envolve interesse geral, mas apenas individual, sua exteriorização dá-se por notificação do interessado, e não por publicação no Diário Oficial – ou veículo que lhe faça as vezes – ou sítio virtual na internet. Em relação às informações não publicadas nesses veículos, o acesso a elas depende de provocação do interessado. O acesso só poderá ser negado se se tratar de informação pessoal relativa à intimidade, vida privada, honra e imagem de alguém, e este não autorizou a divulgação (Lei Federal nº 12.527/11, art. 31), ou se os atos foram classificados como sigilosos (Lei Federal nº 12.527/11, art. 23 *et seq.*).

(3) *Atos sigilosos* – são considerados imprescindíveis à segurança da sociedade ou do Estado ou referentes a informações pessoais; por um ou outro motivo, sua divulgação é temporariamente proibida. No primeiro caso, faz-se a necessidade de formal tipificação do ato numa das hipóteses arroladas no art. 23 da Lei do Acesso à Informação (Lei Federal nº 12.527/11), bem como sua classificação em informação *ultrassecreta*, cuja restrição ao acesso vigora por 25 anos; *secreta*, cuja restrição ao acesso vigora por 15 anos, ou *reservada*, cuja restrição ao acesso vigora por 5 anos (cf. art. 24 da Lei Federal nº 12.527/11). Se o ato disser respeito à vida privada, honra e imagem de alguém, o acesso é restrito por cem anos, independentemente de classificação (Lei Federal nº 12.527/11, art. 31), ressalvadas as hipóteses discriminadas no §3º do art. 31 da Lei nº 12.527/11, cuja divulgação é possível mesmo sem autorização da pessoa a que se referem.

---

[9] A Nova Lei Geral de Licitações e Contratos Administrativos (Lei nº 14.133/21) impôs a publicação do edital de licitação no Portal Nacional de Contratações Públicas – PNCP, e do extrato do edital no Diário Oficial da respectiva entidade federativa e em jornal de grande circulação (art. 54, *caput* e §1º). Contudo, impôs a publicação apenas no PNCP dos atos exigidos pela Lei de Licitações e dos contratos administrativos em geral (arts. 174 a 176). Se, por um lado, os dispositivos comprovam a tendência referida, de substituição do Diário Oficial por sítios virtuais, por outro, há de se observar a manifesta violação à autonomia federativa dos Estados e dos Municípios. Cf. MARTINS, Ricardo Marcondes. Comentários ao art. 86 da Lei 14.133/21. *In:* DAL POZZO, Augusto Neves. *Lei de licitações e contratos administrativos comentada*: Lei 14.133/21. São Paulo: Revista dos Tribunais, 2021, p. 485.

2 Ato administrativo eletrônico

A possibilidade de atuação administrativa por máquina não é novidade. Em estudo publicado em 1980, o administrativista argentino Tomás Hutchinson diferenciou a *mecanização*, em que há o emprego de máquinas operadas pela mão do homem, da *automatização*, em que há o emprego de máquinas automáticas que funcionam pelo controle do homem, e da *automação*, em que há o emprego de máquinas automáticas que, graças ao desenvolvimento da cibernética, são reguladas e controladas mecanicamente, por meio de um programa confeccionado pelo homem.[10] Hutchinson, nesse clássico trabalho, admitiu a edição de atos administrativos tanto pela mecanização, como pela automatização, como também pela automação. O desenvolvimento das tecnologias[11] tornou a utilização das máquinas na atuação administrativa muito mais corrente, fenômeno que passou a ser chamado de *Administração* ou *Governo Digital*. No direito brasileiro, o Governo Digital foi disciplinado pela Lei Federal nº 14.129/21. Nesse contexto, impõe-se o estudo do *ato administrativo eletrônico*.

2.1 Classificação

Atos administrativos eletrônicos são aqueles produzidos diretamente pela máquina. Adota-se a classificação proposta por José Fernando Brega, segundo a qual os *atos administrativos eletrônicos em sentido amplo* dividem-se em *atos administrativos eletrônicos em sentido estrito* e em *atos administrativos automatizados*.[12] Em sentido amplo, são todos os atos expedidos em forma eletrônica. Os atos automatizados são aqueles em que o conteúdo do ato decorre da atuação do sistema informático, sem intervenção humana. Os atos eletrônicos em sentido estrito são aqueles expedidos em forma digital, mas que não prescindem

---

[10] HUTCHINSON, Tomás. La actividad administrativa, la maquina y el derecho administrativo. *Revista de Direito Público*, ano XIV, n. 55-56, p. 37-45. São Paulo, jul.-dez. 1980, p. 38.

[11] O progresso científico alcançou nas últimas décadas um ritmo avassalador. Observa-se que a Cibernética é o campo científico que tem por objeto a regulação e o controle das máquinas. Sobre o tema, por todos: EPSTEIN, Isaac. *Cibernética*. 1. ed., 2. reimpr. São Paulo: Ática, 2000. O desenvolvimento científico foi tão intenso, que parte da comunidade científica propôs um novo ramo em substituição da *Cibernética*, o campo da *Inteligência Artificial*. Sobre ele, por todos: RUSSELL, Stuart; NORVIG, Peter. *Inteligência artificial*. Tradução de Daniel Vieira e Flávio Soares Corrêa da Silva. 4. ed., 2. reimpr. Rio de Janeiro: GEN, 2024.

[12] Cf. BREGA, José Fernando. *Governo Eletrônico e direito administrativo, op. cit.*, p. 210.

da atuação humana. É possível dizer que todo regime jurídico dos atos eletrônicos em sentido estrito é estendido aos atos automatizados, mas a recíproca não é verdadeira.

A diferença fundamental entre os atos escritos e os atos eletrônicos é que, nos primeiros, a documentação no suporte fático – no papel – gera simultaneamente o registro da informação e a sua exteriorização. Nos atos eletrônicos ocorre uma dissociação: o registro em linguagem binária precisa ser decodificado pela máquina para ser exteriorizado. Assim, a equivalência entre os suportes depende da atuação da máquina, da reprodução do conteúdo em linguagem acessível ao ser humano.[13]

Nos atos administrativos automatizados não apenas a forma é eletrônica, mas o conteúdo deles é gerado pela máquina, a partir de um *programa de computador* ou *software*. Assim, o processo intelectivo necessário à aplicação das normas jurídicas é substituído pela atuação da máquina.[14] A edição dos atos automatizados é, assim, dividida em duas fases: a primeira diz respeito à elaboração do *software*; a segunda diz respeito ao funcionamento do sistema eletrônico.[15]

2.2 Decisão em prol da automação

A autoridade administrativa deve, primeiro, decidir se é ou não possível a automação da atuação administrativa. Não será possível quando a decisão administrativa exigir, necessariamente, a *ponderação concreta* das circunstâncias fáticas e jurídicas. Por mais que tenha se desenvolvido a Cibernética e a Inteligência Artificial, o computador ainda não é capaz de realizar a ponderação. Para que haja automação, a autoridade administrativa toma a decisão, no plano abstrato, e determina sua implementação pelo *software*, nos termos exatos do fixado em abstrato.[16] Se a lei impuser à Administração que realize, necessariamente, a ponderação concreta, inviabiliza-se, *prima facie*, a automação.[17]

---

[13] *Idem*, p. 210-214.

[14] *Idem*, p. 215.

[15] *Idem*, p. 215.

[16] No mesmo sentido: BREGA, José Fernando. *Governo Eletrônico e direito administrativo, op. cit.*, p. 217-220. Sobre a distinção entre ponderação concreta e ponderação abstrata, por todos: CLÉRICO, Laura. *El examen de proporcionalidad en el derecho constitucional*. 1. ed. Buenos Aires: Eudeba, 2009, p. 206-207.

[17] A inviabilização é *prima facie* porque, apesar da ponderação legislativa, a Administração pode, à luz das circunstâncias, justificar a viabilidade da automação. No mesmo sentido: BREGA, José Fernando. *Governo Eletrônico e direito administrativo, op. cit.*, p. 220.

Em geral, atos praticados em massa, de conteúdo repetitivo, que, em geral, independem das particularidades do caso concreto, podem ser automatizados. Um bom exemplo são as multas de trânsito por excesso de velocidade ou por desrespeito ao semáforo. Quando, porém, a automação dificultar de modo desarrazoado o acesso ao administrado, ela também se inviabiliza. Suponha-se um contexto fático em que boa parte dos administrados que sejam destinatários do ato administrativo sejam hipossuficientes e não tenham condições de cumprir as exigências para o acesso ao sistema eletrônico. Nesse caso, é de se supor que a automação inviabiliza a finalidade perseguida pelo Poder Público. Finalmente, se a automação importar em custos elevados, também pode se inviabilizar. Faz-se necessário examinar se os custos necessários à implementação da atuação administrativa eletrônica, em comparação com a atuação não eletrônica, são justificados.

2.3 Edição do ato-programa

Superado esse primeiro passo – deliberado pela viabilidade da automação –, caberá à autoridade administrativa definir os critérios que serão utilizados pela máquina. Impõe-se a edição de um *ato-programa*, "ato administrativo geral que disciplina a atuação de um sistema informático público, por meio de instruções genéricas e abstratas voltadas para sua atuação automatizada".[18] Trata-se de típico ato administrativo abstrato.[19]

No atual momento histórico da Ciência do Direito, assentou-se o entendimento de que as respostas jurídicas dadas em abstrato são sempre *prima facie*. Quer dizer: não se pode, de modo peremptório, negar a possibilidade de que as peculiaridades do caso concreto possam afastar a decisão abstrata. Noutras palavras, sempre é possível que na ponderação administrativa concreta seja afastada a ponderação legislativa. Por conseguinte, e com mais razão, admite-se que na ponderação administrativa concreta seja afastada a ponderação administrativa abstrata. Constata-se que o princípio da inderrogabilidade singular dos regulamentos não é absoluto, pois, insiste-se, assim como a ponderação concreta pode afastar a aplicação da lei, pode afastar também a aplicação do regulamento.[20]

---

18 BREGA, José Fernando. *Governo Eletrônico e direito administrativo, op. cit.*, p. 224.

19 Sobre eles, v. MARTINS, Ricardo Marcondes. Ato administrativo, *op. cit.*, p. 122-127.

20 Referido princípio foi teorizado por ZANOBINI, Guido. Il fondamento giuridico della potestà regolamentare. *In*: ZANOBINI, Guido. *Scritti vari di diritto pubblico*. Milano: Giuffrè,

Do mesmo modo, pode afastar a aplicação do ato-programa. Logo, a automação administrativa sempre deve admitir a impugnação do administrado e, portanto, a demonstração de que a decisão abstrata não deve prevalecer diante as peculiaridades do caso concreto. Basta um exemplo singelo: ainda que o aparelho eletrônico multe, de modo autômato, alguém que desobedeça ao sinal semafórico vermelho, o administrado pode, em recurso administrativo, demonstrar que levava alguém ao hospital e que, caso não chegasse rápido, este poderia vir a óbito; logo, estava, no caso concreto, autorizado a descumprir a proibição legal.

2.4 Elaboração do *software*

Após a edição do ato-programa, faz-se necessário elaborar o *software*. Regra geral, o Poder Público não pode delegar a edição do ato-programa ao particular, em decorrência da indelegabilidade da função pública. Nada impede, porém, que transfira ao particular a elaboração do programa. O programa deve implementar de modo exato a decisão administrativa fixada no ato-programa. Caberá à autoridade administrativa aprovar o *software*.[21]

José Fernando Brega observa que os requisitos formalísticos de ambos os atos são diferentes: a publicidade do ato-programa deve ser absoluta; já o ato de aprovação do *software* não necessita dar publicidade a todos os elementos técnicos, pois "há elementos técnicos integrantes da aprovação do programa desprovidos de consequências em relação à defesa de direitos, sendo dispensável sua publicação".[22] Vai-se além: há elementos técnicos que não devem ser publicizados justamente para evitar a burla ao sistema pela atuação de *hackers*.

Em rigor, a decisão administrativa não é propriamente da máquina, mas do agente administrativo que expede o ato-programa e aprova a elaboração do *software*. Justamente por isso, é perfeitamente possível que o exercício do poder de polícia seja realizado pela máquina, e até mesmo por atuação privada, caso seja contratado particular para

---

1955, p. 145-163, em especial p. 157. Sobre o tema, *vide* tb.: GARCÍA DE ENTERRÍA, Eduardo. *Legislación delegada, potestad reglamentaria y control judicial*. 3. ed. Madrid: Civitas, 1998, p. 362-365. Sobre a possibilidade de derrotabilidade dos regulamentos pela ponderação em concreto, *vide*: MARTINS, Ricardo Marcondes. *Efeitos dos vícios do ato administrativo*. São Paulo: Malheiros, 2008, p. 425.

21 Cf. BREGA, José Fernando. *Governo Eletrônico e direito administrativo*, *op. cit.*, p. 228.

22 BREGA, José Fernando. *Governo Eletrônico e direito administrativo*, *op. cit.*, p. 229.

instalar e operacionalizar a máquina.[23] Os critérios administrativos decisórios devem, portanto, constar do ato-programa; devem ser explicitados, devidamente publicados, de modo a viabilizar o controle da atuação administrativa. É ilícito permitir a aplicação pelo sistema informático de critérios implícitos ou ocultos.[24]

3 Vícios do ato administrativo eletrônico

São vícios específicos do ato administrativo automatizado: (1) invalidade da decisão de automatizar a atividade administrativa; (2) invalidade do ato-programa, ou seja, das regras a serem aplicadas pela máquina; (3) vícios do *software*, ou seja, da conversão das regras do ato-programa em linguagem de programação; (4) erros da máquina decorrentes de seu funcionamento; (5) erros de *input* decorrentes da inexatidão de dados trazidos ao sistema.[25]

Conforme explicado, nem toda atuação administrativa admite automação. Se a Administração Pública decide automatizar uma atuação não passível de ser automatizada, o ato será viciado em decorrência da invalidade da própria decisão de automatizar. Por exemplo, suponha-se que a Administração resolva automatizar a sanção pelo descumprimento das regras de trânsito; suponha-se que, no caso, a regra eleita exija a análise do caso concreto e não admita automação, de modo que só o guarda de trânsito seja apto a verificar seu cumprimento. Nesse caso, haverá vício de decisão de automatizar.

Se a atuação for passível de automação, poderá haver vício no estabelecimento das regras a serem aplicadas pelo programa. O vício de conteúdo do regulamento contamina o vício dos atos concretos nele fundamentados; do mesmo modo, o vício do ato-programa contamina o ato administrativo automatizado. Dessarte: caso se trate de uma situação passível de ser automatizada, é necessário que o ato-programa

---

23 Por todos: BANDEIRA DE MELLO, Celso Antônio. *Curso de direito administrativo, op. cit.*, Capítulo XIV, item 36, p. 869-870. Bastante elucidativa a explicação de José Fernando Brega: "Assim, do ponto de vista material, o conteúdo do ato é definido por uma atividade automatizada sobre a qual não há uma supervisão direta e pessoal. Todavia, o desaparecimento da atuação humana é aparente. Por mais avançados que sejam os computadores, o homem é sempre o titular real do poder de decisão. Assim, não obstante provenha da máquina, o ato é sempre decorrente da decisão da Administração (*Governo Eletrônico e direito administrativo, op. cit.*, p. 245).

24 Cf. BREGA, José Fernando. *Governo Eletrônico e direito administrativo, op. cit.*, p. 220-221.

25 *Idem*, p. 253.

seja válido. Suponha-se, por exemplo, que o próprio ato-programa estabeleça regramento incompatível com o Código de Trânsito; sendo o ato-programa viciado, as multas geradas pela máquina também o serão.

Caso o ato abstrato seja válido, é possível que o *software* não o tenha respeitado integralmente. Nesse caso, o ato administrativo de aprovação do *software* será viciado e, por decorrência, também o ato automatizado. Assim, supondo a validade da decisão de automatizar e do ato-programa, é possível que o *software* seja viciado: determina, por exemplo, multa aos veículos que trafeguem acima de 40km/h, quando deveria determinar multa aos veículos que trafeguem acima de 50km/h. As multas aplicadas aos veículos que trafegavam acima de 40km/h e abaixo de 50km/h serão viciadas em decorrência do vício do *software*.

É possível que o *software* seja válido, mas o sistema apresente um defeito, funcione mal. Por erro da própria máquina – e não por vício do *software* ou vício do ato-programa –, um veículo é multado apesar de trafegar na velocidade permitida. Nesse caso, o ato automatizado será viciado por erro da máquina.

Finalmente, é possível que a informação trazida ao sistema seja equivocada, gerando o vício do ato automatizado. Supondo que no Departamento de Trânsito conste, por equívoco, que o veículo de modelo "X", de placa "Y", pertence a "A", quando na verdade pertence a "B". O sistema informático expedirá a multa para "A", e não para "B", em decorrência do erro de *input*.

Referências

BANDEIRA DE MELLO, Celso Antônio. *Curso de direito administrativo*. 33. ed. São Paulo: Malheiros, 2016.

BREGA, José Fernando. *Governo Eletrônico e direito administrativo*. Brasília: Gazeta Jurídica, 2015.

CANHADAS, Fernando Augusto. *O direito de acesso à informação pública*: o princípio da transparência administrativa. Curitiba: Appris, 2018.

CLÉRICO, Laura. *El examen de proporcionalidad en el derecho constitucional*. 1. ed. Buenos Aires: Eudeba, 2009.

EPSTEIN, Isaac. *Cibernética*. 1. ed. 2. reimpr. São Paulo: Ática, 2000.

FILGUEIRAS JÚNIOR, Marcus Vinícius. Ato administrativo eletrônico e teleadministração – perspectivas de investigação. *Revista de Direito Administrativo* – RDA, Rio de Janeiro, n. 237, p. 243-264, jul.-set. 2004.

GARCÍA DE ENTERRÍA, Eduardo. *Legislación delegada, potestad reglamentaria y control judicial*. 3. ed. Madrid: Civitas, 1998.

HEINEN, Juliano. *Comentário à Lei de Acesso à Informação*: Lei 12.527/11. Belo Horizonte: Fórum, 2014.

HUTCHINSON, Tomás. La actividad administrativa, la maquina y el derecho administrativo. *Revista de Direito Público*, ano XIV, nº 55-56, p. 37-45. São Paulo, jul.-dez. 1980.

MARTINS, Ricardo Marcondes. *Efeitos dos vícios do ato administrativo*. São Paulo: Malheiros, 2008.

MARTINS, Ricardo Marcondes. Comentários ao art. 86 da Lei 14.133/21. *In:* DAL POZZO, Augusto Neves. *Lei de licitações e contratos administrativos comentada*: Lei 14.133/21. São Paulo: Revista dos Tribunais, 2021, p. 475-485.

MARTINS, Ricardo Marcondes. Ato administrativo. *In:* BACELLAR FILHO, Romeu Felipe; MARTINS, Ricardo Marcondes. *Tratado de direito administrativo* – v. 5: Ato administrativo e procedimento administrativo. 3. ed. São Paulo: Revista dos Tribunais, 2022, p. 33 a 409.

RUSSELL, Stuart; NORVIG, Peter. *Inteligência artificial*. Tradução de Daniel Vieira e Flávio Soares Corrêa da Silva. 4. ed. 2. reimpr. Rio de Janeiro: GEN, 2024.

ZANOBINI, Guido. Il fondamento giuridico della potestà regolamentare. *In:* ZANOBINI, Guido. *Scritti vari di diritto pubblico*. Milano: Giuffrè, 1955, p. 145-163.

Informação bibliográfica deste texto, conforme a NBR 6023:2018 da Associação Brasileira de Normas Técnicas (ABNT):

MARTINS, Ricardo Marcondes. Ato administrativo digital. *In*: MOTTA, Fabrício; VALLE, Vanice Regina Lírio do. *Governo digital e a busca por inovação na Administração Pública*: a Lei 14.129, de 29 de março de 2021. 2. ed. Belo Horizonte: Fórum, 2025. p. 99-109. ISBN 978-85-450-0987-0.

A TRANSFORMAÇÃO DO GOVERNO DIGITAL: DEFESA DOS DIREITOS FUNDAMENTAIS E CONTROLE JUDICIAL DA DECISÃO ADMINISTRATIVA DIGITAL

RAFAEL MARTINS COSTA MOREIRA

Introdução

A recentemente aprovada Lei do Governo Digital (Lei nº 14.129/21) ingressou no mundo jurídico em um contexto em que a digitalização contamina todas as áreas do Direito. O legislador brasileiro tenta acompanhar a evolução tecnológica, como se verificou com a promulgação do Marco Civil da Internet (Lei nº 12.965/14) e a Lei Geral de Proteção de Dados (Lei nº 13.709/18), entre outros dispositivos legais que regulam a relação, nem sempre harmoniosa, entre o digital e o humano.

A 4ª Revolução Industrial chegou para todos, inclusive para o Estado, que precisa inovar e se reinventar em tempos de transformação digital da sociedade. O desenvolvimento do Governo Digital se insere, ainda, em um ponto fulcral da evolução da própria Administração Pública, que deixou para trás as abordagens regaliana e burocrática, superou o exclusivismo da perspectiva gerencial, para acolher uma versão mais holística da nova governança e do novo serviço público, conectada às necessidades dos cidadãos, flexível, consensual, mas sem abandonar fórmulas de "comando e controle" quando necessário.

A transformação do Governo Digital, porém, deve observar cautelas e limites impostos pela Constituição e pela ordem jurídica, sobretudo a inviolabilidade do núcleo essencial dos direitos fundamentais e a defesa do genuinamente humano. Tal circunstância requer um controle proporcional e independente exercido pelas instituições competentes, como os tribunais de contas e o Judiciário, tanto para prevenir ou reparar práticas lesivas, quanto para impulsionar o emprego dos meios digitais de forma proporcional, ao sindicar a omissão abusiva.

Com isso, este breve artigo iniciará com o estudo do Governo Digital na evolução da Administração Pública contemporânea. Será também analisado o avanço do uso de novas tecnologias para a prestação de serviços públicos, em direção a uma verdadeira transformação digital do poder público como um todo, que implica uma mudança na cultura, nas organizações e nas pessoas. Em seguida, será enfatizada a necessidade de serem observados limites inegociáveis à expansão da digitalização, como o imprescindível respeito à Constituição, à ordem jurídica, aos direitos fundamentais e à importância de se promover a autonomia e a capacidade das pessoas. Por fim, penetra-se no estudo do controle judicial da Administração Pública na era do Governo Digital, tanto de ações quanto de omissões abusivas, a fim de cobrar o respeito aos limites impostos pelo sistema jurídico.

1 O governo digital e a nova Administração Pública

O uso de novas tecnologias para a prestação de serviços públicos e o desenvolvimento do governo digital devem ser compreendidos no contexto das transformações operadas na era da nova Administração Pública.

Superados, ao menos em parte, os tempos do Estado regaliano e autoritário, a visão rígida e hierarquizada da perspectiva burocrática ou "weberiana" e a abordagem inadequada do emprego exclusivo de mecanismos de mercado pela Administração Pública gerencial (*New Public Management*), os paradigmas da nova governança pública (*New Public Governance*) e do novo serviço público (*New Public Service*) traçam os contornos de uma visão contemporânea para o poder público: mais aberto à contribuição dos cidadãos, sem o exclusivismo estatal de outrora, destinado a incentivar a sociedade a se articular e atender a seus interesses comuns, em vez de exercer um controle unilateral, de "cima para baixo".[1]

---

[1] CHRISTENSEN, T.; LAEGREID, P. Complexity and Hybrid Public Administration – Theoretical and Empirical Challenges. *Public Organization Review*, v. 11, n. 4, p. 407-23,

É verdade que, como mencionou Moreira Neto, no Brasil, essa transição juspolítica

> está tendo seu início antes que houvesse completado a primeira, pois as atividades e comportamentos do Estado-administrador continuam aferrados a conceitos e princípios do patrimonialismo, do paternalismo e do assistencialismo personalizantes e ineficientes, herdados ainda da Colônia e pouco tocados no Império.[2]

No entanto, as ferramentas para enfrentar os consideráveis desafios da contemporaneidade já estão disponíveis, notadamente instrumentos tecnológicos e digitais. São desafios que se colocam diante de uma sociedade cada vez mais exigente e informada na "era das comunicações",[3] em uma realidade de inescapável austeridade fiscal e necessidade de "fazer mais com menos" (ou, em algumas situações, "fazer menos com menos"),[4] de pressão das mudanças demográficas e inversão da pirâmide etária, globalização e evolução tecnológica e da comunicação, de incerteza global e da sociedade de risco.[5]

Para tanto, é preciso agasalhar as novas tendências da Administração Pública,[6] a saber: substituição de medidas de "comando e controle" por atuação mais dialógica, consensual[7] e mediadora de conflitos sociais,[8] na esteira de um "direito administrativo não

---

2011; DENHARDT, Robert B.; DENHARDT, Janet Vinzant. The New Public Service: serving Rather than Steering. *Public Administration Review*, v. 60, n. 6, p. 553, 2000; KOPPEL, Jonathan G. S. Administration without Borders. Public Administration Review. *Special Issue on the Future of Public Administration in 2020*, v. 70, S1, S46-S55, dez. 2010; ROBINSON, Mark. From Old Public Administration to the New Public Service: implications for Public Sector Reform in Developing Countries. *United Nations Development Programme*, 2015. Disponível em: http://www.undp.org/content/dam/undp/library/capacity-development/English/Singapore%20Centre/PS-Reform_Paper.pdf. Acesso em 12 jan. 2016.

2 MOREIRA NETO, Diogo de Figueiredo. *Mutações do Direito Administrativo*. 3. ed. Rio de Janeiro: Renovar, 2007. p. 17.

3 MOREIRA NETO, Diogo de Figueiredo. *Mutações do Direito Administrativo*. 3. ed. Rio de Janeiro: Renovar, 2007.

4 Cf.: O Futuro do Governo: novo paradigma na gestão pública. *Pricewatersousecoopers*, jun. 2014. Disponível em: http://www.pwc.com.br/pt_BR/br/publicacoes/setores-atividade/assets/servico-governo-setor-publico/futuro_do_governo_13.pdf. Acesso em 05 abr. 2015.

5 BECK, Ulrich. *La sociedad del Riesgo*: hacia una nueva modernidad. Barcelona: Paidós, 1998.

6 FREITAS, Juarez. *O controle dos atos administrativos e os princípios fundamentais*. 5. ed. São Paulo: Malheiros, 2013. p. 20-138.

7 FREITAS, Juarez. *O controle dos atos administrativos e os princípios fundamentais*. 5. ed. São Paulo: Malheiros, 2013. p. 28-30; MOREIRA NETO, Diogo de Figueiredo. *Mutações do Direito Administrativo*. 3. ed. Rio de Janeiro: Renovar, 2007. p. 37-48.

8 SCHLIEFFEN, Katharina Gräfin von. Der Mediationsstaat. *In*: GOSEWINKEL, Dieter; SCHUPPERT, Gunnar Folke. *Politische Kultur im Wandel von Staatlichkeit*. Baden-Baden: Nomos, 2007. p. 198.

adversarial";[9] vinculação da competência discricionária aos fundamentos expostos, aos princípios constitucionais e direitos fundamentais;[10] consolidação do Estado regulador e subsidiário;[11] conduta preventiva e precavida diante de riscos certos ou incertos, mas prováveis;[12] protagonismo dos cidadãos em clima de participação substancial, continuada[13] e de "democracia de exercício", em vez de serem tratados como meros "soberanos por um dia";[14] exigência de economicidade, eficiência e eficácia da ação estatal,[15] com controle dos resultados alcançados;[16] acesso à informação e transparência das decisões públicas como regra;[17] valorização do vínculo institucional das carreiras de Estado[18] e fortalecimento de instituições inclusivas, permanentes e independentes do poder político-partidário;[19] observância obrigatória da sustentabilidade pelas decisões administrativas;[20] reformulação do conceito de serviço público, para abrir margem a estratégias de prestação dos

---

9 FREITAS, Juarez. Direito Administrativo não adversarial: a prioritária solução consensual de conflitos. *Revista de Direito Administrativo*, v. 275, p. 25-46, mai./ago. 2017.

10 FREITAS, Juarez. *O controle dos atos administrativos e os princípios fundamentais*. 5. ed. São Paulo: Malheiros, 2013. p. 31; MOREIRA, Rafael Martins Costa. *Direito Administrativo e Sustentabilidade*: o novo controle judicial da Administração Pública. Belo Horizonte: Forum, 2017.

11 FREITAS, Juarez. *O controle dos atos administrativos e os princípios fundamentais*. 5. ed. São Paulo: Malheiros, 2013. p. 32-34; MOREIRA NETO, Diogo de Figueiredo. *Mutações do Direito Administrativo*. 3. ed. Rio de Janeiro: Renovar, 2007.

12 FREITAS, Juarez. *Direito Fundamental à Boa Administração Pública*. 3. ed. São Paulo: Malheiros, 2014. p. 119-132; WEDY, Gabriel. *O princípio constitucional da precaução*: como instrumento de tutela do meio ambiente e da saúde pública. 3. ed. Belo Horizonte: Fórum, 2020.

13 MOREIRA NETO, Diogo de Figueiredo. *Mutações do Direito Administrativo*. 3. ed. Rio de Janeiro: Renovar, 2007. p. 163-165.

14 ROSANVALLON, Pierre. *El buen gobierno*. (Trad. Horacio Pons). Buenos Aires: Manantial, 2015. p. 348.

15 FREITAS, Juarez. *O controle dos atos administrativos e os princípios fundamentais*. 5. ed. São Paulo: Malheiros, 2013. p. 110-113.

16 MOREIRA NETO, Diogo de Figueiredo. *Mutações do Direito Administrativo*. 3. ed. Rio de Janeiro: Renovar, 2007. p. 163-194.

17 FREITAS, Juarez. *O controle dos atos administrativos e os princípios fundamentais*. 5. ed. São Paulo: Malheiros, 2013. p. 77-80.

18 FREITAS, Juarez. *Direito Fundamental à Boa Administração Pública*. 3. ed. São Paulo: Malheiros, 2014. p. 133-144.

19 ACEMOGLU, Daron; ROBINSON, James A. *Why nations fail*: the origins of power, prosperity, and poverty. New York: Crown Business, 2012.

20 FREITAS, Juarez. *Sustentabilidade*: direito ao futuro. 4. ed. Belo Horizonte: Fórum, 2019; MOREIRA, Rafael Martins Costa. *Direito Administrativo e Sustentabilidade*: o novo controle judicial da Administração Pública. Belo Horizonte: Forum, 2017; WEDY, Gabriel. *Desenvolvimento sustentável na era das mudanças climáticas*: um direito fundamental. São Paulo: Saraiva, 2018. Edição Kindle.

serviços essenciais à coletividade mais flexíveis, descentralizadas, eficientes, eficazes, participativas e próximas dos cidadãos, estes considerados como corresponsáveis pelo delineamento das políticas públicas;[21] e emprego de novas tecnologias "em defesa do humano".[22]

Em meio a esse caldo de ideias, duas tendências convergem para delinear o escopo deste artigo: o emprego crescente da tecnologia da informação para promover uma prestação mais célere, qualificada e participativa dos serviços públicos, e o refinamento do controle das decisões administrativas, em especial o controle jurisdicional de legitimidade – para além da mera legalidade – e de sustentabilidade de uma Administração Pública complexa e multidimensional.[23]

2 Do emprego das novas tecnologias à transformação do governo digital

As profundas transformações atualmente experimentadas na sociedade, nos países e na comunidade internacional têm recebido contornos diferenciados, mas inter-relacionados, como ilustram: a "Era da Informação" e da "Sociedade em Rede" de Castells,[24] a "Pós-modernidade" de Bauman,[25] a "Sociedade de Risco" de Beck,[26] ou, ainda, a "4ª Revolução Industrial", que, segundo Schwab, é "construída com a revolução digital e caracterizada pela Internet onipresente e móvel, por menores e mais poderosos aparelhos cada vez mais baratos e pela inteligência artificial".[27]

São tempos em que se disseminam "inovações disruptivas", com a entrada de novos participantes no mercado, a partir de soluções relativamente simples, mediante a criação de uma nova rede de valor e, inclusive, superando empresas já consolidadas e líderes em

---

21 CHEVALLIER, Jacques. *O serviço público*. (Trad. Augusto Neves dal Pozzo e Ricardo Marcondes Martins). Belo Horizonte: Fórum, 2017.

22 FREITAS, Juarez; FREITAS, Thomas Bellini. *Direito e Inteligência artificial*: em defesa do humano. Belo Horizonte: Fórum, 2020.

23 JORDÃO, Eduardo. *Controle judicial de uma administração pública complexa*: a experiência estrangeira da adaptação da intensidade do controle. São Paulo: Malheiros, 2016; MOREIRA, Rafael Martins Costa. *Direito Administrativo e Sustentabilidade*: o novo controle judicial da Administração Pública. Belo Horizonte: Forum, 2017.

24 CASTELLS, Manuel. *The Rise of the Network Society*: The Information Age: economy, Society, and Culture. 2. ed. Chichester: Willey-Blackwell, 2010. v. I.

25 BAUMAN, Zygmunt. *O mal-estar da pós-modernidade*. Rio de Janeiro: Jorge Zahar, 1998.

26 BECK, Ulrich. *La sociedad del Riesgo*: hacia una nueva modernidad. Barcelona: Paidós, 1998.

27 SCHWAB, Klaus. *The fourth Industrial Revolution*. New York: Crown Business, 2016.

determinadores segmentos.[28] Novas soluções tecnológicas, como a *blockchain* e a inteligência artificial, proporcionam diversas oportunidades, mas também trazem grandes desafios para o futuro da humanidade. Evolução que, no entanto, não leva à substituição do humano na tomada de decisão, especialmente da decisão administrativa em diversas situações.[29]

Nesse panorama é que se desenvolveu o chamado "Governo Digital" ou "e-Governo", sobretudo a partir de meados da década de 1990, sendo atualmente acolhido por quase todos os membros das Nações Unidas, embora, claro, haja grande variação na sua difusão entre os diversos países.[30] O "*e-Government*", de acordo com o Banco Mundial, pode ser definido como o emprego por entes governamentais de tecnologias da informação (tais como *Wide Area Networks*, internet e computação móvel) dotadas da capacidade de transformar as relações com cidadãos, empresas e outros ramos do governo. Essas tecnologias podem servir a uma variedade de fins: incremento na prestação de serviços públicos aos cidadãos, melhores interações com as empresas e a indústria, capacitação do cidadão através do acesso à informação ou uma gestão governamental mais eficiente. Os benefícios do "*e-Government*" podem ser representados pela redução na corrupção, maior transparência e conveniência, crescimento da receita e/ou redução de custos.[31]

Segundo recente estudo realizado pelas Nações Unidas, algumas das novas abordagens que os governos estão adotando na busca da transformação do Governo Digital incluem a criação de governo eletrônico como uma plataforma, a integração da prestação de serviços *online* e *offline* multicanal, o desenvolvimento ágil de serviços digitais (com o apoio e a integração do governo como um todo (*whole-of-government*) e do engajamento amplo da sociedade (*whole-of-society*)), a expansão da "e-participação" e das parcerias, a adoção da abordagem

---

[28] CHRISTENSEN, Clayton M.; RAYNOR, Michael E. *Innovator's solution*: creating and sustaining successful. Boston: Harvard Business School, 2003.

[29] FREITAS, Juarez; FREITAS, Thomas Bellini. *Direito e Inteligência artificial*: em defesa do humano. Belo Horizonte: Fórum, 2020.

[30] COLLIER, Alan; SHEN, Kathy Ning; ZHAO, Fang. Effects of national culture on e-government diffusion: a global study of 55 countries. *Information & Management*, n. 51, p. 1005-1016, 2014; UNITED NATIONS. Department of Economic Affairs. *E-Government Survey 2020*. 2020. Disponível em: https://publicadministration.un.org/egovkb/en-us/Reports/UN-E-Government-Survey-2020. Acesso em 29 jul. 2021.

[31] THE WORLD BANK. *E-Government*: brief. 19 may. 2015. Disponível em: https://www.worldbank.org/en/topic/digitaldevelopment/brief/e-government. Acesso em 03 ago. 2021.

de dados centralizados (*data-centric*), o fortalecimento das capacidades digitais para fornecer serviços direcionados às pessoas, e o uso inovador de modernas tecnologias, como a inteligência artificial e a *blockchain*, especialmente no desenvolvimento de cidades inteligentes (*smart cities*).[32]

Na mesma linha, pesquisa executada pela União Europeia com 36 países demonstrou que a prestação digital de serviços públicos está se tornando cada vez mais usual à medida em que se encaminha para uma nova era digital, estimulada principalmente pela mudança repentina para o trabalho remoto em razão das medidas de confinamento adotadas para conter a Pandemia da COVID-19. Providências têm sido implementadas para garantir a proteção de dados pessoais e o acesso a mecanismos de reparação e reclamação. Ao mesmo tempo, o modo como os serviços são prestados tem recebido maior atenção. Com isso, os cidadãos são favorecidos pelo aumento da interação digital, pela segurança cibernética mais sofisticada e pela redução dos encargos administrativos, tais como preenchimento de formulários e requerimentos manuais e repetitivos. Tal pesquisa utilizou quatro referências principais: a) foco no usuário (*user centricity*); b) transparência; c) facilitadores tecnológicos (*key enablers*); e d) mobilidade transfronteiriça (*Cross-Border Mobility*). Apesar do incremento verificado nesses itens, ainda há grande espaço para melhoria.[33]

O Brasil tem trilhado o mesmo caminho em direção à era do Governo Digital, conquanto ainda existam carências, especialmente relativas ao déficit de acesso digital,[34] bem como grande espaço para incremento quantitativo e qualitativo. Desde a primeira "Política de Governança Digital" (Dec. nº 8.638/16, revogado pelo Dec. nº 10.332/20), a instituição do "Sistema Nacional para Transformação Digital" (SinDigital) (Dec. nº 9.319/18), a "Rede Nacional de Governo Digital" ("Rede Gov.br") (Dec. nº 9.584/18, revogado pelo Dec. nº 10.332/20), a "Política Nacional de Segurança da Informação" (Dec. nº 9.637/18),

---

32 UNITED NATIONS. Department of Economic Affairs. *E-Government Survey 2020*. 2020. Disponível em: https://publicadministration.un.org/egovkb/en-us/Reports/UN-E-Government-Survey-2020. Acesso em 29 jul. 2021.

33 EUROPEAN COMISSION. *eGovernment Benchmark 2020*: eGovernment that works for the people. Sep. 2020. Disponível em: https://digital-strategy.ec.europa.eu/en/library/egovernment-benchmark-2020-egovernment-works-people. Acesso em 03 ago. 2020.

34 BRASIL. Senado Federal. *Governo Digital esbarra em acesso à internet, alertam debatedores em comissão.* 14 mai. 2021. Disponível em: https://www12.senado.leg.br/noticias/materias/2021/05/14/governo-digital-esbarra-em-acesso-a-internet-alertam-debatedores-em-comissao. Acesso em 03 ago. 2021.

a criação do portal único "gov.br" e das regras de unificação dos canais digitais do Governo Federal (Dec. nº 9.756/19), o "Plano Nacional de Internet das Coisas" (Dec. nº 9.854/19), até a mais recente "Estratégia de Governo Digital para o período de 2020 a 2022" (Dec. nº 10.332/2020) e a Lei do Governo Digital (Lei nº 14.129/21), percebe-se uma gradual adoção e migração dos serviços e informações da Administração Pública para plataformas digitais, com a digitalização progressiva do governo, da participação e da democracia (*e-Government*, *e-participation* e *e-democracy*).[35]

Esse movimento se intensificou após a eclosão da pandemia da COVID-19, com a imposição de medidas de confinamento e impulso ao trabalho remoto. Assim, a calamidade sanitária, com todos os seus efeitos deletérios para a humanidade, também criou oportunidades para que o Governo Digital providencie aos cidadãos novas fórmulas de prestação de serviços. Lado outro, não se pode desprezar, evidentemente, que a pandemia também aumentou a "divisão digital" (*digital divide*), já que muitos países e comunidades mais pobres e vulneráveis carecem de apoio e acesso às facilidades tecnológicas.[36]

A ascensão do "e-Governo" significa mais do que a mera utilização de ferramentas tecnológicas para prestação de serviços aos cidadãos. Implica o que se pode chamar de "Transformação do Governo" (*Transformational Government* ou *t-gov*), considerada como um segundo estágio do *"e-Government"*, em que a remodelação proporcionada pelas tecnologias digitais cobre amplos aspectos organizacionais, sociais e técnicos, de forma a abranger uma mudança nas estruturas, operações e cultura de governo, para além de uma simples utilização de procedimentos digitalizados.[37] Introduziu-se, ainda, o conceito de "Transformação do Governo Digital" (*Digital Government Transformation* ou *DGT*), para enfatizar as mudanças

---

[35] HAUPENTHAL, Murilo; HUPPFER, Haide Maria; PETRY, Gabriel Cemin. Ágoras virtuais: o debate público digital e a (des)participação cidadã nos poderes públicos. *Revista dos Tribunais*, v. 1025, a. 110, p. 119-143, mar. 2021.

[36] UNITED NATIONS. Department of Economic Affairs. *E-Government Survey 2020*. 2020. Disponível em: https://publicadministration.un.org/egovkb/en-us/Reports/UN-E-Government-Survey-2020. Acesso em 29 jul. 2021.

[37] BENEDETTI, Michele *et al*. Digital government transformation: a structural equation modelling analysis of driving and impeding factors. *International Journal of Information Management*, n. 60, p. 1-10, 27 abr. 2021; DAOWD, Ahmad; OMAR, Amizan; WEERAKKODY, Vishanth. Studying Transformational Government: a review of the existing methodological approaches and future outlook. *Government Information Quarterly*, n. 37, p. 1-10, 7 fev. 2020.

culturais, organizacionais e relacionais nas organizações públicas.[38] Tais abordagens, portanto, podem ser consideradas como uma evolução do emprego pontual de tecnologias digitais, de modo que o movimento da *"t-gov"* está focado nas tecnologias digitais que resultam em uma mudança dentro das organizações, enquanto que a "DGT" reflete a complexidade do impacto perturbador das tecnologias digitais sobre os indivíduos, organizações e sociedade.[39]

Este novo paradigma tende a reorientar serviços e aplicativos e a redesenhar, se necessário, todos os fluxos de trabalho, para colocar o cidadão como destinatário dos processos decisórios e de facilitação na entrega final das atividades da Administração Pública.[40] O desenvolvimento do *"e-Government"* requer uma visão holística, que incorpora, na percepção das Nações Unidas, três importantes dimensões que precisam ser enfrentadas para que os serviços públicos e o fornecimento de informações *online* produzam impactos positivos a todas as pessoas: a adequação da infraestrutura de telecomunicações; a capacidade dos recursos humanos para promover e utilizar Tecnologias de Informação e Comunicação; e a disponibilidade de serviços e conteúdo *online*.[41]

O emprego da tecnologia em todas as áreas, inclusive na prestação de serviços públicos, ostenta aspectos positivos e negativos. Em verdade, o desenvolvimento tecnológico e a hiperconectividade, em geral, não são fundamentalmente bons ou maus, mas, ao contrário, ao mesmo tempo em que proporcionam grandes benefícios para a humanidade, também trazem consigo perspectivas negativas, sobretudo diante da maior dependência digital e da vulnerabilidade a práticas ofensivas e criminosas.[42] Especialmente num contexto de sociedade

---

38 EDELMANN, Noella; HAUG, Nathalie; MERGEL, Ines. Defining digital transformation: results from expert interviews. *Government Information Quarterly*, n. 36, p. 1-16, 06 jun. 2019; BENEDETTI, Michele *et al*. Digital government transformation: a structural equation modelling analysis of driving and impeding factors. *International Journal of Information Management*, n. 60, p. 1-10, 27 abr. 2021.

39 BENEDETTI, Michele *et al*. Digital government transformation: a structural equation modelling analysis of driving and impeding factors. *International Journal of Information Management*, n. 60, p. 1-10, 27 abr. 2021.

40 RIFÓN, Luis Anido; SABUCEDO, Luis Álvarez. Managing Citizen Profiles in the Domain of e-Government: the cPortfolio Project. *Information Systems Management*, v. 27, n. 4, p. 309-319, 13 out. 2010.

41 UNITED NATIONS. Department of Economic Affairs. *E-Government Survey 2020*. 2020. Disponível em: https://publicadministration.un.org/egovkb/en-us/Reports/UN-E-Government-Survey-2020. Acesso em 29 jul. 2021.

42 GOODMAN, Marc. *Future crimes*. (Trad. Gerson Yamagami). São Paulo: HSM Editora, 2015; SNOW, Charles Percy. *The two cultures*. New York: Cambridge University Press, 1998.

de risco, perda gradativa da privacidade e disseminação de *fake news*, a tecnologia em "mãos erradas" pode conduzir à "involução", desigualdade, corrupção e danos injustos.

É preciso, pois, pensar em uma transformação digital não como fim em si, mas, ao invés, como meio ou instrumento "em defesa do humano".[43] É dizer, a tecnologia tem que se submeter ao "princípio da finalidade", isto é, a finalidade de promover a dignidade da pessoa humana e os direitos e garantias fundamentais. Não o contrário.

Seja como for, o uso de inovações tecnológicas não pode ser abordado nem com otimismo ingênuo, tampouco com pessimismo excessivo. É necessária uma visão despida de vieses cognitivos.[44] Assim, as vantagens do desenvolvimento do Governo Digital devem ser expostas e promovidas, como redução de formalidades redundantes e entraves burocráticos inadequados ao fim a que se destinam, ampliação da transparência, participação e *accountability*, bem como maior simplicidade, eficiência, eficácia e economicidade na prestação de serviços públicos. Aliás, a própria lei do Governo Digital (Lei nº 14.129/21), consoante seu art. 1º, tem como objeto dispor sobre "princípios, regras e instrumentos para o aumento da eficiência da administração pública, especialmente por meio da desburocratização, da inovação, da transformação digital e da participação do cidadão".

Especial atenção deve ser conferida ao emprego do "e-Governo" como promotor de participação contínua da cidadania, sobretudo diante da presente crise da democracia representativa. Na percepção de Freitas e Teixeira, a "democracia digital, como jogo de participação em rede na definição de prioridades comuns e na avaliação da qualidade das políticas públicas, requer a reformatação do jogo democrático, em suas dinâmicas mais internas".[45] Desse modo, como concluem os autores referidos, é essencial promover o "incremento da participação digital do cidadão-usuário", que possui a "oportunidade inédita, na era digital, de codelinear as escolhas públicas, por intermédio de juízos consecutivos e continuados de apreciação qualitativa". Além disso, a "democracia

---

[43] FREITAS, Juarez; FREITAS, Thomas Bellini. *Direito e Inteligência artificial*: em defesa do humano. Belo Horizonte: Fórum, 2020.

[44] FREITAS, Juarez. Hermenêutica Jurídica e a Ciência do Cérebro: como lidar com os automatismos mentais. *Revista da Ajuris*, a. XL, n. 130, p. 224-244, jun. 2013.

[45] FREITAS, Juarez; TEIXEIRA, Anderson Vichinkeski. Democracia Digital e Avaliação Continuada de Políticas Públicas. *Revista Brasileira de Estudos Políticos*, n. 119, p. 227-252, jul./dez. 2019.

digital expõe, com nitidez ímpar, os vieses a serem enfrentados pela sociedade na tomada da decisão".[46]

A digitalização da prestação de serviços públicos proporciona o que Rosanvallon denomina de "legitimidade pela proximidade" com a sociedade civil e as particularidades dos cidadãos, que estão cada vez mais sensíveis ao próprio comportamento dos governantes e desejam ser escutados, levados em consideração, fazer valer os seus pontos de vista, e esperam que o poder público esteja atento às suas dificuldades.[47] Isso porque, como escreveu Rousseau, a democracia é um regime inacabado e contínuo, que não termina com as eleições, nem se detém às fronteiras dos estados, mas se implementa entre momentos eleitorais e se abre para o "espaço-mundo" (*s'ouvre sur l'espace-monde*).[48] Efetivamente, a democracia não se limita a um processo formal de decisão sobre quem nos deve governar, mas também de uma escolha de como queremos ser governados,[49] pois o cidadão não perde a sua liberdade com a expressão de seu voto.[50]

Não se olvida que existem barreiras organizacionais e culturais ao implemento do Governo Digital.[51] Também são notáveis os múltiplos desafios relacionados a limitações de recursos, falta de infraestrutura digital e insuficientes capacidades e competências, sendo que diversos países enfrentam problemas específicos, como baixa inclusão digital, riscos à privacidade e à segurança cibernética.[52]

Contudo, é viável proporcionar um "círculo virtuoso digital", tal como demonstrou recente estudo no âmbito da União Europeia,

---

[46] FREITAS, Juarez; TEIXEIRA, Anderson Vichinkeski. Democracia Digital e Avaliação Continuada de Políticas Públicas. *Revista Brasileira de Estudos Políticos*, n. 119, p. 227-252, jul./dez. 2019.

[47] ROSANVALLON, Pierre. *La legitimidad democrática*: imparcialidad, reflexividad, proximidad. (Trad. Heber Cardoso). Buenos Aires: Manantial, 2009. p. 247.

[48] ROUSSEAU, Dominique. *Radicaliser la démocracie*: propositions pour une refondation. Paris: Seuil, 2015. Edição Kindle. Posição 122.

[49] MOREIRA NETO, Diogo de Figueiredo. *Mutações do Direito Administrativo*. 3. ed. Rio de Janeiro: Renovar, 2007. p. 343-345.

[50] SARTORI, Giovanni. *A teoria da democracia revisitada*: o debate contemporâneo. (Trad. Dinah de Abreu Azevedo). São Paulo: Ática, 1994. v. 1, p. 56.

[51] BENEDETTI, Michele *et al*. Digital government transformation: a structural equation modelling analysis of driving and impeding factors. *International Journal of Information Management*, n. 60, p. 1-10, 27 abr. 2021; COLLIER, Alan; SHEN, Kathy Ning; ZHAO, Fang. Effects of national culture on e-government diffusion: a global study of 55 countries. *Information & Management*, n. 51, p. 1005-1016, 2014.

[52] UNITED NATIONS. Department of Economic Affairs. *E-Government Survey 2020*. 2020. Disponível em: https://publicadministration.un.org/egovkb/en-us/Reports/UN-E-Government-Survey-2020. Acesso em 29 jul. 2021.

em que administrações públicas desenvolvem serviços digitais cada vez melhores em razão da demanda crescente por parte dos usuários, e mais usuários acessam serviços governamentais *online,* porque estes estão disponíveis e são fáceis de utilizar.[53] O Governo Digital ostenta aptidão para aproximar os países dos Objetivos do Desenvolvimento Sustentável da Agenda 2030 da ONU, por intermédio de serviços públicos sustentáveis, inclusivos e equitativos para todos, sem deixar ninguém para trás (*leaving no one behind*), de forma a conduzir à inovação, reforçar a eficácia e gerar soluções criativas.[54]

No próximo capítulo será analisada a necessidade de direcionar o "e-Governo" para esse círculo virtuoso centrado na dignidade da pessoa humana e na promoção dos direitos fundamentais.

3 O desenvolvimento do governo digital para a promoção dos direitos fundamentais

Como bem ressaltou Russel, em obra sobre inteligência artificial e o problema do controle, o único objetivo da máquina deve ser maximizar a realização de preferências humanas.[55] Vale dizer, para se valer da expressão de Freitas e Freitas, dentre as diretrizes para a regulação da inteligência artificial (o que deve ser estendido a qualquer inovação tecnológica), inclui-se a "instrumentalidade teleológica", pois o "caráter instrumental e teleológico da IA faz com que a regulação tenha o dever de coibir qualquer aplicação que perturbe ou debilite as habilidades e potencialidades humanas infungíveis".[56] Dessa forma, a legitimidade do emprego de instrumentos digitais está condicionada à promoção da dignidade da pessoa humana e dos direitos fundamentais, bem como das oportunidades reais das pessoas (para além da mera disponibilidade de meios de vida).[57] O novo e o tecnológico não

---

53 EUROPEAN COMISSION. *eGovernment Benchmark 2020*: eGovernment that works for the people. Sep. 2020. Disponível em: https://digital-strategy.ec.europa.eu/en/library/egovernment-benchmark-2020-egovernment-works-people. Acesso em 03 ago. 2020.

54 UNITED NATIONS. Department of Economic Affairs. *E-Government Survey 2020.* 2020. Disponível em: https://publicadministration.un.org/egovkb/en-us/Reports/UN-E-Government-Survey-2020. Acesso em 29 jul. 2021.

55 RUSSEL, Stuart. *Human Compatible*: artificial intelligence and the problem of control. New York: Penguin Books, 2020. p. 173.

56 FREITAS, Juarez; FREITAS, Thomas Bellini. *Direito e Inteligência artificial*: em defesa do humano. Belo Horizonte: Fórum, 2020. p. 81.

57 SEN, Amartya. *A Ideia de Justiça.* (Trad. Denise Bottmann e Ricardo Doninelli Mendes). São Paulo: Companhia das Letras, 2012. p. 288.

se justificam se redundarem em agressão a esses valores ou em perturbação, redução e eliminação da autonomia e das capacidades humanas. Por isso se pode falar em limites do Governo Digital, o qual tem que ser empregado, necessariamente, para promover os direitos humanos e demover situações inconstitucionais, discriminatórias e decisões conduzidas por vieses cognitivos.

Existe o espaço do inegociável e da vedação ao retrocesso também no que tange ao uso de novas tecnologias pelo Estado na prestação de serviços públicos. Esse espaço se identifica, primordialmente, com a necessária observância às regras e princípios constitucionais e aos direitos fundamentais. Sem a pretensão de elaborar uma lista exaustiva dos itens inegociáveis da decisão digital e algorítmica, é relevante trazer à lume as situações mais sensíveis reveladas pela prática e pelo estudo do Governo Digital e os usuais pontos de tensão com os direitos fundamentais e a dignidade da pessoa humana.

Primeiramente, é mister assentar que a tecnologia, sobretudo a inteligência artificial, tem que ser desenviesada e desenviesante, ou seja, tanto a própria máquina deve ser despida de vieses humanos, quanto servir de instrumento para detectar e mitigar desvios cognitivos.[58] Em sede de Governo Digital, a tecnologia pode ser usada para evitar que a tomada de decisão pública seja contaminada por heurísticas[59] comuns entre agentes políticos e servidores públicos, como exemplificam: a tentativa de manutenção do *status quo* e de interesses consolidados (*vested interests*);[60] a preferência excessiva pelo presente e por resultados imediatos, em detrimento de uma visão de longo prazo e da sustentabilidade, forjada pelo desconto hiperbólico do futuro[61] e pela "miopia temporal";[62] a heurística da disponibilidade e do afeto, ao orientar escolhas pela facilidade com que ideias de risco

---

[58] FREITAS, Juarez; FREITAS, Thomas Bellini. *Direito e Inteligência artificial*: em defesa do humano. Belo Horizonte: Fórum, 2020. p. 96-100.

[59] KAHNEMAN, Daniel. *Rápido e devagar*: duas formas de pensar. (Trad. Cássio de Arantes Leite). Rio de Janeiro: Objetiva, 2012; KAHNEMAN, Daniel; TVERSKY, Amos. Judgment under uncertainty: heuristics and biases. *Science*, v. 185, n. 4157, p. 1124-1131, 27 set. 1974.

[60] SEN, Amartya. *Desenvolvimento como liberdade*. (Trad. Laura Teixeira Motta). São Paulo: Companhia das Letras, 2010. p. 161-165; VEBLEN, Thorstein. *The Theory of the Leisure Class*. New York: Oxford University Press, 2007. p. 148.

[61] DONOGHUE, Ted; FREDERICK, Shane; LOEWENSTEIN, George. Time discounting and time preference: a critical review. *Journal of Economic Literature*, v. XL, p. 351-401, jun. 2002.

[62] GIANNETTI, Eduardo. *O valor do amanhã*. São Paulo: Schwarcz, 2012. p. 223-224.

vêm à mente, desprezando probabilidades reais;[63] os instintos que prejudicam a avaliação dos acontecimentos, sobretudo uma visão de mundo excessivamente negativa e dramática;[64] a falácia dos "custos perdidos" ou "custos incorridos" (*sunk costs fallacy*),[65] segundo a qual as pessoas (e os agentes públicos não são exceção) estão propensas a se apegar a determinado investimento em que empenharam altas somas financeiras, ainda que esse investimento seja prejudicial, apenas porque muito dinheiro já foi ali alocado, ou, segundo Kahneman, o "comprometimento cada vez maior com esforços fadados ao fracasso";[66] o otimismo excessivo daqueles que se fiam exclusivamente em ferramentas tecnológicas para a solução de todos os males, como crises ambientais e climáticas, ou ainda o negacionismo científico reforçado por crenças ideológicas e político-partidárias, pelo receio de perdas econômicas, não raro semeado pela indústria do petróleo, gás e tabaco.[67]

A implementação do Governo Digital, ademais, não pode aumentar o abismo da desigualdade social, em contexto de exclusão digital. É preciso evitar que as vantagens das inovações disruptivas beneficiem apenas uma "elite tecnológica",[68] que, por ostentar recursos econômicos e maiores capacidades que a maioria, obtenha acesso diferenciado a serviços públicos de qualidade. A "divisão digital", consoante observou pesquisa das Nações Unidas anteriormente referida, persiste dentro e entre regiões, a despeito do inegável progresso global no uso de ferramentas tecnológicas.[69]

---

63 KAHNEMAN, Daniel. *Rápido e devagar*: duas formas de pensar. (Trad. Cássio de Arantes Leite). Rio de Janeiro: Objetiva, 2012. p. 173-179; SUNSTEIN, Cass R. The Paralyzing Principle. *Regulation*, p. 32-37, 2003.

64 ROSLING, Hans. *Factfulness*: ten reasons we're wrong about the world – and why things are better than you think. London: Hodder & Stoughton, 2018.

65 THALER, Richard H. *Misbehaving*: the making of behavioral economics. London: Penguin, 2015. p. 64.

66 KAHNEMAN, Daniel. *Rápido e devagar*: duas formas de pensar. (Trad. Cássio de Arantes Leite). Rio de Janeiro: Objetiva, 2012. p. 64.

67 CONWAY, Erik M.; ORESKES, Naomi. *Merchants of Doubt*: how a handful of scientists obscured the truth on issues form tobacco smoke to global warming. New York: Bloomsbury Press, 2011; ORESKES, Naomi. *Why Trust Science?* Princeton: Princeton University Press, 2019.

68 ABBOUD, Georges; PEREIRA, João Sérgio dos Santos Soares. O devido processo na era algorítmica digital: premissas iniciais necessárias para uma leitura constitucional adequada. *Revista dos Tribunais*, v. 1026, p. 125-145, abr. 2021.

69 UNITED NATIONS. Department of Economic Affairs. *E-Government Survey 2020*. 2020. Disponível em: https://publicadministration.un.org/egovkb/en-us/Reports/UN-E-Government-Survey-2020. Acesso em 29 jul. 2021.

Tal "divisão digital" não pode, pois, servir de barreira ao acesso a serviços públicos, tampouco permitir uma prestação desigual, com menos qualidade e celeridade para quem carece de pleno acesso às novas tecnologias e à internet. Aliás, a própria Lei nº 14.129/21, em seu art. 6º, estabelece como exceção à prática de atos processuais administrativos, as situações em que esse procedimento for inviável, nos casos de indisponibilidade do meio eletrônico ou diante de risco de dano relevante à celeridade do processo. E no art. 14 consigna que a prestação digital dos serviços públicos deverá ocorrer por meio de tecnologias de amplo acesso pela população, inclusive pela de baixa renda ou residente em áreas rurais e isoladas, sem prejuízo do direito do cidadão a atendimento presencial.

A operação de meios virtuais de fornecimento de informações à população, ademais, demanda regulação para que sejam mitigados os efeitos de notícias falsas dolosamente disseminadas (*fake news*) e de polarização de grupos que conduzem ao discurso de ódio e, no limite, a ações agressivas e danosas e ao ressurgimento de facções políticas radicais.[70] Isso num contexto preocupante de "estalido do populismo"[71] e de fascinação pela figura do chefe e do líder.[72]

Na era da comunicação e da internet avulta a importância de se erigirem salvaguardas ao direito à privacidade e ao uso de dados pessoais sensíveis, pois "quando tudo está conectado, todos estão vulneráveis".[73] A legislação pátria, a pouco e pouco, tem construído um sistema importante de proteção de dados, como o Marco Civil da Internet (Lei nº 12.965/14) e a Lei Geral de Proteção de Dados (Lei nº 13.709/18). A própria Lei nº 14.129/21 estabelece como princípio e diretriz do Governo Digital a proteção de dados pessoais, nos termos da Lei nº 13.709/18 (art. 3º, XVII).

Sem desconsiderar, assim, a necessária tutela da intimidade e da vida privada, o "e-Governo" deve ser aberto e transparente, a impor inafastável explicabilidade da decisão algorítmica, pois as máquinas também praticam, em determinados casos, atos administrativos, os quais devem ser, necessariamente, fundamentados.[74]

---

[70] SUNSTEIN, Cass. *Going to extremes*: how like minds unite and divide. New York: Oxford University Press, 2009.

[71] LLOSA, Mario Vargas (Coord.). *El estallido del populismo*. Buenos Aires: Planeta, 2017.

[72] MARTIGNY, Vincent. *Le retour du prince*. Paris: Flammarion, 2019.

[73] GOODMAN, Marc. *Future crimes*. (Trad. Gerson Yamagami). São Paulo: HSM Editora, 2015. p. 8.

[74] FREITAS, Juarez; FREITAS, Thomas Bellini. *Direito e Inteligência artificial*: em defesa do humano. Belo Horizonte: Fórum, 2020. p. 79-80.

A prestação digital dos serviços públicos deve ainda promover, ativamente, a participação popular na formulação e na tomada de decisão estatal, notadamente por meio da avaliação continuada de satisfação dos usuários em relação aos serviços públicos prestados (Lei nº 14.129/21, art. 21, inc. V),[75] com o incentivo à participação social no controle e na fiscalização da Administração Pública (art. 3º, inc. V). Para tanto, é essencial a máxima transparência na execução dos serviços públicos (art. 3º, inc. IV) e o uso de linguagem clara e compreensível a qualquer cidadão (art. 3º, inc. VII), sobretudo a "transparência ativa", mediante disponibilização de dados pela Administração Pública, independentemente de solicitações (art. 4º, inc. XI). Nessa linha, a nova legislação previu a criação de "laboratórios de inovação", considerados como "espaço aberto à participação e à colaboração da sociedade para o desenvolvimento de ideias, de ferramentas e de métodos inovadores para a gestão pública, a prestação de serviços públicos e a participação do cidadão para o exercício do controle sobre a administração pública" (art. 4º, VIII).

Porque o poder público no Estado de Direito do século XXI não pode justificar suas ações com base em intuições, boatos, temor irracional, discursos míticos ou demagógicos, o Governo Digital tem que considerar os impactos reais de sua implementação, inclusive as externalidades e efeitos cumulativos, ou seja, a formulação e a execução de políticas públicas têm que ser baseadas em evidências. É essencial que se proceda a uma avaliação prospectiva e continuada de sustentabilidade das decisões administrativas e das políticas públicas, por meio de uma análise de custo-benefício, para, na visão de Sunstein, minimizar o papel dos "grupos de interesse, anedotas, intuições e símbolos" ("*minimize the role of interest groups, anecdotes, intuitions, and symbols*") na formulação da regulação e de políticas públicas, que ele denomina "abordagem expressivista" (*expressive approach*).[76] Não, por certo, uma estimativa jungida apenas a aspectos econômicos, mas sim uma perspectiva humanizada,[77] condicionada a promover o bem-estar

---

[75] FREITAS, Juarez; TEIXEIRA, Anderson Vichinkeski. Democracia Digital e Avaliação Continuada de Políticas Públicas. *Revista Brasileira de Estudos Políticos*, n. 119, p. 227-252, jul./dez. 2019.

[76] SUNSTEIN, Cass R. *The Cost-Benefit Revolution*. Cambridge: The Mit Press, 2018. Edição Kindle.

[77] SUNSTEIN, Cass. Humanizing Cost-benefit analysis. Remarks prepared for American University's Washington College of Law. *Administrative Law Review Conference*, Washington, p. 23, 2010. Disponível em: https://www.whitehouse.gov/sites/default/files/omb/assets/inforeg/cost_benefit_analysis_02172010.pdf. Acesso em 18 set. 2015.

multidimensional, que considere a incomensurabilidade própria a valores sociais e essencialmente humanos[78] e leve em conta, também, a justiça intergeracional (CF, art. 225) e mesmo a dignidade própria da vida não humana.[79]

Não por outro motivo que a Agenda 2030 para o Desenvolvimento Sustentável na ONU fez dos dados um ponto focal, reconhecendo que estes são fundamentais para uma tomada de decisão eficaz, e que são necessárias informações oportunas, confiáveis, de qualidade e desagregadas, para facilitar a medição do progresso rumo ao desenvolvimento sustentável.[80] Isso implica formular uma regulação apta a coletar informações que o regulador não possui, mas estão dispersas na sociedade,[81] por meio da participação dos usuários, a exemplo da avaliação continuada de satisfação dos serviços públicos (conforme previsto na Lei nº 13.460/17 – Lei de proteção ao usuário do serviço público – e na Lei nº 14.129/21 – Lei do Governo Digital). No ponto, é salutar, ainda, a possibilidade veiculada pela Lei nº 14.129/21, de serem criadas "redes de conhecimento", com o objetivo de gerar, compartilhar e disseminar conhecimento e experiências; formular propostas de padrões, políticas, guias e manuais; discutir sobre os desafios enfrentados e as possibilidades de ação quanto ao Governo Digital e à eficiência pública; e prospectar novas tecnologias para facilitar a prestação de serviços públicos disponibilizados em meio digital, o fornecimento de informações e a participação social por meios digitais (art. 17).

Aspecto indispensável para propiciar a transparência, a eficiência e a eficácia dos serviços públicos é a interoperabilidade entre os diversos sistemas digitais das entidades e órgãos públicos das diversas esferas federativas, para, por exemplo, permitir a comparação entre

---

78 ADLER, Matthew D.; POSNER, Eric A. *New foundations of cost-benefit analysis*. Cambridge: Harvard University, 2006. p. 186-187; FREITAS, Juarez. *Sustentabilidade*: direito ao futuro. 4. ed. Belo Horizonte: Fórum, 2019, p. 334-335; SUNSTEIN, Cass R. *The Cost-Benefit Revolution*. Cambridge: The Mit Press, 2018. Edição Kindle.

79 FENSTERSEIFER, Tiago; SARLET, Ingo Wolfgang. *Direito Constitucional Ecológico*. 6. ed. São Paulo: Revista dos Tribunais, 2019. p. 82-83; 129-198; SARLET, Ingo Wolfgang. *Dignidade da Pessoa Humana e Direitos Fundamentais na Constituição Federal de 1988*. 9. ed. Porto Alegre: Livraria do Advogado, 2011. p. 43; STJ, 2ª T., REsp nº 1797175/SP, Rel. Min. Og Fernandes, j. 21.03.2019.

80 UNITED NATIONS. Department of Economic Affairs. *E-Government Survey 2020*. 2020. Disponível em: https://publicadministration.un.org/egovkb/en-us/Reports/UN-E-Government-Survey-2020. Acesso em 29 jul. 2021.

81 SUNSTEIN, Cass R. *The Cost-Benefit Revolution*. Cambridge: The Mit Press, 2018. Edição Kindle. Posição 1899-2044.

as avaliações e os desempenhos dos serviços públicos prestados pelos diversos entes (Lei nº 14.129/21, art. 22, parágrafo único) e eliminar exigências desnecessárias quanto à apresentação de informações e de documentos (Lei nº 14.129/21, art. 24, inc. IV), tudo conforme disposto nos arts. 38 a 41 da Lei nº 14.129/21. É crucial que sejam idealizadas e implantadas plataformas que permitam aos usuários uma única forma de acesso, sem necessidade de utilizar inúmeros sistemas, e que oportunizem uma gestão holística dos dados disseminados entre diversas fontes.[82]

De conseguinte, a Constituição Federal, os princípios e os direitos fundamentais demarcam limites inegociáveis à implementação do Governo Digital, os quais, se violados, por ação ou omissão abusiva, sujeitam a decisão pública ao controle, sobretudo jurisdicional. Tema do último capítulo.

4 Controle judicial da Administração Pública na era do Governo Digital: diretrizes básicas

Delineados os aspectos básicos do Governo Digital frente às exigências do Estado de Direito e diante dos limites erigidos pelas regras e princípios constitucionais e pelos direitos fundamentais, afigura-se essencial analisar o lugar do Judiciário na sua função de controle das decisões administrativas executadas pelo meio digital (para além da digitalização da própria prestação jurisdicional).

O advento do "e-Governo" conduz a uma reorganização do Estado, sem abrir mão de uma abordagem interinstitucional integrada. Efetivamente, a prestação digital de serviços públicos somente será legítima se realizada no âmbito de instituições inclusivas, que promovam incentivos à inovação, à "destruição criativa", ao questionamento do *status quo*[83] por meio do dissenso saudável e do amplo controle do poder social, econômico, político e burocrático, que conferem às democracias um escudo contra o avanço de regimes totalitários.[84]

---

82 RIFÓN, Luis Anido; SABUCEDO, Luis Álvarez. Managing Citizen Profiles in the Domain of e-Government: the cPortfolio Project. *Information Systems Management*, v. 27, n. 4, p. 309-319, 13 out. 2010.

83 ACEMOGLU, Daron; ROBINSON, James A. *Why nations fail*: the origins of power, prosperity, and poverty. New York: Crown Business, 2012.

84 LEVITSKY, Steven; ZIBLATT, Daniel. *Como as democracias morrem*. (Trad. Renato Aguiar). Rio de Janeiro: Zahar, 2018.

Consoante destacou a ONU no estudo antes mencionado, cada departamento ou nível estatal desempenha um papel indispensável na definição de uma abordagem holística do Governo Digital. E todos os líderes políticos e governamentais, nos níveis locais e nacionais, dos poderes executivo, legislativo e judiciário, devem estar envolvidos.[85]

O que importa ressaltar aqui é a promoção de um controle judicial da Administração Pública em defesa do genuinamente humano[86] e dos direitos fundamentais. É salvaguarda essencial para fazer frente a abordagens utilitaristas e reducionistas do "e-Governo", que enxergam a tecnologia como um fim em si, ou com o objetivo de maximizar interesses individuais, econômicos e de curto prazo.

Esse controle incide não apenas sobre a ação, mas também sobre a omissão estatal abusiva, para que o Judiciário, como instituição independente do poder político-partidário, possa cobrar das autoridades competentes uma digitalização enquanto elemento inclusivo e promotor de debates e de participação. Sem olvidar, por certo, uma saudável deferência à *expertise* técnica e política e às capacidades institucionais comparativas da Administração Pública, em clima de controle cooperativo com os demais entes estatais,[87] para fazer a democracia funcionar adequadamente.[88]

Na era do Governo Digital, o controle judicial, sempre subsidiário e complementar à atuação primeira dos espaços administrativos e políticos, firma-se como meio para resguardar que o avanço da digitalização e das novas tecnologias, como a *blockchain* e a inteligência artificial, não agridam o núcleo essencial dos direitos fundamentais e o bem-estar multidimensional, nem eliminem os aspectos da tomada de decisão genuinamente humanos e indelegáveis às máquinas.[89]

Assim, sem a pretensão de exaurir as complexas situações em que a intervenção jurisdicional se revela indispensável na prestação digital de serviços públicos, o Judiciário assume o papel crucial,

---

85 UNITED NATIONS. Department of Economic Affairs. *E-Government Survey 2020.* 2020. p. 184. Disponível em: https://publicadministration.un.org/egovkb/en-us/Reports/UN-E-Government-Survey-2020. Acesso em 29 jul. 2021.

86 FREITAS, Juarez; FREITAS, Thomas Bellini. *Direito e Inteligência artificial*: em defesa do humano. Belo Horizonte: Fórum, 2020. p. 67-72.

87 MOREIRA, Rafael Martins Costa. *Direito Administrativo e Sustentabilidade*: o novo controle judicial da Administração Pública. Belo Horizonte: Forum, 2017.

88 BREYER, Stephen. *Making our Democracy Work.* New York: Vintage, 2010.

89 FREITAS, Juarez; FREITAS, Thomas Bellini. *Direito e Inteligência artificial*: em defesa do humano. Belo Horizonte: Fórum, 2020.

ilustrativamente, para: a) garantir que a instrumentalidade da máquina não se converta indevidamente em fim em si mesma e se volte contra as preferências humanas e a autonomia e capacidade das pessoas; b) supervisionar o cumprimento da Constituição e das leis e a incolumidade do núcleo essencial dos direitos fundamentais; c) rechaçar interpretações enviesadas das máquinas e exigir que a tecnologia seja usada com função desenviesante; d) garantir que a "divisão digital" não seja fonte de discriminações, de modo que a prestação digital dos serviços públicos seja isonômica, para todos, inclusive mediante controle de políticas públicas destinadas a proporcionar amplo acesso às facilidades tecnológicas, como a determinação judicial ao Estado para que ofereça infraestrutura necessária para que os serviços digitais alcancem os mais pobres e vulneráveis; e) monitoramento rigoroso da proteção à privacidade e a dados sensíveis dos cidadãos, para que não sejam utilizados para fins ilícitos, nem divulgados indevidamente; f) exigir a transparência e a explicabilidade da decisão digital e algorítmica, como consequência do dever de motivação dos atos administrativos; g) promover a participação popular na formulação e na tomada de decisão estatal, garantindo, *v.g.*, meios proporcionais de avaliação continuada de satisfação dos serviços públicos; h) cobrar avaliação prospectiva de impactos e de custos e benefícios, diretos e indiretos (externalidades), das escolhas administrativas, para que a tomada de decisão não seja baseada em intuições, boatos, temor irracional, discursos míticos ou demagógicos; i) exigir das autoridades competentes que promovam a interoperabilidade dos diversos sistemas de prestação de serviços públicos digitais, para que o Governo Digital cumpra suas finalidades de aumento da eficiência e desburocratização (Lei nº 14.129/21, art. 1º).

Convém ainda frisar a importância do controle judicial (sem afastar o controle interno e pelos Tribunais de Contas) da omissão estatal em implementar o Governo Digital proporcional. Pela redação da Lei nº 14.129/21: os entes públicos ostentam dever de disponibilizar em plataforma única o acesso às informações e aos serviços públicos, sendo que a prestação em caráter presencial ocorre apenas quando indispensável (art. 3º, inc. II); os cidadãos, as pessoas jurídicas e outros entes públicos detêm direito de demandar e de acessar serviços públicos por meio digital, sem necessidade de solicitação presencial (art. 3º, inc. III); e, nos processos administrativos eletrônicos, os atos processuais *deverão* ser realizados em meio eletrônico, exceto se o usuário solicitar de forma diversa, nas situações em que esse procedimento for inviável, nos casos de indisponibilidade do meio eletrônico ou diante de risco de dano relevante à celeridade do processo (art. 6º). Coerentemente, o poder público, doravante, tem que justificar a não utilização de meios digitais para prestação de serviços públicos, de modo que o formato presencial apenas será admitido se observar o princípio da proporcionalidade, isto é, se atender a justificativa legítima[90] e for adequado, necessário e seus benefícios superarem os custos.

Isso, evidentemente, demanda a digitalização da própria prestação jurisdicional. Até porque, como bem sublinhou Susskind, a Justiça não pode mais ser vista apenas como um espaço físico ou um "fórum" suntuoso, mas sim como um serviço de solução dos conflitos e de implementação da ordem jurídica e constitucional. Uma perspectiva finalista (*outcome-thinking*) nos incita a focar nos resultados ou nas consequências desejadas, o que pode perfeitamente ser alcançado, com grande vantagem, por plataformas digitais de tribunais *online* (*online courts*).[91]

O sistema judicial brasileiro tem experimentado avanços de forma geral, com retrocessos pontuais. A disseminação da pandemia da COVID-19, por certo, impulsionou o desenvolvimento dos processos digitais e o emprego de meios virtuais para a prestação dos serviços jurisdicionais, sobretudo a realização de audiências de forma telepresencial e o atendimento de advogados e partes por videoconferência. Alguns setores do Judiciário, como a Justiça Federal da 4ª Região e o respectivo TRF, estavam melhor preparados para enfrentar a compulsória utilização do trabalho remoto, porque já implantado e consolidado, há mais de dez anos, talvez o mais eficiente e acessível processo eletrônico do País – o Eproc. Outros não tiveram o mesmo sucesso e apresentaram grandes dificuldades em dar andamento a enormes quantidades de ações judiciais, principalmente em tribunais onde ainda predomina o "processo físico" e em papel.

Iniciativas importantes do CNJ também incentivam a transição para a Justiça Digital, como a disciplina do processo eletrônico (Resolução nº 185/2013 do CNJ) e a criação do chamado "Juízo 100% Digital", que permite ao cidadão valer-se da tecnologia para ter acesso à Justiça sem precisar comparecer fisicamente nos Fóruns, em que todos

---

90 BARAK, Aharon. *Proportionality*. (Trad. Doron Kalir). New York: Cambridge University Press, 2012. p. 131 e 245-253.

91 SUSSKIN, Richard. *On line courts and the future of justice*. Oxford: Oxford University Press, 2019. p. 209.

os atos processuais serão praticados exclusivamente por meio eletrônico e remoto, pela internet (Resolução nº 345/2020 do CNJ).

Efetivamente, o comportamento dos gestores públicos, notadamente daqueles em órgãos de cúpula como o CNJ, e de líderes políticos, é fator essencial para a plena implementação de um Governo Digital inclusivo e proporcional. Gestores e líderes cumprem, com efeito, função primordial, para que barreiras organizacionais à transformação digital sejam vencidas, assim como para assegurar o envolvimento de todos os agentes afetados pelas alterações e providenciar informações e treinamento adequado.[92]

Esses avanços, como é de se esperar, nem sempre ocorrem sem percalços e retrocessos pontuais. O "pensamento analógico" e formalista ainda influencia determinadas escolhas públicas, a exemplo da insistência, no Brasil, em se realizar audiências de custódia de forma presencial (por ora suspensa em período de pandemia da COVID-19 pelo STF, em liminar concedida na Adin nº 6841), da resistência em realizar audiências de interrogatório por videoconferência ou da ausência completa de integração entre os registros de antecedentes criminais entre os diferentes estados.

O uso do processo judicial digital, ou mesmo da inteligência artificial para a atividade-fim de resolução de disputas, não pode substituir, como bem ponderam Freitas e Freitas, as atividades humanas indelegáveis às máquinas, em especial a "defesa da consciência humana autônoma", o "senso moral de justiça e de compaixão", o "senso de responsabilidade intra e intergeracional" e a "capacidade de avaliar sistemicamente os impactos e de hierarquizar princípios e valores, de ordem a trilhar para a sustentabilidade multidimensional".[93] Não por outro motivo, Ashley constatou que os modelos computacionais desenvolvidos pela *AI & Law* (*"Artificial Intelligence and Law"* ou "Inteligência Artificial e Direito"), ao performarem raciocínios jurídicos, gerarem argumentos, executarem avaliações preditivas e explicarem suas conclusões, realizam um tipo de tarefa colaborativa entre humanos

---

[92] BENEDETTI, Michele *et al.* Digital government transformation: a structural equation modelling analysis of driving and impeding factors. *International Journal of Information Management*, n. 60, p. 1-10, 27 abr. 2021; DAOWD, Ahmad; OMAR, Amizan; WEERAKKODY, Vishanth. Studying Transformational Government: a review of the existing methodological approaches and future outlook. *Government Information Quarterly*, n. 37, p. 1-10, 7 fev. 2020.

[93] FREITAS, Juarez; FREITAS, Thomas Bellini. *Direito e Inteligência artificial*: em defesa do humano. Belo Horizonte: Fórum, 2020.

e computadores, em que cada um desempenha a atividade inteligente que podem fazer melhor.[94]

Portanto, a aplicação contextualizada do sistema jurídico, para além da mera subsunção automática das regras e precedentes, e o controle judicial cooperativo entre juiz e Administração Pública Digital, para promover um círculo virtuoso de poder público digital como um todo, inclusivo, transparente, probo e sustentável, é função genuinamente humana, desempenhada com o auxílio de programas computacionais desenviesados. Ao desempenharem suas funções administrativas e jurisdicionais, espera-se que os agentes públicos utilizem as máquinas, sem temor infundado ou resistência ao novo, como instrumento para ampliar a autonomia e as capacidades das pessoas, bem assim a sustentabilidade multidimensional,[95] e não para substituir, vilipendiar ou eliminar valores essencialmente humanos ou direitos fundamentais. Vale dizer, o princípio finalista do Governo Digital em favor dos direitos fundamentais tem que nortear a atuação da Administração Pública e a interpretação dos juízes.

Conclusão

O Governo Digital se consolida em sintonia com a visão contemporânea do novo serviço público e da nova governança pública, que exigem um Estado mais aberto à contribuição dos cidadãos, sem o exclusivismo estatal de outrora, destinado a incentivar a sociedade a se articular e a atender seus interesses comuns, em vez de exercer um controle unilateral, de "cima para baixo".

A ascensão do "e-Governo" significa mais do que a mera utilização de ferramentas tecnológicas para prestação de serviços aos cidadãos. Implica a "Transformação do Governo" (*Transformational Government* ou *t-gov*), pois as mudanças impactam aspectos organizacionais, sociais e técnicos, de forma a abranger uma alteração nas estruturas, operações e cultura de governo. Ou ainda a "Transformação do Governo Digital" (*Digital Government Transformation* ou *DGT*), para enfatizar as mudanças culturais, organizacionais e relacionais nas organizações públicas. Este novo paradigma tende a reorientar serviços e aplicativos e a redesenhar,

---

94 ASHLEY, Kevin D. *Artificial intelligence and legal analytics*: new tools for law practice in the digital age. New York: Cambridge University Press, 2017. p. 3.

95 FREITAS, Juarez. *Sustentabilidade*: direito ao futuro. 4. ed. Belo Horizonte: Fórum, 2019.

se necessário, todos os fluxos de trabalho, para colocar o cidadão como destinatário dos processos decisórios e de facilitação na entrega final das atividades da Administração Pública.

Contudo, o emprego da tecnologia em todas as áreas, inclusive na prestação de serviços públicos, ostenta aspectos positivos e negativos. Em verdade, o desenvolvimento tecnológico e a hiperconectividade não são fundamentalmente bons ou maus, mas, ao contrário, ao mesmo tempo em que proporcionam grandes benefícios para a humanidade, também trazem consigo perspectivas negativas, sobretudo diante da maior dependência digital e da vulnerabilidade a práticas ofensivas e criminosas. É preciso, pois, pensar em uma transformação digital não como fim em si, mas, ao invés, como meio ou instrumento "em defesa do humano", que atenda ao "princípio da finalidade", isto é, a finalidade de promover a dignidade da pessoa humana e os direitos e garantias fundamentais. Isso porque o único objetivo das máquinas deve ser maximizar a realização de preferências humanas e a expansão da autonomia e das capacidades das pessoas.

Sendo assim, existe o espaço do inegociável e o da vedação ao retrocesso também no que tange ao uso de novas tecnologias pelo Estado na prestação de serviços públicos. É neste espaço que incidem os competentes controles, principalmente o controle jurisdicional, para exigir do Governo Digital, *v.g.*: observar as regras e princípios constitucionais e os direitos fundamentais; empregar tecnologia desenviesada e desenviesante; promover a igualdade e mitigar os efeitos da exclusão digital; evitar a disseminação de notícias falsas, *fake news* e discurso do ódio, bem assim proteger o direito à privacidade e ao uso de dados pessoais sensíveis; prestar serviços públicos de forma aberta e transparente, a impor inafastável explicabilidade da decisão algorítmica; promover, ativamente, a participação popular na formulação e na tomada de decisão estatal, notadamente por meio da avaliação continuada de satisfação dos usuários em relação aos serviços públicos prestados e da implantação de laboratórios de inovação; considerar os impactos reais das decisões administrativas, inclusive as externalidades e efeitos cumulativos, ou seja, a formulação e a execução de políticas públicas têm que ser baseadas em evidências, o que avulta a importância do emprego de "redes de conhecimento"; consolidar a interoperabilidade entre os diversos sistemas digitais de entidades e órgãos públicos das três esferas federativas; implantar plataformas digitais de prestação de serviços públicos como regra, sendo que, doravante, a prestação presencial é exceção e sua escolha precisa ser fundamentada. Com isso, a Constituição Federal, os princípios e os direitos fundamentais demarcam limites inegociáveis à implementação do Governo Digital, os quais, se violados, por ação ou omissão abusiva, sujeitam a decisão pública ao controle, sobretudo jurisdicional.

O que importa ressaltar aqui é a promoção de um controle judicial cooperativo da Administração Pública em defesa do genuinamente humano e dos direitos fundamentais. É garantia essencial para fazer frente a abordagens utilitaristas e reducionistas do "e-Governo", que enxergam a tecnologia como um fim em si, ou com o objetivo de maximizar interesses individuais, econômicos e de curto prazo. Ao desempenharem suas funções administrativas e jurisdicionais, espera-se que os agentes públicos utilizem as máquinas, sem temor infundado ou resistência ao novo, como instrumento para ampliar a autonomia e as capacidades das pessoas, bem assim para promover a sustentabilidade multidimensional.

Referências

ABBOUD, Georges; PEREIRA, João Sérgio dos Santos Soares. O devido processo na era algorítmica digital: premissas iniciais necessárias para uma leitura constitucional adequada. *Revista dos Tribunais*, v. 1026, p. 125-145, abr. 2021.

ACEMOGLU, Daron; ROBINSON, James A. *Why nations fail*: the origins of power, prosperity, and poverty. New York: Crown Business, 2012.

ADLER, Matthew D.; POSNER, Eric A. *New foundations of cost-benefit analysis*. Cambridge: Harvard University, 2006.

ASHLEY, Kevin D. *Artificial intelligence and legal analytics*: new tools for law practice in the digital age. New York: Cambridge University Press, 2017.

BARAK, Aharon. *Proportionality*. (Trad. Doron Kalir). New York: Cambridge University Press, 2012.

BAUMAN, Zygmunt. *O mal-estar da pós-modernidade*. Rio de Janeiro: Jorge Zahar, 1998.

BECK, Ulrich. *La sociedad del Riesgo*: hacia una nueva modernidad. Barcelona: Paidós, 1998.

BENEDETTI, Michele *et al*. Digital government transformation: a structural equation modelling analysis of driving and impeding factors. *International Journal of Information Management*, n. 60, p. 1-10, 27 abr. 2021.

BRASIL. Senado Federal. *Governo Digital esbarra em acesso à internet, alertam debatedores em comissão*. 14 mai. 2021. Disponível em: https://www12.senado.leg.br/noticias/materias/2021/05/14/governo-digital-esbarra-em-acesso-a-internet-alertam-debatedores-em-comissao. Acesso em 03 ago. 2021.

BREYER, Stephen. *Making our Democracy Work*. New York: Vintage, 2010.

CASTELLS, Manuel. *The Rise of the Network Society*: the Information Age: economy, Society, and Culture. 2. ed. Chichester: Willey-Blackwell, 2010. v. I.

CHEVALLIER, Jacques. *O serviço público*. (Trad. Augusto Neves dal Pozzo e Ricardo Marcondes Martins). Belo Horizonte: Fórum, 2017.

CHRISTENSEN, T.; LAEGREID, P. Complexity and Hybrid Public Administration – Theoretical and Empirical Challenges. *Public Organization Review*, v. 11, n. 4, p. 407-23, 2011.

CHRISTENSEN, Clayton M.; RAYNOR, Michael E. *Innovator's solution*: creating and sustaining successful. Boston: Harvard Business School, 2003.

COLLIER, Alan; SHEN, Kathy Ning; ZHAO, Fang. Effects of national culture on e-government diffusion: a global study of 55 countries. *Information & Management*, n. 51, p. 1005-1016, 2014.

CONWAY, Erik M.; ORESKES, Naomi. *Merchants of Doubt*: how a handful of scientists obscured the truth on issues form tobacco smoke to global warming. New York: Bloomsbury Press, 2011.

DAOWD, Ahmad; OMAR, Amizan; WEERAKKODY, Vishanth. Studying Transformational Government: a review of the existing methodological approaches and future outlook. *Government Information Quarterly*, n. 37, p. 1-10, 7 fev. 2020.

DENHARDT, Robert B.; DENHARDT, Janet Vinzant. The New Public Service: serving Rather than Steering. *Public Administration Review*, v. 60, n. 6, p. 553, 2000.

DONOGHUE, Ted; FREDERICK, Shane; LOEWENSTEIN, George. Time discounting and time preference: a critical review. *Journal of Economic Literature*, v. XL, p. 351-401, jun. 2002.

EDELMANN, Noella; HAUG, Nathalie; MERGEL, Ines. Defining digital transformation: results from expert interviews. *Government Information Quarterly*, n. 36, p. 1-16, 06 jun. 2019.

EUROPEAN COMISSION. *eGovernment Benchmark 2020*: eGovernment that works for the people. Sep. 2020. Disponível em: https://digital-strategy.ec.europa.eu/en/library/egovernment-benchmark-2020-egovernment-works-people. Acesso em 03 ago. 2020.

FENSTERSEIFER, Tiago; SARLET, Ingo Wolfgang. *Direito Constitucional Ecológico*. 6. ed. São Paulo: Revista dos Tribunais, 2019.

FREITAS, Juarez. Direito Administrativo não adversarial: a prioritária solução consensual de conflitos. *Revista de Direito Administrativo*, v. 275, p. 25-46, mai./ago. 2017.

FREITAS, Juarez. *Direito Fundamental à Boa Administração Pública*. 3. ed. São Paulo: Malheiros, 2014.

FREITAS, Juarez. Hermenêutica Jurídica e a Ciência do Cérebro: como lidar com os automatismos mentais. *Revista da Ajuris*, a. XL, n. 130, p. 224-244, jun. 2013.

FREITAS, Juarez. *O controle dos atos administrativos e os princípios fundamentais*. 5. ed. São Paulo: Malheiros, 2013.

FREITAS, Juarez. *Sustentabilidade*: direito ao futuro. 4. ed. Belo Horizonte: Fórum, 2019.

FREITAS, Juarez; FREITAS, Thomas Bellini. *Direito e Inteligência artificial*: em defesa do humano. Belo Horizonte: Fórum, 2020.

FREITAS, Juarez; TEIXEIRA, Anderson Vichinkeski. Democracia Digital e Avaliação Continuada de Políticas Públicas. *Revista Brasileira de Estudos Políticos*, n. 119, p. 227-252, jul./dez. 2019.

GIANNETTI, Eduardo. *O valor do amanhã*. São Paulo: Schwarcz, 2012.

GOODMAN, Marc. *Future crimes*. (Trad. Gerson Yamagami). São Paulo: HSM Editora, 2015.

HAUPENTHAL, Murilo; HUPPFER, Haide Maria; PETRY, Gabriel Cemin. Ágoras virtuais: o debate público digital e a (des)participação cidadã nos poderes públicos. *Revista dos Tribunais*, v. 1025, a. 110, p. 119-143, mar. 2021.

JORDÃO, Eduardo. *Controle judicial de uma administração pública complexa*: a experiência estrangeira da adaptação da intensidade do controle. São Paulo: Malheiros, 2016.

KAHNEMAN, Daniel. *Rápido e devagar*: duas formas de pensar. (Trad. Cássio de Arantes Leite). Rio de Janeiro: Objetiva, 2012.

KAHNEMAN, Daniel; TVERSKY, Amos. Judgment under uncertainty: heuristics and biases. *Science*, v. 185, n. 4157, p. 1124-1131, 27 set. 1974.

KOPPEL, Jonathan G. S. Administration without Borders. Public Administration Review. *Special Issue on the Future of Public Administration in 2020*, v. 70, S1, S46-S55, dez. 2010.

LEVITSKY, Steven; ZIBLATT, Daniel. *Como as democracias morrem*. (Trad. Renato Aguiar). Rio de Janeiro: Zahar, 2018.

LLOSA, Mario Vargas (Coord.). *El estallido del populismo*. Buenos Aires: Planeta, 2017.

MARTIGNY, Vincent. *Le retour du prince*. Paris: Flammarion, 2019.

MOREIRA, Rafael Martins Costa. *Direito Administrativo e Sustentabilidade*: o novo controle judicial da Administração Pública. Belo Horizonte: Forum, 2017.

MOREIRA NETO, Diogo de Figueiredo. *Mutações do Direito Administrativo*. 3. ed. Rio de Janeiro: Renovar, 2007.

ORESKES, Naomi. *Why Trust Science?* Princeton: Princeton University Press, 2019.

PRICEWATERSOUSECOOPERS. *O Futuro do Governo*: novo paradigma na gestão pública. Jun. 2014. Disponível em: http://www.pwc.com.br/pt_BR/br/publicacoes/setores-atividade/assets/servico-governo-setor-publico/futuro_do_governo_13.pdf. Acesso em 05 abr. 2015.

RIFÓN, Luis Anido; SABUCEDO, Luis Álvarez. Managing Citizen Profiles in the Domain of e-Government: the cPortfolio Project. *Information Systems Management*, v. 27, n. 4, p. 309-319, 13 out. 2010.

ROBINSON, Mark. From Old Public Administration to the New Public Service: implications for Public Sector Reform in Developing Countries. *United Nations Development Programme*, 2015. Disponível em: http://www.undp.org/content/dam/undp/library/capacity-development/English/Singapore%20Centre/PS-Reform_Paper.pdf. Acesso em 12 jan. 2016.

ROSANVALLON, Pierre. *La legitimidad democrática*: imparcialidad, reflexividad, proximidad. (Trad. Heber Cardoso). Buenos Aires: Manantial, 2009.

ROSANVALLON, Pierre. *El buen gobierno*. (Trad. Horacio Pons). Buenos Aires: Manantial, 2015.

ROSLING, Hans. *Factfulness*: ten reasons we're wrong about the world – and why things are better than you think. London: Hodder & Stoughton, 2018.

ROUSSEAU, Dominique. *Radicaliser la démocracie*: propositions pour une refondation. Paris: Seuil, 2015. Edição Kindle.

RUSSEL, Stuart. *Human Compatible*: artificial intelligence and the problem of control. New York: Penguin Books, 2020.

SARLET, Ingo Wolfgang. *Dignidade da Pessoa Humana e Direitos Fundamentais na Constituição Federal de 1988*. 9. ed. Porto Alegre: Livraria do Advogado, 2011.

SARTORI, Giovanni. *A teoria da democracia revisitada*: o debate contemporâneo. (Trad. Dinah de Abreu Azevedo). São Paulo: Ática, 1994. v. 1.

SCHLIEFFEN, Katharina Gräfin von. Der Mediationsstaat. *In*: GOSEWINKEL, Dieter; SCHUPPERT, Gunnar Folke. *Politische Kultur im Wandel von Staatlichkeit*. Baden-Baden: Nomos, 2007.

SCHWAB, Klaus. *The fourth Industrial Revolution*. New York: Crown Business, 2016.

SEN, Amartya. *A Ideia de Justiça*. (Trad. Denise Bottmann e Ricardo Doninelli Mendes). São Paulo: Companhia das Letras, 2012.

SEN, Amartya. *Desenvolvimento como liberdade*. (Trad. Laura Teixeira Motta). São Paulo: Companhia das Letras, 2010.

SNOW, Charles Percy. *The two cultures*. New York: Cambridge University Press, 1998.

SUNSTEIN, Cass. *Going to extremes*: how like minds unite and divide. New York: Oxford University Press, 2009.

SUNSTEIN, Cass. Humanizing Cost-benefit analysis. Remarks prepared for American University's Washington College of Law. *Administrative Law Review Conference*, Washington, p. 23, 2010. Disponível em: https://www.whitehouse.gov/sites/default/files/omb/assets/inforeg/cost_benefit_analysis_02172010.pdf. Acesso em 18 set. 2015.

SUNSTEIN, Cass R. The Paralyzing Principle. *Regulation*, p. 32-37, 2003.

SUNSTEIN, Cass R. *The Cost-Benefit Revolution*. Cambridge: The Mit Press, 2018. Edição Kindle.

SUSSKIN, Richard. *On line courts and the future of justice*. Oxford: Oxford University Press, 2019.

THALER, Richard H. *Misbehaving*: the making of behavioral economics. London: Penguin, 2015.

THE WORLD BANK. *E-Government*: brief. 19 may. 2015. Disponível em: https://www.worldbank.org/en/topic/digitaldevelopment/brief/e-government. Acesso em 03 ago. 2021.

UNITED NATIONS. Department of Economic Affairs. *E-Government Survey 2020*. 2020. Disponível em: https://publicadministration.un.org/egovkb/en-us/Reports/UN-E-Government-Survey-2020. Acesso em 29 jul. 2021.

VEBLEN, Thorstein. *The Theory of the Leisure Class*. New York: Oxford University Press, 2007.

WEDY, Gabriel. *Desenvolvimento sustentável na era das mudanças climáticas*: um direito fundamental. São Paulo: Saraiva, 2018. Edição Kindle.

WEDY, Gabriel. *O princípio constitucional da precaução*: como instrumento de tutela do meio ambiente e da saúde pública. 3. ed. Belo Horizonte: Fórum, 2020.

Informação bibliográfica deste texto, conforme a NBR 6023:2018 da Associação Brasileira de Normas Técnicas (ABNT):

MOREIRA, Rafael Martins Costa. A transformação do governo digital: defesa dos direitos fundamentais e controle judicial da decisão administrativa digital. *In*: MOTTA, Fabrício; VALLE, Vanice Regina Lírio do. *Governo digital e a busca por inovação na Administração Pública*: a Lei 14.129, de 29 de março de 2021. 2. ed. Belo Horizonte: Fórum, 2025. p. 111-139. ISBN 978-85-450-0987-0.

TUTELA JURÍDICA AUTÔNOMA DO CIDADÃO NA PRESTAÇÃO DE SERVIÇOS PÚBLICOS A PARTIR DA LEI Nº 14.129/21

VIVIAN CRISTINA LIMA LÓPEZ VALLE

1 Administração Pública Digital e prestação de serviços Públicos

O objeto do presente ensaio é a investigação sobre a necessidade de uma nova racionalidade jurídica no ambiente de governo eletrônico, para proteção dos direitos fundamentais realizados através da prestação de serviços públicos, com novas interações na relação entre Estado e Sociedade e novas matrizes administrativas, com reconstrução de várias categorias de Direito Público que simplesmente não conseguem atender de forma satisfatória e suficiente relações disruptivas inovadoras, contemporâneas e cada vez mais presentes e intensas no cotidiano da Administração Pública no Século XXI.[1]

---

[1] Jack Balkin analisa que na sociedade contemporânea a tomada de decisão social e econômica já está sendo realizada pela inteligência artificial e constrói a noção de sociedade algorítmica: "Indeed, we are rapidly moving from the age of the Internet to the Algorithmic Society. We will soon look back on the digital age as the precursor to the Algorithmic Society. What do I mean by the Algorithmic Society? I mean a society organized around social and economic decision making by algorithms, robots, and AI agents; who not only make the decisions but also, in some cases, carry them out". (BALKIN, Jack M. The Three Laws of Robotics in the Age of Big Data. *Ohio State Law*

Nesse espaço de análise, a proteção de dados sensíveis e a definição de padrões de tomada de decisão voltados aos parâmetros de desenvolvimento sustentável e de serviço público adequado estabelecidos na Constituição precisam estar no centro da discussão sobre a tutela jurídica do usuário de serviços públicos na Administração Pública Digital. Juarez Freitas, nesse ponto, assinala que as atenções devem estar voltadas a fornecer respostas a duas situações determinantes no Século XXI, quais sejam: "A regulação proporcional das inovações e as transições efetivas para a sustentabilidade, em suas múltiplas dimensões".[2]

A implementação de um modelo de Administração Pública Digital, com utilização de ferramentas de inteligência artificial na tomada de decisão pública é realidade que exige do ponto de vista da proteção do usuário de serviços públicos uma tutela jurídica autônoma e diferenciada. Isso porque a inteligência artificial pode corromper com a lógica da pureza da decisão pública a partir de reais percepções da realidade (abrindo espaço para a manipulação a partir de pré-conceitos, vieses inconscientes e deturpação da vontade a partir de estereótipos, imagens preconcebidas de pessoas, coisas ou situações).[3]

Esse ambiente exige e convida para uma "ousada releitura de substância, estilo e método da regulação estatal, *à* vista do fenômeno das decisões artificiais autônomas".[4] Todavia, o medo da utilização indevida da inteligência artificial e da deturpação da tomada de decisão pública não pode sobrepor-se ao inexorável progresso tecnológico e à digitalização do mundo contemporâneo e das relações jurídico administrativas no Século XXI.

O caminho para uma proteção jurídica adequada dos usuários de serviços públicos no ambiente da Administração Pública Digital

---

Journal, Forthcoming; Yale Law School, Public Law Research Paper, v. 78, n. 592, aug. 2017. Disponível em: https://ssrn.com/abstract=2890965. Acesso em 5 out. 2019).

2 FREITAS, Juarez. Direito Administrativo e Inteligência Artificial. *Interesse Público*, Belo Horizonte, a. 21, n. 114, p. 15-29, mar./abr. 2019.

3 Carolina Henrique da Costa Braga aponta que há cada vez mais o uso de algoritmos pela sociedade, analisando o posicionamento de Jack Balkin sobre a existência de uma Sociedade Algorítmica. (BRAGA, Carolina Henrique da Costa. *Decisões automatizadas e discriminação*: pesquisa de propostas éticas e regulatórias no policiamento preditivo. Dissertação apresentada ao Programa de Mestrado da Universidade Estácio de Sá, Rio de Janeiro, 2019. Disponível em: http://portal.estacio.br/media/4679621/carolina-henrique-da-costa-braga.pdf. Acesso em 15 out. 2019).

4 FREITAS, Juarez. Direito Administrativo e Inteligência Artificial. *Interesse Público*, Belo Horizonte, a. 21, n. 114, p. 15-29, mar./abr. 2019.

necessariamente passa pela construção de uma tutela autônoma que permita o enfrentamento do abuso de poder, da utilização indevida de dados, da assimetria de informação, e de demais possibilidades deturpadas de manifestação e desdobramentos da inteligência artificial no espaço público.[5]

A proteção do usuário de serviços públicos numa Administração Pública baseada em decisão algorítmica é tarefa do Direito Administrativo e deve ser construída segundo parâmetros de inclusão, não manipulação, dignidade, desenvolvimento sustentável e direito ao futuro, com uma ressubstancialização da própria função ordenadora e regulatória estatal voltada ao atendimento real e efetivo dos conflitos no ambiente de serviços públicos digitais, à preservação da verdade real na justificativa da formulação de políticas públicas e da isenção no campo da escolha pública em suas mais variadas possibilidades.

Esse cenário exige não apenas um novo modelo de prestação de serviços públicos. Exige um abandono de conceitos tradicionais criados para atender a realidades que não mais existem. Em cheque, estão a presunção de legitimidade e a veracidade dos atos administrativos, a motivação e o dever de fundamentação da tomada de decisão, a publicidade do caminho lógico da decisão algorítmica, a noção de serviço público adequado, a proporcionalidade na regulação, a própria noção de função ordenadora, os contornos da responsabilidade civil extracontratual, além de novos desafios de impessoalidade, boa-fé, segurança jurídica, eficiência, julgamento objetivo e moralidade.

No mesmo sentido, a presunção de legitimidade da ação administrativa é profundamente revisitada, especialmente pela inversão do ônus da prova a favor do cidadão, havendo abertura positiva para a construção de um modelo de presunção de legitimidade baseado na boa-fé do usuário de serviço público, o que é absolutamente subversivo ao estatuído no regime jurídico administrativo para a Administração analógica e no mínimo impõe uma flexibilidade de raciocínio ainda não devidamente explorada.

A efetividade da tomada de decisão pública diante de decisões algorítmicas é igualmente objeto de questionamento e análise diante

---

[5] VALLE, Vivian Lima López; GALLO, William Ivan. Inteligência artificial e capacidades regulatórias do Estado no ambiente da Administração Pública Digital. A&C – *Revista de Direito Administrativo e Constitucional*, vol. 20, n. 82, 2020. DOI: http://dx.doi.org/10.21056/aec.v20i82.1396.

das imensas possibilidades descortinadas pela inteligência artificial.[6] Cass Sunstein aponta para essas preocupações no âmbito regulatório e defende que a atuação do governo corresponda à geração de automatismos focado na simplicidade, onde serviços públicos devem ser identificados de modo natural e intuitivo pelos cidadãos.[7]

Em face dos aspectos explicitados, exsurge a necessidade de se criar novos aportes na dogmática do Direito Administrativo que ofereçam soluções para a regulação suficiente e efetiva da inteligência artificial, dos e-serviços, das interações digitais que impactam a relação jurídica administrativa, numa proteção jurídica autônoma que não descuide da percepção de desenvolvimento como uma das premissas dessa nova realidade administrativa, a qual necessariamente influenciará a prestação de serviços públicos no Brasil.

Em última análise, essa concepção é elemento de extremo significado, pois garante a promoção do bem-estar social através da consecução do serviço público digital e permite, ao menos, o direcionamento na condução das atividades necessárias à coletividade, especialmente quando se situam tais atividades no contexto de um espaço público não estatal.

2 A necessária ressubstancialização do conceito e do regime jurídico do serviço público

O conceito de serviço público adequado necessariamente precisa ultrapassar a tradicional percepção relacionada à modicidade tarifária, atualidade, continuidade, mutabilidade e universalidade. Em se tratando de serviços públicos digitais, entende-se importante a construção de uma tutela autônoma, centrada no combate à utilização mal-intencionada, indevida, discriminatória, direcionadora e estereotipada que algoritmos podem causar no processo de decisão pública e na prestação de serviços públicos.

---

6 Juarez Freitas indica interessante leitura sobre achados que permitem o emprego responsável dos algoritmos: HILBERT, Martin *et al.* *Communicating with Algorithms*: a Transfer Entropy Analysis of Emotions-based Escapes from Online Echo Chambers, Communication Methods and Measures. 2018. v. 12, p. 260-275. (FREITAS, Juarez. Direito Administrativo e Inteligência Artificial. *Interesse Público*, Belo Horizonte, a. 21, n. 114, p. 15-29, mar./abr. 2019). Também é relevante apontar as análises de Cass Sunstein, que igualmente aponta para essas preocupações. (SUNSTEIN, Cass. *Going to Extremes*. NY: Oxford University Press, 2009).

7 SUNSTEIN, Cass R. *Simpler*: the Future of Government. Nova York: Simon & Schuster, 2013. p. 222.

Ao mesmo tempo, tão necessário quanto coibir usos indevidos da inteligência artificial é não restringir as inovações disruptivas e seu potencial transformador, significativamente nos aspectos de desburocratização de serviços públicos, com a digitalização de serviços e a ampliação de acesso a estes, a redução de distâncias e desigualdades, com a ampliação de oferta e de qualidade.

A regulação estatal eficiente e adequada à Administração Digital precisa aplicar proporcionalidade no exercício da função ordenadora para não impedir o progresso e o acesso ao futuro digital e todas as suas potencialidades. E nesse ponto as capacidades regulatórias da Administração Pública Contemporânea estão em colapso, porque foram pensadas para uma relação jurídico administrativa presencial, física, analógica, não digital, e precisam ser reinventadas. As frentes de reinvenção são significativas e passam igualmente pela regulação dos direitos da persona digital.[8]

Moreira versa sobre a persona digital numa nova dimensão existencial (relacionada à dimensão de dados, informações digitalizadas e perfis que o indivíduo analógico assume no ambiente virtual) e a interação da inteligência artificial algorítmica nessa nova dimensão. Essa nova configuração da raça humana, digital, que na sua maior percepção desconhece essa condição, necessita de proteção diferenciada e de direitos fundamentais, além de merecer maior consideração e proteção autônomas na condição de direito fundamental do ser humano digitalizado. Moreira posiciona-se no sentido de que a "persona digital tem autonomia diferenciada e merece ser protegida de métricas que desconhece".[9]

---

[8] Egon Bockmann Moreira aponta a necessidade de construção de direitos fundamentais para humanos digitais e para a Carta dos Direitos Digitais da União Europeia, ampliando a percepção de direitos fundamentais para o mundo digital. (MOREIRA, Egon Bockmann. *Direitos Fundamentais para Humanos Digitais.* 19 ago. 2019. Disponível em: https://www.gazetadopovo.com.br/vozes/egon-bockmann-moreira/direitos-fundamentais-para-humanos-digitais/. Acesso em 5 out. 2019).

[9] "A nossa persona digital é oferecida àqueles que pretendem nos transformar ainda mais, que definem o que queremos comprar, votar, como ser felizes e com quem conversar. Existe previsão, monitoramento e controle dos seres humanos digitais – que, sublinhe-se, são distintos dos reais. A provocação que desejo fazer *é* a seguinte: tais conjuntos de dados e métricas merecem conhecimento e proteção pautada em si mesmos? Possuem dignidade existencial? Os dados em que nos transformamos instalam novos direitos fundamentais, a protegê-los e blindá-los? Enfim, eu defendo que minha persona digital tem autonomia diferenciada e merece ser protegida de métricas que desconhece. Ela não pode ser apresentada aos outros – mesmo sem nome – sem saber quem *é* e quais são seus interlocutores. Sua personalidade digital não pode ser construída por terceiros anônimos. A persona digital *é* a titular da nova dimensão de direitos fundamentais: o

A regulação eficiente do ambiente digital, aqui simplesmente denominada "regulação digital", passa a ser vetor de orientação desse processo de reinvenção do Direito Administrativo e da própria democracia. A preocupação com a distorção antidemocrática das escolhas públicas e privadas é pauta prioritária no Século XXI.

3 Incapacidades regulatórias no ambiente de prestação de serviços públicos na Administração Pública Digital

A insuficiência do espectro normativo analógico de função ordenadora para dar respostas aos problemas ora referenciados exige uma construção teórica robusta e intensa sobre a regulação digital, com a definição de um regime jurídico próprio, instrumentos de cautela e prevenção contra uso indevido, ilegítimo e antidemocrático de dados, plataformas e máquinas robôs para direcionamento de escolhas públicas e privadas. Sobretudo a chamada intimidade do processo decisório algorítmico,[10] que influencia a decisão pública, é de urgente regulação, pois está no centro de diferentes inovações disruptivas. No ambiente do regime jurídico administrativo digital, a inteligência artificial impõe a construção de uma nova dogmática, ampliada em face da persona digital e da necessidade de construção de um espectro de direitos dentro do ambiente digital.

Faz-se importante na contemporaneidade a investigação da regulação digital de serviços públicos e a reconstrução do conceito de serviço adequado, com reformulação do conceito de adequação do serviço público, especialmente considerando seus aspectos relacionados à atualidade, à mutabilidade do regime jurídico administrativo, à universalidade e à necessidade de conformação de um regime de prestação virtual, como os e-serviços, por exemplo.

Pela regulação digital deve ser estabelecida transparência, motivação, publicidade, dever de fundamentação da tomada de decisão e acesso ao processo de formação e programação algorítmica.

---

ser humano, quando se digitaliza, merece proteção nessa condição. Hoje, o caminho *é* inverso. Os seres humanos foram transformados em personas digitais, com material orgânico semelhante ao contido na mente dos replicantes. Precisam clamar, nessa condição virtual, pelos correspondentes direitos fundamentais para humanos digitais". (MOREIRA, Egon Bockmann. *Direitos Fundamentais para Humanos Digitais.* 19 ago. 2019. Disponível em: https://www.gazetadopovo.com.br/vozes/egon-bockmann-moreira/direitos-fundamentais-para-humanos-digitais/. Acesso em 5 out. 2019).

[10] A expressão é de Juarez Freitas. (FREITAS, Juarez. Direito Administrativo e Inteligência Artificial. *Interesse Público,* Belo Horizonte, a. 21, n. 114, p. 15-29, mar./abr. 2019).

Também é desejável a fixação de parâmetros que impeçam seletividade, direcionamento indevido de opinião, contaminação de escolhas democráticas, com ressignificação da impessoalidade e vedação de estereotipagem nos discrimines utilizados pela inteligência artificial, em processos decisórios judiciais e administrativos.

E não se pode olvidar que a noção de eficiência no serviço público, relacionada no ambiente analógico à racionalidade de custos, à relação custo-benefício e a padrões de qualidade pode ser profundamente afetada pela escolha algorítmica.

4 A tutela jurídica autônoma do cidadão na prestação de serviços públicos a partir da Lei nº 14.129/2021

A construção de uma dogmática autônoma de proteção aos usuários de serviços públicos digitais passa pelo reconhecimento normativo de direitos fundamentais pensados e tutelados especificamente para o ser humano na sua dimensão digital.

E nesse sentido cabe uma análise do atual contexto normativo sobre a matéria, com especial foco na Lei nº 14129/21 (Lei do Governo Digital).

A Lei nº 14.129/21, Lei do Governo Digital, trouxe importantes contribuições para o tema. Esta Lei estabelece, pela primeira vez, um conjunto de direitos para os usuários de serviços públicos digitais: gratuidade, respeito à Carta de Serviços ao Usuário, padronização de procedimentos, e direito de escolha do canal preferencial de comunicação.[11]

Em seu artigo 3º, estabelece princípios e diretrizes para o governo digital e para a eficiência da Administração Pública Digital, e entre eles estão orientações para simplicidade e acessibilidade na relação poder público e sociedade.[12]

---

[11] Art. 27. São garantidos os seguintes direitos aos usuários da prestação digital de serviços públicos, além daqueles constantes das Leis nºs 13.460, de 26 de junho de 2017 , e 13.709, de 14 de agosto de 2018 (Lei Geral de Proteção de Dados Pessoais): I – gratuidade no acesso às Plataformas de Governo Digital; II – atendimento nos termos da respectiva Carta de Serviços ao Usuário; III – padronização de procedimentos referentes à utilização de formulários, de guias e de outros documentos congêneres, incluídos os de formato digital; IV – recebimento de protocolo, físico ou digital, das solicitações apresentadas; e V – indicação de canal preferencial de comunicação com o prestador público para o recebimento de notificações, de mensagens, de avisos e de outras comunicações relativas à prestação de serviços públicos e a assuntos de interesse público.

[12] Art. 3º – I – a desburocratização, a modernização, o fortalecimento e a simplificação da relação do poder público com a sociedade, mediante serviços digitais, acessíveis inclusive por dispositivos móveis;

O mesmo artigo impõe como dever a existência de plataforma única de acesso aos serviços públicos, a possibilidade de o usuário demandar e acessar serviços públicos digitais sem necessidade de presencialidade, transparência e controle da qualidade dos serviços digitais, o uso de linguagem clara e acessível, o compartilhamento de dados em ambiente seguro, o foco na universalização do acesso e no autosserviço.[13]

Também destaca o direito à interoperabilidade de sistemas e a promoção de dados abertos, a presunção de boa-fé do usuário dos serviços públicos, a permanência da possibilidade de atendimento presencial, a proteção de dados pessoais e o cumprimento de compromissos e de padrões de qualidade divulgados na carta de serviços ao usuário.[14]

O referido artigo 3º ainda estabelece como direito do usuário de serviços públicos a inclusão digital da população, a promoção do desenvolvimento tecnológico e da inovação no setor público, entre outras diretrizes.[15]

A Lei nº 14.129/21 trouxe ainda, em seu art. 4º, um direito de transparência ativa, onde deve a Administração Pública Digital disponibilizar dados de ofício, mantendo uma infraestrutura tecnológica que permita interação segura e eficiente na utilização de dados

---

[13] Art. 3º – II – a disponibilização em plataforma única do acesso às informações e aos serviços públicos, observadas as restrições legalmente previstas e sem prejuízo, quando indispensável, da prestação de caráter presencial; III – a possibilidade aos cidadãos, às pessoas jurídicas e aos outros entes públicos de demandar e de acessar serviços públicos por meio digital, sem necessidade de solicitação presencial; IV – a transparência na execução dos serviços públicos e o monitoramento da qualidade desses serviços; VII – o uso de linguagem clara e compreensível a qualquer cidadão; IX – a atuação integrada entre os órgãos e as entidades envolvidos na prestação e no controle dos serviços públicos, com o compartilhamento de dados pessoais em ambiente seguro quando for indispensável para a prestação do serviço, nos termos da Lei nº 13.709, de 14 de agosto de 2018 (Lei Geral de Proteção de Dados Pessoais), e, quando couber, com a transferência de sigilo, nos termos do art. 198 da Lei nº 5.172, de 25 de outubro de 1966 (Código Tributário Nacional), e da Lei Complementar nº 105, de 10 de janeiro de 2001; X – a simplificação dos procedimentos de solicitação, oferta e acompanhamento dos serviços públicos, com foco na universalização do acesso e no autosserviço.

[14] Art. 3º – XIV – a interoperabilidade de sistemas e a promoção de dados abertos; XV – a presunção de boa-fé do usuário dos serviços públicos; XVI – a permanência da possibilidade de atendimento presencial, de acordo com as características, a relevância e o público-alvo do serviço; XVII – a proteção de dados pessoais, nos termos da Lei nº 13.709, de 14 de agosto de 2018 (Lei Geral de Proteção de Dados Pessoais); XVIII – o cumprimento de compromissos e de padrões de qualidade divulgados na Carta de Serviços ao Usuário.

[15] Art. 3º – XX – o estímulo a ações educativas para qualificação dos servidores públicos para o uso das tecnologias digitais e para a inclusão digital da população; XXVI – a promoção do desenvolvimento tecnológico e da inovação no setor público.

abertos.[16] E no artigo 5º determina a adoção de soluções digitais para políticas públicas.[17]

Percebe-se, claramente, uma preocupação do legislador em garantir publicidade, transparência e acesso eletrônico a situações de interesse pessoal, e isso se vê refletido em vários dispositivos da Lei. O art. 9º é um exemplo, o qual exige acesso informatizado a processos administrativos.[18]

Há, ainda, na Lei, uma preocupação, ainda que tímida, com a inclusão necessária de tecnologias para amplo acesso da população. A questão da exclusão decorrente da digitalização da Administração Pública precisa ser seriamente enfrentada e, infelizmente, a Lei não trouxe um enfrentamento verticalizado.[19]

A exclusão digital acontece de várias maneiras na sociedade brasileira. Instrumental (pela falta de computadores e equipamentos tecnológicos), infraestrutural (pela dificuldade de conexão à internet por falta de infraestrutura como cabeamento, sinal ou transmissão, especialmente nas regiões mais afastadas dos grandes centros urbanos), cognitiva (pela falta de compreensão de como funciona a internet) e institucional (onde a falta de acesso dos cidadãos os impede de saber ou ter seus direitos por falta de acesso).

Todo esse conjunto de situações excludentes configura um forte fator limitador para a expansão da Administração Digital. A Pesquisa TIC Domicílios 2019 evidenciou essa realidade: o Brasil possuía, à época, 134 milhões de pessoas com acesso à internet, mas cerca de 47 milhões seguiam desconectadas, o que corresponde a cerca de 30% da

---

[16] Art. 4º. Para os fins desta Lei, considera-se: VII – governo como plataforma: infraestrutura tecnológica que facilite o uso de dados de acesso público e promova a interação entre diversos agentes, de forma segura, eficiente e responsável, para estímulo à inovação, à exploração de atividade econômica e à prestação de serviços à população; XI – transparência ativa: disponibilização de dados pela administração pública independentemente de solicitações.

[17] Art. 5º. A administração pública utilizará soluções digitais para a gestão de suas políticas finalísticas e administrativas e para o trâmite de processos administrativos eletrônicos.

[18] Art. 9º. O acesso à íntegra do processo para vista pessoal do interessado poderá ocorrer por intermédio da disponibilização de sistema informatizado de gestão ou por acesso à cópia do documento, preferencialmente em meio eletrônico.

[19] Art. 14. A prestação digital dos serviços públicos deverá ocorrer por meio de tecnologias de amplo acesso pela população, inclusive pela de baixa renda ou residente em áreas rurais e isoladas, sem prejuízo do direito do cidadão a atendimento presencial. Parágrafo único. O acesso à prestação digital dos serviços públicos será realizado, preferencialmente, por meio do autosserviço.

população.[20] E infelizmente a Lei não detalhou o enfrentamento dessa realidade.[21]

Cabe destacar que a Lei nº 14.129/21 privilegia o autosserviço e desconsidera essa gama de exclusões anteriormente mencionadas, apenas citando, genericamente, que a prestação digital deve ocorrer por meio de tecnologias de amplo acesso à população. É absolutamente pouco em termos normativos e há grande necessidade de evolução e incremento qualitativo e quantitativo de políticas públicas nesse tema.

Muito embora seja perceptível a ausência de uma política mais assertiva no combate à exclusão digital na Lei, o art. 50 precisa ser referenciado, pois prevê, ainda que genericamente, a possibilidade de subsídio estatal para acesso e conexão para o uso de serviços públicos, num movimento importante e necessário de universalização e redução de custos aos usuários.[22]

A Lei nº 14.129/21 traz, ainda, parâmetros para a estruturação da prestação digital de serviços públicos e estabelece como componente essencial a Carta de Serviços ao Usuário, criada pela Lei nº 13.460/17, impondo, ainda, a criação de uma base nacional de serviços públicos em formato aberto e interoperável, que deve ser mantida atualizada, ofertar diferentes funcionalidades e ainda sofrer ações de melhoria constantes baseadas na avaliação da satisfação dos usuários.[23]

---

[20] BRASIL. Ministério do Planejamento, Orçamento e Gestão. Centro de TIC Estudos sobre as Tecnologias da Informação e da Comunicação. Panorama setorial da internet. *Acesso à internet no Brasil*: desafios para conectar toda a população. 2019. Disponível em: https://cetic.br/pesquisa/governo-eletronico/. Acesso em 17 ago. 2021.

[21] A pandemia do COVID-19 acentuou essa realidade. Em 2020, identificou-se que aproximadamente 2,7 milhões de pessoas eram "invisíveis", pertencendo a um público que precisava fazer o cadastro no site ou aplicativo da Caixa Econômica Federal para receber auxílio emergencial do Governo, vivendo em domicílios sem nenhum tipo de acesso à internet. Outras 734 mil pessoas não sabiam ler nem escrever. (Cf.: Os invisíveis do auxílio emergencial. *UOL*. Disponível em: https://economia.uol.com.br/reportagens-especiais/os-invisiveis-do-auxilio-emergencial/. Acesso em 20 ago. 2021).

[22] Art. 50. O acesso e a conexão para o uso de serviços públicos poderão ser garantidos total ou parcialmente pelo governo, com o objetivo de promover o acesso universal à prestação digital dos serviços públicos e a redução de custos aos usuários, nos termos da lei.

[23] Art. 18. São componentes essenciais para a prestação digital dos serviços públicos na administração pública: I – a Base Nacional de Serviços Públicos; II – as Cartas de Serviços ao Usuário, de que trata a Lei nº 13.460, de 26 de junho de 2017; e III – as Plataformas de Governo Digital.

Art. 19. Poderá o Poder Executivo federal estabelecer Base Nacional de Serviços Públicos, que reunirá informações necessárias sobre a oferta de serviços públicos em cada ente federado. Parágrafo único. Cada ente federado poderá disponibilizar as informações sobre a prestação de serviços públicos, conforme disposto nas suas Cartas de Serviços ao Usuário, na Base Nacional de Serviços Públicos, em formato aberto e interoperável e em padrão comum a todos os entes.

Quando trata do governo como plataforma, a Lei nº 14.129/21 exige o estabelecimento de funcionalidades de acesso e interoperabilidade, com integração de dados e diferentes níveis de segurança.[24]

Há, também, um movimento para incrementar o controle social dos serviços públicos digitais e balizar ações e políticas públicas para a eficiência na Administração Pública Digital, descritas nos arts. 22 e 25, focado na quantidade de solicitações em andamento e concluídas anualmente, no tempo médio de atendimento e no grau de satisfação dos usuários.[25]

Art. 24. Os órgãos e as entidades responsáveis pela prestação digital de serviços públicos deverão, no âmbito de suas competências: I – manter atualizadas: a) as Cartas de Serviços ao Usuário, a Base Nacional de Serviços Públicos e as Plataformas de Governo Digital; b) as informações institucionais e as comunicações de interesse público; II – monitorar e implementar ações de melhoria dos serviços públicos prestados, com base nos resultados da avaliação de satisfação dos usuários dos serviços; III – integrar os serviços públicos às ferramentas de notificação aos usuários, de assinatura eletrônica e de meios de pagamento digitais, quando aplicáveis; IV – eliminar, inclusive por meio da interoperabilidade de dados, as exigências desnecessárias ao usuário quanto à apresentação de informações e de documentos comprobatórios prescindíveis; V – eliminar a replicação de registros de dados, exceto por razões de desempenho ou de segurança; VI – tornar os dados da prestação dos serviços públicos sob sua responsabilidade interoperáveis para composição dos indicadores do painel de monitoramento do desempenho dos serviços públicos; VII – realizar a gestão das suas políticas públicas com base em dados e em evidências por meio da aplicação de inteligência de dados em plataforma digital; e VIII – realizar testes e pesquisas com os usuários para subsidiar a oferta de serviços simples, intuitivos, acessíveis e personalizados.

24 Art. 20. As Plataformas de Governo Digital, instrumentos necessários para a oferta e a prestação digital dos serviços públicos de cada ente federativo, deverão ter pelo menos as seguintes funcionalidades: I – ferramenta digital de solicitação de atendimento e de acompanhamento da entrega dos serviços públicos; e II – painel de monitoramento do desempenho dos serviços públicos. §1º As Plataformas de Governo Digital deverão ser acessadas por meio de portal, de aplicativo ou de outro canal digital único e oficial, para a disponibilização de informações institucionais, notícias e prestação de serviços públicos. §2º As funcionalidades de que trata o caput deste artigo deverão observar padrões de interoperabilidade e a necessidade de integração de dados como formas de simplificação e de eficiência nos processos e no atendimento aos usuários.

Art. 21. A ferramenta digital de atendimento e de acompanhamento da entrega dos serviços públicos de que trata o inciso I do caput do art. 20 desta Lei deve apresentar, no mínimo, as seguintes características e funcionalidades: I – identificação do serviço público e de suas principais etapas; II – solicitação digital do serviço; III – agendamento digital, quando couber; IV – acompanhamento das solicitações por etapas; V – avaliação continuada da satisfação dos usuários em relação aos serviços públicos prestados; VI – identificação, quando necessária, e gestão do perfil pelo usuário; VII – notificação do usuário; VIII – possibilidade de pagamento digital de serviços públicos e de outras cobranças, quando necessário; IX – nível de segurança compatível com o grau de exigência, a natureza e a criticidade dos serviços públicos e dos dados utilizados; X – funcionalidade para solicitar acesso a informações acerca do tratamento de dados pessoais, nos termos das Leis nºs 12.527, de 18 de novembro de 2011 (Lei de Acesso à Informação), e 13.709, de 14 de agosto de 2018 (Lei Geral de Proteção de Dados Pessoais); e XI – implementação de sistema de ouvidoria, nos termos da Lei nº 13.460, de 26 de junho de 2017.

25 Art. 22. O painel de monitoramento do desempenho dos serviços públicos de que trata o inciso II do caput do art. 20 desta Lei deverá conter, no mínimo, as seguintes informações,

Dessa análise se percebe a importância da Lei nº 14.129/21 e a necessidade de ir além e avançar na tutela jurídica do usuário de serviços públicos digitais.

Conclusões

A partir das análises efetuadas, é possível concluir que ainda há um caminho importante a ser percorrido no ambiente normativo brasileiro para efetivação de uma cidadania digital, com prestação adequada de serviços públicos digitais.

A Lei nº 14.129/2021, ainda que tenha trazido grandes avanços a esse ambiente, ainda não propicia e garante acesso e participação cidadã de todos os brasileiros aos serviços públicos digitais, cabendo ao Estado brasileiro maiores e melhores investimentos para ampliar serviços digitais com interatividade e uma gestão comunicacional participativa.

Também é conclusiva a necessidade de construção de uma dogmática no direito administrativo voltada à proteção jurídica autônoma do cidadão digitalizado. Essa proteção jurídica autônoma importa numa avaliação de impacto de direitos humanos, na medida em que os cidadãos se convertem em dados e possuem um espelho de informação digital sobre o que são.

Se cada vez mais uma parcela expressiva dos cidadãos possui uma repercussão digital e cada vez mais cidadãos estão acessíveis digitalmente, possuindo uma grande parte da sua vida digital, emerge dessa situação uma urgência regulatória, com detalhamento e verticalização, que ultrapassem a mera fixação de standards e diretrizes e estabeleça

---

para cada serviço público ofertado: I – quantidade de solicitações em andamento e concluídas anualmente; II – tempo médio de atendimento; e III – grau de satisfação dos usuários. Parágrafo único. Deverá ser assegurada interoperabilidade e padronização mínima do painel a que se refere o caput deste artigo, de modo a permitir a comparação entre as avaliações e os desempenhos dos serviços públicos prestados pelos diversos entes. Art. 25. As Plataformas de Governo Digital devem dispor de ferramentas de transparência e de controle do tratamento de dados pessoais que sejam claras e facilmente acessíveis e que permitam ao cidadão o exercício dos direitos previstos na Lei nº 13.709, de 14 de agosto de 2018 (Lei Geral de Proteção de Dados Pessoais). §1º As ferramentas previstas no caput deste artigo devem: I – disponibilizar, entre outras, as fontes dos dados pessoais, a finalidade específica do seu tratamento pelo respectivo órgão ou ente e a indicação de outros órgãos ou entes com os quais é realizado o uso compartilhado de dados pessoais, incluído o histórico de acesso ou uso compartilhado, ressalvados os casos previstos no inciso III do caput do art. 4º da Lei nº 13.709, de 14 de agosto de 2018 (Lei Geral de Proteção de Dados Pessoais); II – permitir que o cidadão efetue requisições ao órgão ou à entidade controladora dos seus dados, especialmente aquelas previstas no art. 18 da Lei nº 13.709, de 14 de agosto de 2018 (Lei Geral de Proteção de Dados Pessoais).

condições materiais concretas de realização de direitos fundamentais para humanos digitais.

Há falta de uma normatização específica e detalhada com criação de mecanismos efetivos para evitar e coibir a manipulação de dados e de decisões a partir preconceitos, estereótipos, de vieses subliminares e de deturpação da formação da vontade.

Cabe concluir, também, que no ambiente da Administração Pública Digital existem possibilidades significativas de redução de desigualdades, acesso universalizante a serviços públicos e desenvolvimento. Mas a sustentabilidade do ponto de vista da legitimidade democrática das escolhas públicas e privadas precisa ser assegurada do ponto de vista regulatório, com uma regulação proporcional, calibrada para não ser opressora e limitadora do progresso e, ao mesmo tempo, para não ser omissa e incapaz de impedir seletividade na prestação de serviços públicos digitais.

A conclusão final é a de que o ambiente da Administração Digital exige uma tutela jurídica autônoma do usuário quando este se relaciona com o Estado na prestação de serviços públicos por meio digital, que viabilize efetivamente a proteção jurídica e uma cidadania digital.

Referências

BRAGA, Carolina Henrique da Costa. *Decisões automatizadas e discriminação*: pesquisa de propostas éticas e regulatórias no policiamento preditivo. Dissertação apresentada ao Programa de Mestrado da Universidade Estácio de Sá, Rio de Janeiro, 2019. Disponível em: http://portal.estacio.br/media/4679621/carolina-henrique-da-costa-braga.pdf. Acesso em: 15 out. 2019.

BALKIN, Jack M. The Three Laws of Robotics in the Age of Big Data. *Ohio State Law Journal*, Forthcoming; Yale Law School, Public Law Research Paper, v. 78, n. 592, aug. 2017. Disponível em: https://ssrn.com/abstract=2890965. Acesso em: 5 out. 2019.

BRASIL. Agência Brasil. *Cidadania Digital, acesso e democratização da prestação de serviços públicos*. Disponível em: https://agenciabrasil.ebc.com.br/geral/noticia/2019-10/governo-regulamenta-uso-de-dados-de-cidadaos-e-cria-cadastro-unificado. Acesso em: 18 jul. 2021.

BRASIL. Controladoria Geral Da União. *3º Relatório Anual sobre a implementação da Lei de Acesso* à *Informação (LAI) no* âmbito *do Poder Executivo Federal*. 2014. Disponível em: http://www.acessoainformacao.gov.br/central-de-conteudo/publicacoes/ arquivos/relatório_3anos_web.pdf. Acesso em: 18 ago. 2021.

BRASIL. Lei nº 14.129, de 29 de março de 2021. Dispõe sobre princípios, regras e instrumentos para o Governo Digital e para o aumento da eficiência pública e altera a Lei nº 7.116, de 29 de agosto de 1983, a Lei nº 12.527, de 18 de novembro de 2011 (Lei de

Acesso à Informação), a Lei nº 12.682, de 9 de julho de 2012, e a Lei nº 13.460, de 26 de junho de 2017. *Diário Oficial da União*, Brasília, 11 jun. 2021. Disponível em: http://www.planalto.gov.br/ccivil_03/_ato2019-2022/2021/lei/L14129.htm. Acesso em: 18 ago. 2021.

BRASIL. Lei nº 13.709, de 14 de agosto de 2018. Lei Geral de Proteção de Dados Pessoais (LGPD). *Diário Oficial da União*, Brasília, 15 ago. 2018. Disponível em: http://www.planalto.gov.br/ccivil_03/_ato2015-2018/2018/lei/l13709.htm. Acesso em: 18 ago. 2021.

BRASIL. Lei nº 5.172, de 25 de outubro de 1966. Dispõe sobre o Sistema Tributário Nacional e institui normas gerais de direito tributário aplicáveis à União, Estados e Municípios. *Diário Oficial da União*, Brasília, 27 out. 1966, retificado em 31 out. 1966. Disponível em: http://www.planalto.gov.br/ccivil_03/leis/l5172compilado.htm. Acesso em: 18 ago. 2021.

BRASIL. Lei nº 13.460, de 26 de julho de 2017. Dispõe sobre participação, proteção e defesa dos direitos do usuário dos serviços públicos da administração pública. *Diário Oficial da União*, Brasília, 27 jun. 2017. Disponível em: http://www.planalto.gov.br/ccivil_03/_ato2015-2018/2017/lei/l13460.htm. Acesso em: 18 ago. 2021.

BRASIL. Ministério do Planejamento, Orçamento e Gestão. Centro de Estudos sobre as Tecnologias da Informação e da Comunicação. Panorama Setorial da Interne. Acesso à Internet no Brasil: desafios para conectar toda a população. *Universalização do acesso*, v. 8, n. 1, mar. 2016. Disponível em: http://www.cetic.br/media/docs/publicacoes/6/Panorama_Setorial_11.pdf. Acesso em: ago. 2021.

BRASIL. Ministério do Planejamento, Orçamento e Gestão. Centro de TIC Estudos sobre as Tecnologias da Informação e da Comunicação. Panorama setorial da internet. *Acesso* à *internet no Brasil*: desafios para conectar toda a população. 2019. Disponível em: https://cetic.br/pesquisa/governo-eletronico/. Acesso em: 17 ago. 2021.

BRASIL. Gov.br. *Governo como Plataforma*: pesquisa API para o mercado. 2019. Disponível em: https://www.gov.br/governodigital/pt-br/governanca-de-dados/governo-como-plataforma. Acesso em: 10 jul. 2021.

BRASIL. Ministério da Economia. *Transformação Digital*. 2020. Disponível em: https://www.gov.br/economia/pt-br/assuntos/noticias/2020/maio/governo-atinge-marca-de-700-servicos-digitalizados-em-17-meses-e-dobra-numero-de-acessos. Acesso em: ago. 2021.

BRASIL. Tribunal de Contas da União. *Referencial básico de governança aplicável a* órgãos *e entidades da administração pública*. TCU, Secretaria de Planejamento, Governança e Gestão, 2014. Disponível em: https://portal.tcu.gov.br/lumis/portal/file/fileDownload.jsp?inline=1&fileId=8A8182A24F0A728E014F0B34D331418D. Acesso em: 16 jul. 2021.

FREITAS, Juarez. Direito Administrativo e Inteligência Artificial. *Interesse Público*, Belo Horizonte, a. 21, n. 114, p. 15-29, mar./abr. 2019.

HILBERT, Martin *et al*. *Communicating with Algorithms*: a Transfer Entropy Analysis of Emotions-based Escapes from Online Echo Chambers, Communication Methods and Measures. 2018. v. 12.

MOREIRA, Egon Bockmann. *Direitos Fundamentais para Humanos Digitais*. 19 ago. 2019. Disponível em: https://www.gazetadopovo.com.br/vozes/egon-bockmann-moreira/direitos-fundamentais-para-humanos-digitais/. Acesso em: 5 out. 2019.

SUNSTEIN, Cass. *Going to Extremes*. NY: Oxford University Press, 2009.

SUNSTEIN, Cass R. *Simpler*: the Future of Government. Nova York: Simon & Schuster, 2013.

UOL. *Os invisíveis do auxílio emergencial*. Disponível em: https://economia.uol.com.br/reportagens-especiais/os-invisiveis-do-auxilio-emergencial/. Acesso em: 20 ago. 2021.

VALLE, Vivian Lima López; GALLO, William Ivan. Inteligência artificial e capacidades regulatórias do Estado no ambiente da Administração Pública Digital. A&C – *Revista de Direito Administrativo e Constitucional*, vol. 20, n. 82, 2020. DOI: http://dx.doi.org/10.21056/aec.v20i82.1396.

Informação bibliográfica deste texto, conforme a NBR 6023:2018 da Associação Brasileira de Normas Técnicas (ABNT):

VALLE, Vivian Cristina Lima López. Tutela jurídica autônoma do cidadão na prestação de serviços públicos a partir da Lei nº **14129/21.** *In*: MOTTA, Fabrício; VALLE, Vanice Regina Lírio do. *Governo digital e a busca por inovação na Administração Pública*: a Lei 14.129, de 29 de março de 2021. 2. ed. Belo Horizonte: Fórum, 2025. p. 141-155. ISBN 978-85-450-0987-0.

GOVERNO DIGITAL: CORRELAÇÕES E IMPACTOS DA NOVA LEGISLAÇÃO EM RELAÇÃO AOS SERVIÇOS PÚBLICOS – PRESTADORES E TITULARES

AUGUSTO NEVES DAL POZZO

Introdução

Os tempos analógicos ficaram para trás. O mundo cada vez mais é afetado por uma dinâmica tecnológica que exige atualização constante e rápida. Naturalmente, o Direito, enquanto ciência que acompanha a evolução da sociedade, está a cada dia correndo atrás das mudanças produzidas pela modernidade.

Nos últimos anos, diversos diplomas legais foram erigidos para tratar de aspectos relacionados a essa nova dinâmica da sociedade: uma sociedade cada vez mais conectada, com acesso à informação e ciente de direitos que a ordem jurídica lhe reserva. O estatuto mais importante lançado nesse período, sem dúvida, foi a Lei Geral de Proteção de Dados Pessoais.[1] Trata-se de um compêndio de normas da mais alta relevância, destinada a disciplinar as relações concernentes ao manejo de dados pessoais de diversas entidades públicas e privadas.

---

[1] Vide, por todos, DAL POZZO, Augusto Neves; MARTINS, Ricardo Marcondes (Coord.). *LGPD & Administração Pública*: uma análise ampla dos impactos. 1. ed. São Paulo: Revista dos Tribunais, 2020.

Ela, inclusive, concebe a Autoridade Nacional de Proteção de Dados (ANPD), entidade reguladora máxima incumbida da gestão de dados no Brasil, que recebe competência para expedir normas regulamentares complementares àquelas expedidas pelos prestadores de serviços públicos no âmbito da Lei do Governo Digital (art. 25, §2º).

Mas, para além da Lei Geral de Proteção de Dados, existe hoje toda uma linha legislativa erigida para a conformação de direitos da cidadania, que, de alguma forma, tentam mudar uma histórica distância da relação entre a Administração pública e os administrados. Nesse sentido, foram aprovadas na década anterior a Lei de Acesso à Informação (Lei Federal nº 12.527/2011), a Lei de Proteção ao Usuário de Serviços Públicos (Lei Federal nº 13.709/2017), para citarmos alguns exemplos mais concretos. Tais leis conformam um regime jurídico protetivo do usuário face aos serviços e dados que são manejados pelo Poder Público.

Nada obstante, em março do presente ano, foi sancionada a Lei nº 14.129/2021, que cria o que se convencionou chamar de Governo Digital. A nova legislação institui, em síntese, regras e incentivos para a expansão da prestação dos serviços públicos de maneira digital. Com efeito, a referida Lei é vista como um novo paradigma do exercício da cidadania, e deve gerar impactos importantes na prestação de serviços públicos fundamentais.

É curioso observar, ainda, que, ante o quadro de pandemia global, houve certo avanço na disponibilização de serviços públicos por meios digitais – malgrado de forma relativamente apressada, que muitas vezes importou mais dificuldades que facilidades aos usuários. Sendo assim, não é à toa que a Lei do Governo Digital ganhou tamanha importância diante de um cenário no qual as pessoas tiveram mais dificuldade em fruir serviços de maneira presencial, a partir de métodos tradicionais. O presente ensaio é dedicado à análise desses relevantes impactos.

1 O sentido do signo "serviço público" na Lei do Governo Digital e a sua aplicação

A primeira questão a ser perscrutada, a fim de compreender o sentido e o alcance da nova legislação acerca do Governo Digital, é examinar os reais contornos de sua aplicação, de forma a delinear as entidades e os respectivos agentes que se encontram cingidos às suas prescrições. Dirimindo essa primeira problemática, é preciso transpor outra: verificar se o *nomen iuris* serviço público foi utilizado pelo legislador em *sentido técnico*, ou seja, como atividade administrativa fruível singularmente pelo administrado, ou se o legislador o conformou num sentido diverso, como serviços gerais que conferem prestações positivas à coletividade.

Com efeito, o artigo 1º da Lei do Governo Digital prescreve que "esta Lei dispõe sobre princípios, regras e instrumentos para o aumento da eficiência da Administração Pública, especialmente por meio da desburocratização, da inovação, da transformação digital e da participação do cidadão", sendo aplicável, segundo seu inciso I, aos órgãos da Administração Pública direta federal, abrangendo os Poderes Executivo, Judiciário e Legislativo, o Tribunal de Contas da União e o Ministério Público da União. Logo a seguir, em seu inciso II, dispõe que também será aplicada à Administração Pública indireta federal, desde que não prestadoras de serviços públicos. Também abrange as Administrações diretas e indiretas do demais entes federativos, contanto que adotem os comandos da Lei por ato normativo próprio.

Ora, se o destinatário da norma abrange, além das entidades do Poder Executivo Federal,[2] aquelas pertencentes ao Poder Judiciário e Legislativo, é preciso reconhecer, de plano, que sua aplicação é deveras abrangente, incidindo praticamente toda a esfera federal. Os princípios nela elencados, concernentes ao incremento de uma eficiência estatal, espraiam, destarte, seus comandos para toda atividade federal, seja no exercício da função administrativa, jurisdicional ou legislativa.

O destinatário da norma, portanto, abrange os agentes públicos que exercem suas atividades nas entidades federais referidas, o que deve ser atentado sob pena de potenciais implicações de responsabilidade ao agente que lhe for omisso. Assim, parece-nos que a resposta à primeira indagação se encontra devidamente alçada: a Lei do Governo Digital busca ampliar a eficiência de toda a organização estatal federal, por instrumentos que confiem uma verdadeira transformação digital, com implicações importantes na estrutura processual do Estado e na cientificação da coletividade, com maior transparência e integridade, à luz dos reclamos das normas mais modernas de *Compliance*.

Todavia, para arrematar essa primeira análise, não resta dúvida que a maior incisividade de suas emanações estarão afetas às atividades administrativas exercidas pelos órgãos da Administração Pública, visto

---

2 Administração Pública Direta e Indireta, excluindo as exploradoras de atividade econômica.

que a lei claramente estabelece para essas entidades um foco bastante intensivo e demarcado, sem prejuízo da incidência em relação aos demais Poderes de Estado, como já visto em linhas anteriores.

Respondida a primeira indagação, passemos à análise da segunda, concernente ao sentido em que foi utilizada a expressão "serviço público" pelo legislador do Governo Digital, de maneira que possamos identificar, com rigor científico, quais atividades administrativas encontram-se disciplinadas pela nova legislação.

Com efeito, o conceito de serviço público sempre foi objeto de inúmeras controvérsias, sendo necessário, aos juristas que levam o direito a sério, ao tratar dessa categoria fundamental do Direito Administrativo, atribuir o real significado que confere à expressão, para que não haja equívocos interpretativos, e com isso, a argumentação possa ser coerente e lógica.

Nesse sentido, podemos citar, exemplificadamente, o conceito formulado por León Duguit, o precursor da chamada "teoria moderna do serviço público", que asseverou ser o serviço público "toda atividade cujo cumprimento deve ser assegurado, regulado e controlado pelos governantes, por ser indispensável à realização e ao desenvolvimento da interdependência social e de tal natureza que não pode ser integralmente cumprido senão com a intervenção da força do governante".[3]

Pela perspectiva objetiva apresentada por Duguit, são serviços públicos os serviços cartoriais, os serviços de informação, os serviços públicos de identificação, registros e até os serviços jurisdicionais; ou seja, os serviços indisputavelmente do Estado, que não suscitam, necessariamente, prestações econômicas, cobráveis mediante taxa ou tarifa pública[4] – não obstante possam eventualmente ser remunerados pelo cidadão.[5]

Há, nesse sentido, uma concepção ampla da noção de serviço público, diferente daquela formulada por outros juristas de escol, como o Professor Celso Antônio Bandeira de Mello, que limita o serviço público a certas atividades prestacionais positivas do Estado, que sejam fruíveis singularmente pelo administrado (*uti singuli*), sempre sob regime de direito público. Esse, em nossa visão, seria o *sentido técnico*

---

[3] DUGUIT, Léon. *Traité de droit constitutionnel*. 3. ed.. Paris: Boccard, 1924. vol. 5, p. 33.

[4] DAL POZZO, Augusto Neves. *Direito Administrativo da Infraestrutura*. São Paulo: Contracorrente, 2021.

[5] CARRAZZA, Roque Antonio. *Curso de Direito Constitucional Tributário*. 32. rev., ampl. e atual. até a Emenda. São Paulo: Malheiros, 2019. p. 451 *et seq*.

da expressão serviço público, à luz do regime constitucional estatuído no artigo 175 da Constituição Federal.

Assim, para que se possa interpretar corretamente o novo diploma legal, é necessário, preambularmente, identificar em qual sentido a expressão "serviço público" foi emanada pelo legislador, se em acepção ampla ou técnica. Pela leitura do inciso III, do artigo 3º, da Lei nº 14.129/21, verifica-se que são princípios e diretrizes do Governo Digital e da eficiência pública, "a possibilidade aos cidadãos, às pessoas jurídicas e aos outros entes públicos de demandar e de acessar *serviços públicos* por meio digital, sem necessidade de solicitação presencial". Mais à frente, em seu inciso IV, impõe-se a "transparência na execução dos serviços públicos e o monitoramento da qualidade desses serviços".

Em seu artigo 14, prescreve a referida lei que "a *prestação digital dos serviços públicos* deverá ocorrer por meio de tecnologias de amplo acesso pela população, inclusive pela de baixa renda ou residente em áreas rurais e isoladas, sem prejuízo do direito do cidadão a atendimento pessoal. No artigo 18, estabelece os componentes essenciais para a prestação digital dos *serviços públicos* na administração pública, tal como a Base Nacional de Serviços Públicos, as Cartas de Serviços ao Usuário, de que trata a Lei de Defesa aos Usuários dos Serviços Públicos (Lei nº 14.460/17) e as Plataformas do Governo Digital.

Examinando o quadro normativo apresentado, é possível identificar que, a despeito da legislação não fixar exatamente em que acepção está se valendo da expressão "serviços públicos", cabe ao jurista fazê-lo. A busca da correta noção de serviço público imposta pelo legislador é fundamental, pois há consequências jurídicas expressivas que decorrem do enquadramento nessa tipologia. Se, por exemplo, está-se diante da noção técnica de serviços públicos e há imposição de novos padrões de comportamento aos seus titulares, estando a titularidade de sua prestação delegada por meio de concessão, é preciso corrigir eventuais circunstâncias que possam ter alterado o equilíbrio econômico-financeiro do contrato concessório à luz das emanações da nova legislação, que imporá novas obrigações não previstas originalmente. Ou mesmo, se a categoria implicada é dos usuários de serviços públicos, e não a coletividade em geral, a figura do usuário implica uma posição de *sujeição especial*, com direitos e deveres específicos, aos quais não se encontram submetidos a totalidade dos administrados.

Assim, para que se possa interpretar de forma coerente e lógica o novo diploma legal e já respondendo ao segundo quesito formulado, verifica-se que a expressão "serviço público" foi utilizada pelo legislador de maneira claudicante, já que o encareceu, ora em *sentido técnico*, como atividade administrativa específica e divisível, fruível e quantificável singularmente pelo administrado; ora em *sentido amplo*, querendo denominar atividades em geral, que o Estado realiza em benefício de toda a coletividade, não restrito à figura do usuário do serviço público. Infelizmente o legislador não padeceu da melhor técnica, vez que deveria ter utilizado a expressão em seu sentido técnico e mencionando "serviços à coletividade" quando envolvesse as categorias prestacionais gerais do Estado.

Diante desse cenário, deve o agente responsável por fazer cumprir a nova plêiade normativa exercitá-lo ancorado no regime jurídico peculiar a cada uma dessas categorias do Direito Administrativo, de maneira a adotar as medidas cabíveis para cumprir com a finalidade da lei, qual seja, a de promover uma densa melhoria na eficiência administrativa, por meio do incremento de aporte digital e de inovação, necessários a uma administração pública atual e transformadora.

Veja-se, agora, diante do novo arcabouço normativo, como se pode ressignificar o princípio da eficiência, no tocante aos serviços gerais prestados à coletividade e o princípio da universalização, no tocante à noção técnica de serviço público.

2 Para uma ressignificação do princípio da eficiência em relação ao serviços estatais prestados à coletividade

Pelo que se pode depreender da leitura da nova legislação, um dos seus objetivos precípuos é promover a completa digitalização dos serviços oferecidos aos cidadãos. O debate sobre a criação de instrumentos que facilitam o acesso dos cidadãos a serviços públicos não é precisamente uma novidade. Há muito tempo, especula-se, por exemplo, a criação de um sistema único de cadastro de informações pessoais, que dispensaria a emissão de uma série de documentos, tais como ocorre hoje em dia.

É fato, por outro lado, que diante do avanço e disponibilidade de novas tecnologias a uma maior quantidade de indivíduos, o debate mereceu maior atenção por parte do Poder Público. Se, no passado, poucos indivíduos tinham acesso a um celular, hoje, parcela significativa da população brasileira, das mais diversas regiões do país, consegue – ainda que com dificuldade de acesso a redes de banda larga de qualidade – visualizar informações de maneira rápida e ágil a partir de um dispositivo móvel. Portanto, faz sentido a busca por apresentação de soluções relacionadas ao desenvolvimento de aparatos tecnológicos que facilitem a relação entre a Administração e o administrado, reduzindo aspectos de burocracia que muitas vezes servem de empecilho à eficiência na prestação de atividades administrativas.

Não se olvida que, em tempos mais recentes, muitos serviços públicos passaram a ser fornecidos à população sob a forma digital, mas a expectativa, segundo os ditames da lei, é que, na medida do possível, todos os serviços públicos possam, de alguma forma, envolver aspectos tecnológicos, facilitando ainda mais as condições de fruição pelos indivíduos. A Lei, nesse ponto, vislumbra a possibilidade de universalização pela prestação dos serviços públicos digitais.

Sem embargo, parece não haver dúvidas de que a introdução de um modelo de prestação digitalizada e informal de serviços públicos gera ganhos de eficiência concretos, pois reduz aspectos burocráticos que geram custos altos de transação.

Há também, nesse diapasão, outro elemento estrutural importante a ser considerado, que tem impactos sobre a própria organização administrativa. É que, com a possibilidade de prestação de serviços públicos sob a forma digital, tende a haver uma diminuição da necessidade de o Poder Público ter que contar com estruturas físicas e de pessoal voltadas especificamente a essas prestações.

Nesse sentido, a digitalização pode ser o começo do fim, por exemplo, dos grandes prédios públicos (de agências de previdência, de órgãos de trânsito etc.) que historicamente tiveram o papel de concentrar atividades prestacionais à coletividade (não só como sede de atendimento ao público, mas como arquivos de informações e documentações) – o que tende a produzir um grande impacto urbanístico.

Um caso pode servir de exemplo: o DETRAN, em São Paulo, recentemente, promoveu a desativação de todos os serviços de atendimento ao público no prédio localizado no bairro do Aricanduva. A proposta do órgão, no sentido de racionalização da operação dos serviços que promove, é concentrar todas as atividades em outro prédio de sua propriedade e, ademais, realizar a digitalização de todas as informações constantes em pastas que estavam no prédio desativado.

Ademais, o impacto pode ser bastante significativo também na diminuição da alocação de pessoal empregado em funções relevantes à prestação desses serviços. Fundamentalmente, determinadas funções deixam de ter relevância – o que é natural, pois a ideia é que o cidadão possa realizar, cada vez mais, o autoatendimento através das plataformas digitais disponibilizadas pelo Poder Público.

Nesse cenário, portanto, ganham destaque as empresas contratadas pelas respectivas Administrações públicas para realizar o desenvolvimento de *softwares* e programas que permitam aos usuários ter acesso aos serviços solicitados. A proposta diminui, percebe-se, os efeitos da contratação de pessoal dos entes administrativos prestadores de tais serviços.

Enfim, os titulares e prestadores dos serviços, nesse aspecto, deverão realizar outros tipos de investimento. Diferentemente do passado, quando a organização dos serviços era orientada para a gestão de grandes estruturas físicas (prédios, escritórios, arquivos) e de servidores estatais cumpridores cada qual de uma tarefa específica, com a edição da nova Lei, passa-se a exigir dos titulares e prestadores dos serviços investimentos intensivos em contratação de tecnologia especializada, capaz de desenvolver mecanismos de interação digital entre a Administração e a coletividade, de forma célere e desburocratizada, de modo a atender o preceito da eficiência administrativa. Certamente, sob esse aspecto, a digitalização dos serviços tende a gerar menos custos correntes, viabilizando, inclusive, uma indústria tecnológica, que em tempos de econômica do conhecimento, são absolutamente necessários para o próprio desenvolvimento nacional.

Do ponto de vista jurídico, a digitalização dos serviços importa em um mecanismo de consagração do princípio da eficiência administrativa, o qual tem assento constitucional no artigo 37, *caput*, da Constituição Federal.

Muitos autores dedicaram trabalhos para examinar o conteúdo jurídico de aludido princípio. De um lado, alguns autores expressaram preocupação na afirmação da eficiência como um princípio jurídico, dado que seria uma influência de uma dada concepção econômica que muitas vezes não encontra compatibilidade com o sentido jurídico do termo.[6]

Diante de tais entendimentos, está claro que o princípio da eficiência tem conotação jurídica ressignificada, apresentando-se, em linhas gerais, sob uma perspectiva de racionalidade efetiva nos meios empregados pela Administração para o alcance de objetivos delineados

---

6 MARTINS, Ricardo Marcondes. *Regulação administrativa à luz da Constituição Federal.* São Paulo: Malheiros, 2011. p. 88.

pelo ordenamento jurídico. Trata-se de uma perspectiva de custo-benefício em favor do interesse público.

Por fim, destaque-se que, nesse caso, a Administração deverá assumir compromissos que reflitam uma necessidade atual da sociedade e da evolução do modo como são prestados determinados serviços à coletividade. O oferecimento de comodidades sob a forma digital se revela, nesse momento, imprescindível à realidade social.

3 Princípio da universalização dos serviços públicos

Outro objetivo pretendido pela veiculação da Lei do Governo Digital é a universalização dos serviços públicos, aqui em sede de significado *técnico* da expressão. Nesse sentido, compete às entidades prestadoras de serviços públicos desenvolver plataformas digitais que sejam capazes de alcançar o maior número possível de indivíduos. O objetivo de universalização está presente em todos os serviços públicos. Trata-se de princípio elementar do regime de prestação dos serviços públicos.[7] É fundamental que a sua prestação busque beneficiar todos os usuários. O ordenamento jurídico confere instrumentos, inclusive para serviços públicos remunerados mediante tarifas públicas, para que o Poder Público atue em favor da universalização dos serviços.

Com os serviços digitais, a perspectiva não é diferente. A digitalização dos serviços públicos, quando cabível, tem como objetivo justamente permitir maiores facilidades aos cidadãos, que poderão usufruir de um serviço oferecido pelo Estado de maneira mais simples e ágil, através de soluções digitais que permitem o autoacesso.

A questão que gera maior controvérsia, contudo, diz respeito aos indivíduos que ainda não têm condição de acesso a instrumentos tecnológicos capazes de fornecer tais serviços públicos por meio de plataformas digitais. A realidade brasileira é muito desigual. Mesmo em cidades como São Paulo ou Rio de Janeiro, existem pessoas que ainda não dispõem de acesso a tecnologias que lhes permitem serem beneficiados pela prestação positiva estatal. A questão, portanto, é saber até que ponto, em nome da desburocratização e da eficiência, os serviços em questão podem se tornar todos digitalizados, deixando de existir a forma de prestação tradicional (*não digital*). Cabe ao prestador avaliar todos esses aspectos no momento da adoção de soluções digitais.

---

7 DAL POZZO, Augusto Neves. *Aspectos fundamentais do serviço público no direito brasileiro*. São Paulo: Malheiros, 2012. p. 88.

Tais comandos normativos têm enorme impacto na prestação dos serviços públicos, devendo ser tomadas medidas concretas para que a nova legislação não seja apenas programática, mas que possa, realmente, adentrar na vida do usuário do serviço público, gerando benefícios ainda mais efetivos para todos. Os aspectos econômicos devem também ser sopesados aqui, vez que gerarão uma série de investimentos públicos a serem realizados, podendo, em casos específicos, o Estado contar com a celebração de parcerias com o setor privado para convergentemente buscar melhores soluções, ou seja, aquelas que representem inovações transformadoras.

Conclusão

A digitalização é uma realidade irreversível. A pandemia revelou as vantagens de uma prestação digitalizada eficiente, que permite o acesso a informações relevantes de maneira mais fácil e sem intermediários. O oferecimento de tais serviços aos usuários é importante para o cumprimento de preceitos da eficiência administrativa, uma vez que se espera uma redução importante dos custos gerados pela prestação física dos serviços públicos mencionados na novel legislação.

Com efeito, a Lei do Governo Digital impõe aos titulares e prestadores de serviços públicos um ônus regulatório importante, a reclamar altos investimentos em tecnologia. Contudo, a lei ainda carece de regulamentação, tendo-se em mira disciplinar de maneira racional e proporcional as relações de serviços públicos constituídas sob bases eminentemente digitais.

Sem embargo, compete ao Poder Público realizar um planejamento eficiente de forma a avançar na disponibilização de serviços públicos digitais, inclusive sob uma perspectiva econômica – afinal, novos custos deverão ser assumidos pelas entidades prestadoras de tais serviços públicos.[8] Por outro lado, é preciso ponderar o fim imediato dos serviços físicos que podem ser substituídos pelo mundo digital, sob pena de prejuízo a uma série de cidadãos que ainda não são beneficiados

---

[8] Tivemos a oportunidade de tratar dos custos incidente pelo surgimento de uma nova lei com poder de exigir o cumprimento de normas regulatórias. Cf. DAL POZZO, Augusto Neves; FACCHINATTO, Renan Marcondes. A Lei Geral de Proteção de Dados e suas Repercussões nos Contratos de Concessão. *In*: DAL POZZO, Augusto Neves; MARTINS, Ricardo Marcondes (Coord.). *LGPD & Administração Pública*: uma análise ampla dos impactos. 1. ed. São Paulo: Revista dos Tribunais, 2020. p. 445 *et seq*.

pelo amplo acesso a infraestruturas tecnológicas. Não será fácil garantir a universalidade dos serviços digitais, mas um passo importante foi dado pela novel legislação, sendo imperioso um denso planejamento estratégico para seu integral cumprimento.

Referências

CARRAZZA, Roque Antonio. *Curso de Direito Constitucional Tributário*. 32. rev., ampl. e atual. até a Emenda. São Paulo: Malheiros, 2019.

DAL POZZO, Augusto Neves; MARTINS, Ricardo Marcondes (Coord.). *LGPD & Administração Pública*: uma análise ampla dos impactos. 1. ed. São Paulo: Revista dos Tribunais, 2020.

DAL POZZO, Augusto Neves; FACCHINATTO, Renan Marcondes. A Lei Geral de Proteção de Dados e suas Repercussões nos Contratos de Concessão. *In*: DAL POZZO, Augusto Neves; MARTINS, Ricardo Marcondes (Coord.). *LGPD & Administração Pública*: uma análise ampla dos impactos. 1. ed. São Paulo: Revista dos Tribunais, 2020.

DAL POZZO, Augusto Neves. *Direito Administrativo da Infraestrutura*. São Paulo: Contracorrente, 2021.

DAL POZZO, Augusto Neves. *Aspectos fundamentais do serviço público no direito brasileiro*. São Paulo: Malheiros, 2012.

DUGUIT, León. *Traité de droit constitutionnel*. 3. ed. Paris: Boccard, 1924-1930.

MARTINS, Ricardo Marcondes. *Regulação administrativa* à *luz da Constituição Federal*. São Paulo: Malheiros, 2011.

Informação bibliográfica deste texto, conforme a NBR 6023:2018 da Associação Brasileira de Normas Técnicas (ABNT):

DAL POZZO, Augusto Neves. Governo digital: correlações e impactos da nova legislação em relação aos serviços públicos – prestadores e titulares. *In*: MOTTA, Fabrício; VALLE, Vanice Regina Lírio do. *Governo digital e a busca por inovação na Administração Pública*: a Lei 14.129, de 29 de março de 2021. 2. ed. Belo Horizonte: Fórum, 2025. p. 157-167. ISBN 978-85-450-0987-0.

A LEI DO GOVERNO DIGITAL E OS LABORATÓRIOS DE INOVAÇÃO: INTELIGÊNCIA ARTIFICIAL, CIÊNCIA DE DADOS E *BIG OPEN DATA* COMO FERRAMENTAS DE APOIO À AUDITORIA SOCIAL E CONTROLE SOCIAL

ANDRÉ AFONSO TAVARES

CAROLINE MÜLLER BITENCOURT

Introdução

A recém chegada Lei nº 14.129, na data de 29 de março de 2021, chamada Lei do Governo Digital, traz consigo o aparato legal necessário para avançar no desafio que envolve a Administração Pública digital no Brasil. No contexto mundial, o país ocupa no ranking (*E-government Development Index – EGDI*) da Organização das Nações Unidas (ONU), por meio do seu Departamento para Assuntos Econômicos e Sociais, de acordo com a última pesquisa realizada em 2020, a 54ª posição entre 193 países avaliados, com a nota 0.7677, abaixo de outros países da América-Latina, tais como o Uruguai (26ª), a Argentina (32ª) e o Chile (34ª).[1] Em outra avaliação, organizada pela Organização para a

[1] Cf.: E-Government Survey 2020: digital Government in the decade of action for sustainable development. *UNDESA – Department of Economic and Social Affairs of the United Nations*, 2020.

Cooperação e Desenvolvimento Econômico (OCDE), a qual resultou no ranking (*Digital Government Index – DGI*) com 33 países, o Brasil ocupa a 16ª posição, com pontuação de 0.742.[2]

O avanço da administração pública digital no setor governamental teve início no Brasil em 2000, a partir da instituição, pelo Decreto Presidencial de 03 de abril desse ano, do Grupo de Trabalho Interministerial, conhecido como Grupo de Trabalho em Tecnologia da Informação (GTTI), além do Decreto Presidencial de 16 de outubro de 2000, que criou, na esfera do Conselho do Governo, o Comitê Executivo do Governo Eletrônico. Além desses, outros marcos foram importantes para a temática, tais como: a Lei de Responsabilidade Fiscal – LRF (Lei Complementar nº 101, de 04 de maio de 2000), com as alterações dadas pela Lei de Transparência (Lei Complementar nº 131, de 27 de maio de 2009); a Lei de Acesso à Informação – LAI (Lei nº 12.527, de 18 de novembro de 2011); a Lei do Marco Civil da Internet (Lei nº 12.965, de 23 de abril de 2014); o Decreto nº 8.638, de 15 de janeiro de 2016, que estabeleceu a política de Governança Digital no âmbito da Administração Pública federal para o período de 2016 a 2019; o Decreto nº 8.777, de 11 de maio de 2016, que instituiu a Política de Dados Abertos do Poder Executivo Federal; o Decreto nº 9.319, de 21 de março de 2018, que institui, no âmbito federal, o Sistema Nacional para a Transformação Digital; a Lei Geral de Proteção de Dados – LGPD (Lei nº 13.709, de 15 de agosto de 2018); e, ainda, o Decreto nº 10.332, que atualizou a Estratégia de Governo Digital para o período de 2020 a 2022. Essas legislações contribuíram para a então publicada Lei de Governo Digital, ou LGD, junto ao diário oficial que formaliza o ecossistema normativo brasileiro.

Entre seus dispositivos, a LGD busca incentivar a criação de espaços abertos à participação e à colaboração da sociedade para com a gestão pública, por meio dos chamados laboratórios de inovação – os iLabs –, com o propósito de promover a inovação na gestão pública, na prestação de serviços públicos e no exercício do controle social da Administração Pública.

Disponível em: https://publicadministration.un.org/egovkb/Portals/egovkb/Documents/un/2020-Survey/2020%20UN%20E-Government%20Survey%20(Full%20Report).pdf. Acesso em: 10 maio 2021.

[2] Cf.: Digital Government Index. *OECD – Organisation for Economic Co-Operation and Development*, 2019 results. Disponível em: https://www.oecd-ilibrary.org/docserver/4de9f5bb-en.pdf?expires=1625339310&id=id&accname=guest&checksum=F495982F5EDDE73E84080662F4D5293E. Acesso em: 12 maio 2021.

Dentre as diretrizes traçadas pelo artigo 3º da Lei de Governo Digital, destaca-se o papel da inovação, tanto para repensar e aperfeiçoar a estrutura da Administração Pública, quanto para reestruturar e readequar a prestação dos serviços para abranger o elemento da Transformação Digital, por meio da construção de plataformas de Governo Digital, a qual pensadas para que sejam operacionalmente abertas para o exercício do controle social, por meio da reformulação da transparência, interoperabilidade e abertura dos dados públicos.

A Lei de Governo Digital vai ao encontro da Estratégia de Governo Digital atualmente vigente. Isso porque a estratégia prevê, por exemplo, em seu objetivo 7, a implementação de políticas públicas baseadas em dados e evidências, de forma que deverão ser produzidos, até 2022, quarenta novos painéis gerenciais de avaliação e monitoramento de políticas públicas. Já no objetivo 13, enfatiza-se a integração dos portais de transparência, de dados abertos e de ouvidoria, além da ampliação e melhoria da qualidade de bases de dados abertos. Além disso, importante destaque merece, no cenário desta pesquisa, o objetivo 14, o qual almeja fomentar a participação do cidadão na elaboração e no controle social de políticas públicas, de modo que se pretende a realização de três datathons ou hackathons até 2022, além do aprimoramento dos mecanismos de participação e disponibilização de nova plataforma de participação até 2021.[3]

Consoante se verá, a utilização dessas novas tecnologias, isto é, de inteligência artificial,[4] ciência de dados e *big open data,* deixou de ser novidade no setor público. Com esse olhar, a pesquisa buscará responder: de que forma as técnicas de ciência de dados, combinadas com os mecanismos de inteligência artificial e o uso de *big data,* a partir da concepção de governo digital e dos laboratórios de inovação previstos na Lei de Governo Digital, podem potencializar a realização

---

3 BRASIL. Decreto nº 10.332, de 28 de abril de 2020. Institui a Estratégia de Governo Digital para o período de 2020 a 2022, no âmbito dos órgãos e das entidades da administração pública federal direta, autárquica e fundacional e dá outras providências. *Diário Oficial da União,* Brasília, 29 abr. 2020. Disponível em: https://www.in.gov.br/web/dou/-/decreto-n-10.332-de-28-de-abril-de-2020-254430358. Acesso em: 23 jul. 2021.

4 Na obra de Juarez Freitas e Thomas Freitas, além de demostrarem o quanto a inteligência artificial já é uma realidade e que pode ser utilizada em grande benefício a uma civilização de modo que possamos caminhar a uma civilização global, os autores afirmam que é preciso compreender a era da tecnologia para nos conduzir a um desenvolvimento mais sustentável, tanto sobre o olhar de suas contribuições para a humanização quanto sobre a necessidade de constante supervisão e vigília do humano, a fim de servir ao interesse público, à coletividade, à humanidade. (FREITAS, Juarez; FREITAS, Thomas Bellini. *Direito e inteligência artificial*: em defesa do humano. Belo Horizonte: Fórum, 2020).

de auditorias sociais, assim entendidas como instrumento de controle social? O objetivo geral é investigar como a utilização dessas novas tecnologias, a partir da concepção de governo digital e dos laboratórios de inovação previstos na Lei de Governo Digital constituem espaço à realização das auditorias sociais, entendidas como parte integrante do controle social. A análise será realizada por meio de pesquisa bibliográfica e do método dedutivo.

Para isso, o presente trabalho foi dividido em dois momentos. No primeiro, destaca-se de que forma a internet e as novas tecnologias têm contribuído para o aumento da transparência pública e o acesso à informação, enquanto se desafia a criar espaços interativos de participação e controle da Administração Pública. Também é preocupação desse tópico as formas pelas quais os controles institucionais, em especial, os Tribunais de Contas e as Controladorias Internas, têm utilizado as tecnologias da inteligência artificial, ciência de dados e big open data para auxílio das atividades nos processos de controle e auditoria governamentais.

Em um segundo momento, pretende-se analisar os dispositivos da Lei de Governo Digital que dão reforço ao Controle Social da Administração Pública, com especial ênfase aos artigos 44 e 45, que tratam dos laboratórios de inovação, além dos artigos 47 a 49, que dispõem acerca das atividades de governança, da gestão de riscos, do controle e da auditoria. A partir desse novo arcabouço normativo, demonstra-se as potencialidades da inteligência artificial, ciência de dados e big open data, enquanto ferramentas de inovação que podem auxiliar a realização das denominadas auditorias sociais.

1 Governo digital e controle da Administração Pública: a utilização de inteligência artificial, ciência de dados e *big open data* no setor público

A utilização de novas tecnologias da informação e comunicação e de técnicas de engenharia de software aplicadas no âmbito da Administração Pública brasileira é uma crescente desde o início deste milênio. Inobstante, observa-se que são diversas as designações que guardam relação com esse fenômeno, entre elas se destacam a administração pública eletrônica, o governo eletrônico e a própria democracia eletrônica, com variações quanto às suas terminações, por exemplo, ora em digital, ora em 4.0, em referência à quarta revolução industrial.[5] Quanto à democracia eletrônica, que engloba também a participação eletrônica (ou e-participação), Gomes[6] registra que esse tema é mais antigo que o referente ao governo eletrônico, que, na literatura internacional, começa a aparecer apenas por volta de 1996. Por outro lado, as diferenças entre esses vocábulos não é unânime, pois, segundo Brega,[7] há quem entenda administração eletrônica e governo eletrônico enquanto equivalentes, bem como há quem entenda administração eletrônica (*e-government*)[8] de maneira mais ampla, designando tanto a administração eletrônica quanto a democracia eletrônica.

No Brasil, o termo mais utilizado para se referir às novas formas de se relacionar com a Administração Pública sempre foi governo eletrônico,[9] pelo menos até o ano de 2016. Isso, porque, a partir da publicação do Decreto nº 8.638, em 18 de janeiro desse ano, foi instituída a Política de Governança Digital para o Poder Executivo Federal, ocasião em que se passou a explorar a utilização das tecnologias para além dos processos internos de trabalho, com a finalidade de centralizar a sociedade como foco da sua transformação digital, a partir de mais

---

5 Destaca-se, sobre o ponto, o registro de Schwab para quem a 4ª revolução industrial "teve início na virada do século e baseia-se na revolução digital. É caracterizada por uma internet mais ubíqua e móvel, por sensores menores e mais poderosos que se tornaram mais baratos e pela inteligência artificial e aprendizagem automática (ou aprendizado de máquina)". (SCHWAB, Klaus. *A Quarta Revolução Industrial [livro eletrônico]*. (Trad. Daniel Moreira Miranda). São Paulo: Edipro, 2019. p. 17).

6 GOMES, Wilson. *A democracia no mundo digital*: história, problemas e temas. São Paulo: Edições Sesc, 2018. p. 1709.

7 BREGA, José Fernando Ferreira. *Governo eletrônico e direito administrativo*. Tese (Doutorado em Direito), São Paulo, USP, 2012. p. 47-48.

8 Pode citar além daqueles que consideram o *e-government* como realidade ampla, na qual se inclui a prestação de serviços eletrônicos, o *e-service delivery*, e ainda a *e-governance*, no tocante ao compartilhamento de informações e engajamento dos cidadãos.

9 As conceituações dadas ao termo governo eletrônico são diversas, destacando-se as seguintes: "troca online de informações e prestação de serviços por parte do governo aos cidadãos, empresas e outras agências governamentais" (Cf.: Standing Committee on IT Audit. Auditing e-government. *Intosai*, Oslo: Intosai Standing Committee on IT Audit, 2003. p. 3); uso das TICs no objetivo de "construir um governo aberto e ágil, ampliar a cidadania, aumentar a transparência da gestão e a participação dos cidadãos na fiscalização do poder público, democratizar o acesso aos serviços e informações na Internet e aumentar a eficiência dos serviços públicos" (CUNHA, Maria Alexandra. Governo eletrônico no Brasil: avanços e impactos na sociedade brasileira. *In*: BARBOSA, Alexandre (Org.). *Pesquisa sobre o uso das Tecnologias da Informação e da Comunicação no Brasil 2005-2009*. São Paulo: Comitê Gestor da Internet no Brasil, 2010. v. 1, p. 73); "É uma forma puramente instrumental de administração das funções do Estado (Poder Executivo, Poder Legislativo e Poder Judiciário) e de realização dos fins estabelecidos ao Estado Democrático de Direito que utiliza as novas tecnologias da informação e comunicação como instrumento de interação com os cidadãos e de prestação dos serviços públicos" (ROVER, Aires José. Direito. *Governo eletrônico e inclusão digital*. Florianópolis: Fundação Boiteux, 2009. p. 21-22).

acessibilidade e eficiência na oferta dos serviços ao cidadão. Essa mudança paradigmática resultou na substituição da utilização do termo governo eletrônico para governo digital.[10] A transição do eletrônico ao digital é considerada como disruptiva por autores como Cristóvan, Saikali e Sousa,[11] para quem essa nova concepção abandona a visão instrumentalista e meramente incremental de aplicação das tecnologias na Administração Pública e passa a potencializar a ação administrativa por meio da prestação de serviços públicos, além de estimular o acesso, a participação e o controle social.

A Administração Pública sempre produziu inúmeras informações e dados.[12] Isso não é algo que passou a ocorrer apenas recentemente. Basta pensar nas informações e nos dados relativos às receitas e às despesas públicas em geral, constantes da contabilidade dos entes públicos, nos seus sistemas orçamentário, financeiro, patrimonial e de custos. O que evoluiu foi a forma como esses dados estão disponíveis. Antes apenas em sistemas de informação internos, fechados operacionalmente para atender apenas ao funcionamento administrativo da máquina pública e exigências de prestação de contas aos órgãos de controle, porém, na medida em que as linguagens de programação e o desenvolvimento de software foram avançando, esses sistemas passaram a ser repensados para que fossem interoperáveis[13] e pudessem ser operacionalmente abertos (*open data*).[14]

---

[10] BRASIL. *Estratégia de governança digital*: do eletrônico ao digital. 25 nov. 2019. Disponível em: https://www.gov.br/governodigital/pt-br/estrategia-de-governanca-digital/do-eletronico-ao-digital. Acesso em: 29 jul. 2021.

[11] CRISTÓVAM, José Sérgio da Silva; SAIKALI, Lucas Bossoni; SOUSA, Thanderson Pereira de. Governo digital na implementação de serviços públicos para a concretização de direitos sociais no Brasil. *Sequência*, Florianópolis, n. 84, p. 209-242, abr. 2020. p. 217.

[12] Ressalta-se a diferença conceitual entre dado, informação e conhecimento. Segundo escreve Amaral, "dados são fatos coletados e normalmente armazenados. Informação é o dado analisado e com algum significado. O conhecimento é a informação interpretada, entendida e aplicada para um fim". (AMARAL, Fernando. *Introdução à ciência de dados*. Rio de Janeiro: Alta Books, 2016. p. 19).

[13] Sobre o assunto, considerar as políticas gerais definidas na arquitetura de Padrões de Interoperabilidade (ePING), que definem um conjunto mínimo de premissas, políticas e especificações técnicas que regulamentam a utilização da Tecnologia de Informação e Comunicação no Governo Federal no Brasil, estabelecendo as condições de interação com os demais Poderes e esferas de governo e com a sociedade em geral, constante no documento de referência disponível em. (BRASIL. *Arquitetura de Padrões de Interoperabilidade – ePING*. 2018. Disponível em: https://www.gov.br/governodigital/pt-br/governanca-de-dados/ePING_v2018_20171205.pdf. Acesso em: 29 jul. 2021.

[14] Relevante marco para tal intento foi a assinatura da Parceria para Governo Aberto ou OGP (do inglês *Open Government Partnership*), em 20 de setembro de 2011, pelos seguintes países: África do Sul, Brasil, Estados Unidos, Filipinas, Indonésia, México, Noruega e

A interoperabilidade permite a interação dos dados entre diferentes esferas de poderes e órgãos públicos,[15] enquanto a abertura permite a disponibilização dessas informações contidas em dados[16] para que possam ser manuseadas e processadas por usuários internos e externos à estrutura administrativa. Além disso, a digitalização da Administração Pública resulta no aumento da produção de dados, pois se passa a exigir uma reestruturação dos bancos de dados tradicionais para abarcar não mais só as necessidades dos agentes públicos, mas também dos cidadãos. Em um país de tamanho continental como o Brasil, essa produção é incessante, por isso, facilmente se vislumbra a existência de variados blocos de *big data*, que é, em síntese, o termo utilizado para descrever a imensa quantidade de dados.[17] Defende-se que grande parte desses dados são de caráter público e não sensíveis, e devem estar à disposição dos cidadãos, por meio do processo de

---

Reino Unido, mas que, atualmente, conta com 75 países signatários (BRASIL. *Governo aberto*: a OGP. 11 dez. 2014. Disponível em: https://www.gov.br/cgu/pt-br/governo-aberto/a-ogp/o-que-e-a-iniciativa. Acesso em: 29 jul. 2021). Registra-se, além disso, que alguns anos depois, em 11 de maio de 2016, foi publicado no Brasil o Decreto nº 8.777, o qual instituiu a Política de Dados Abertos do Poder Executivo Federal, com os objetivos, conforme o artigo 1º e incisos, entre outros, de promover a publicação de dados contidos em bases de dados governamentais sob a forma de dados abertos, aprimorar a cultura de transparência pública, fomentar o controle social e o desenvolvimento de novas tecnologias destinadas à construção de ambiente de gestão pública participativa e democrática e à melhoria da oferta de serviços públicos para o cidadão e, ainda, fomentar a pesquisa científica de base empírica sobre a gestão pública (BRASIL. Decreto nº 8.777, de 11 de maio de 2016. Institui a Política de Dados Abertos no Poder Executivo Federal. *Diário Oficial da União*, Brasília, 11 maio 2016. Disponível em: http://www.planalto.gov.br/ccivil_03/_ato2015-2018/2016/decreto/d8777.htm. Acesso em: 29 jul. 2021).

15 Na Europa, essa prática é denominada de método da interoperabilidade administrativa, consoante destaca Abreu, o qual pressupõe que "as Administrações Públicas nacionais e as instituições da União se encontrem ligadas entre si, dispondo de bases de dados comuns e de pontes digitais de transição que lhes potenciem as comunicações". (ABREU, Joana Covelo de. O mercado único digital e a interoperabilidade administrativa: a proteção de dados pessoais na articulação entre administrações públicas nacionais e as instituições e órgãos da União Europeia – reflexões prospectivas. *In*: *O Direito Administrativo nos 30 anos da Constituição Brasileira de 1988 – um diálogo luso-brasileiro.* Lisboa: Centro de Investigação de Direito Público, 2019. p. 206-207).

16 No âmbito do Poder Executivo Federal do Brasil, é possível acompanhar a abertura das bases de dados governamentais por meio do Painel de Monitoramento de Dados Abertos. Até a última atualização, em maio de 2021, já haviam sido abertas 4.272 bases, além de 641 com abertura em andamento e 858 com abertura em atraso, considerando os Planos de Dados Abertos – PDA de cada órgão (Cf.: Painel de Monitoramento de Dados Abertos do Governo Federal. *CGU – Controladoria-Geral da União*. Disponível em: http://paineis.cgu.gov.br/dadosabertos/index.htm. Acesso em: 29 jul. 2021).

17 A definição formal e técnica é aquela dada por um conjunto de três a cinco 'Vs'. Inicialmente, a definição para 'Vs" é de dados produzidos com volume, velocidade e variedade. Para dois 'Vs' a mais, aparecem outras definições: veracidade e valor". (AMARAL, Fernando. *Introdução à ciência de dados*. Rio de Janeiro: Alta Books, 2016. p. 23).

abertura desses dados, para diferentes finalidades, incluindo-se o controle da Administração Pública, que implicariam no denominado *big open data*, resultante da junção *big data* + *open data*. Um exemplo claro disso é a base aberta de dados do Cadastro Nacional de Pessoas Jurídicas (CNPJ), disponibilizado pela Receita Federal do Brasil, o qual contém mais de 100 milhões de registros[18] envolvendo informações de Empresas, do Cadastro Nacional de Atividades Econômicas (CNAE) secundários e de sócios. Diz-se, inclusive, que "os dados são o novo petróleo".

Com esse horizonte em vista, emergido pelo *big open data*, além do constante aprimoramento das tecnologias de software, com linguagens de programação cada vez mais eficientes e sofisticadas à extração, tratamento, manipulação e análise dessas quase infinitas quantidades de dados,[19] é verificada a ascensão de áreas como a inteligência artificial e a ciência de dados, que aplicadas ao setor público possam contribuir com a Administração Pública e seus serviços. Nesse aspecto, registra-se que as potencialidades provenientes dessas áreas já vêm sendo exploradas e deixaram de ser novidade tanto no setor privado quanto no setor público. Projetos e aplicações são observados nos Tribunais do Poder Judiciário, nas Cortes de Contas, nos órgãos do Ministério Público, nos Poderes Legislativos e Executivos, nas entidades da Administração Pública indireta de diferentes esferas e na Advocacia Pública e Privada, de modo que se pode afirmar que essas tecnologias inteligentes já fazem parte do cotidiano da nova era da informação, agora baseada em dados.

Tudo isso ocorre por meio da incorporação dessas tecnologias às plataformas digitais dessas entidades e organismos públicos, no intuito de aperfeiçoar os serviços públicos propriamente ditos, os canais de comunicação e atendimento aos seus usuários e a eficiência administrativa, por exemplo, nos casos que seja possível, no ganho de produtividade decorrente da substituição de análises individualizadas

---

[18] Até 26 de março de 2019, a base de dados do CNPJ continha 104.118.661 (cento e quatro milhões, cento e dezoito mil e seiscentos e sessenta e uma) linhas e está disponível para *download* em: (BRASIL. Ministério da Economia. *Dados públicos CNPJ*. 23 nov. 2018. Disponível em: https://www.gov.br/receitafederal/pt-br/assuntos/orientacao-tributaria/cadastros/consultas/dados-publicos-cnpj. Acesso em: 29 jul. 2021).

[19] No tocante aos desafios envolvendo as enormes massas de dados, menciona-se o registro de Castro e Ferrari, "em tempos exponenciais, encontrar e acessar fontes de informação, pessoas, produtos e serviços não é mais problema; na verdade, o desafio atual é gerenciar, armazenar, processar e extrair conhecimento a partir dessa quantidade quase ilimitada de dados". (CASTRO, Leandro Nunes de; FERRARI, Daniel Gomes. *Introdução a mineração de dados*: conceitos básicos, algoritmos e aplicações. São Paulo: Saraiva, 2016. p. 37).

em processos mecanizados e repetitivos por análises em escala com apoio e/ou rotinas automatizadas constantes nas engrenagens das plataformas construídas com base em algoritmos e recursos inteligentes.[20]

Dado o propósito deste presente trabalho, que busca discutir a utilização das tecnologias provenientes da inteligência artificial[21] e da ciência de dados e do *big open data* para a finalidade de aprimoramento do exercício do controle da Administração Pública,[22] passa-se a verificar essas ferramentas exclusivamente no âmbito do controle institucional (Tribunais de Contas e Controladorias Internas), deixando-se para o momento seguinte a análise quanto ao controle social, em especial, durante a realização de auditorias.

Os controles institucionais também se beneficiam da utilização das técnicas de inteligência artificial e da ciência de dados por ocasião da realização de suas funções, a partir de aplicações e inteligências algorítmicas que servem de auxílio aos auditores em diversas etapas de um processo de prestação de contas e/ ou de auditoria, tais como na etapa de planejamento, na identificação de riscos, no levantamento de amostras, na verificação de indícios e na análise de achados, consoante se objetiva demonstrar adiante.

---

20 Nas palavras de Hartmann e Silva, "Há muito tempo a Inteligência Artificial (IA) vem interagindo com diversas áreas do conhecimento e permitindo o desenvolvimento de inúmeras soluções, utilizando conceitos, por exemplo, da machine learning, para a realização de tarefas repetitivas, complexas que demandariam uma utilização de esforços humanos, com uma acurácia superior e em tempo e custo inferiores. Na interação com o Direito, inúmeras temáticas também foram trabalhadas, e, a cada dia, aperfeiçoadas ou inovadas: due diligence, prediction technology, legal analytics, document automation têm um campo amplo para aplicação das técnicas de IA". (HARTMANN, Fabiano Peixoto; SILVA, Roberta Zumblick Martins da. *Inteligência artificial e direito*. 1. ed. Curitiba: Alteridade, 2019. p. 17).

21 Pela relevância das contribuições, especialmente quanto à reflexão sobre as diretrizes ético-jurídicas para a regulação ética e sustentável da Inteligência Artificial, sugere-se a leitura da obra "Direito e inteligência artificial: em defesa do humano", de Freitas e Freitas. Os autores demonstram, entre outros fatores, a imperiosidade de se pensar os (des)vieses e a transparência da decisão algorítmica. (FREITAS, Juarez; FREITAS, Thomas Bellini. *Direito e inteligência artificial*: em defesa do humano. Belo Horizonte: Fórum, 2020).

22 Acerca da utilização da inteligência artificial no âmbito da Administração Pública, sugere-se a leitura de: VALLE, Vanice Lírio do. Inteligência artificial incorporada à Administração Pública: mitos e desafios teóricos. *A&C – Revista de Direito Administrativo & Constitucional*, Belo Horizonte, a. 20, n. 81, p. 179-200, jul./set. 2020. DOI: 10.21056/aec.v20i81.1346; VALLE, Vivian Cristina Lima López; GALLO, William Ivan. Inteligência artificial e capacidades regulatórias do Estado no ambiente da administração pública digital. *A&C – Revista de Direito Administrativo & Constitucional*, Belo Horizonte, a. 20, n. 82, p. 67-86, out./dez. 2020.

Quanto à utilização das técnicas de inteligência artificial,[23] [24] muitas são as que podem contribuir para a Administração Pública, tais como a inteligência computacional, a aprendizagem de máquina (ou no inglês *machine learning*) supervisionada e não supervisionada e a computação natural.[25] Pois bem, no âmbito federal, o Tribunal de Contas da União (TCU) utiliza de inteligências artificiais para, dentre outras funções que exerce, controlar as contratações públicas. O primeiro robô, denominado de Alice (Análise de Licitações e Editais) foi lançado em 2015 e desenvolvido no âmbito do Ministério da Transparência, Fiscalização e Controladoria-Geral da União (CGU). O TCU, após cooperação realizada com a CGU, em 2016, e as adaptações necessárias, em 2018, por meio da Portaria-TCU nº 296, passou a utilizar o robô Alice nos trabalhos desenvolvidos pelos núcleos de análise de licitações. Esse sistema consiste na avaliação preventiva, tempestiva e automatizada de editais de licitação, resultados de pregões e contratações diretas, sendo que, diariamente, são extraídos dados do Comprasnet (portal de Compras do Governo Federal) e do Diário Oficial da União (DOU), de forma a identificar um padrão que pode gerar um indício de irregularidade ou riscos na licitação, no qual é enviado, por meio de e-mails diários às unidades técnicas, relatórios personalizados com os números dos processos, custos, valores em risco, eventuais indícios de fraudes e problemas de concorrência.[26]

---

23 "A IA é um dos campos mais recentes em ciências e engenharia. O trabalho começou logo após a Segunda Guerra Mundial e o próprio nome foi cunhado em 1956. [...] Atualmente, a IA abrange uma enorme variedade de subcampos, do geral (aprendizagem e percepção) até tarefas específicas, como jogos de xadrez, demonstração de teoremas matemáticos, criação de poesia, direção de um carro em estrada movimentada e diagnóstico de doenças. A IA é relevante para qualquer tarefa intelectual; é verdadeiramente um campo universal" (RUSSELL, Stuart; NORVIG, Peter. *Inteligência Artificial.* (Trad. Regina Célia Simille de Macedo). Rio de Janeiro: Elsevier, 2013. p. 31-32).

24 Não há na literatura um consenso acerca da definição de Inteligência Artificial. Considera-se relevante, contudo, o teste dado por Turing, tido por muitos como um dos precursores da temática, o qual, consoante explica Russel e Norvig: "O teste de Turing, proposto por Alan Turing (1950), foi projetado para fornecer uma definição operacional satisfatória de inteligência. [...] O computador precisaria ter as seguintes capacidades: a) processamento de linguagem natural para permitir que ele se comunique com sucesso em um idioma natural; b) representação do conhecimento para armazenar o que sabe ou ouve; c) raciocínio automatizado para usar as informações armazenadas com a finalidade de responder a perguntas e tirar novas conclusões; d) aprendizado de máquina para se adaptar a novas circunstâncias e para detectar e extrapolar padrões" (RUSSELL, Stuart; NORVIG, Peter. *Inteligência Artificial.* (Trad. Regina Célia Simille de Macedo). Rio de Janeiro: Elsevier, 2013. p. 35).

25 CASTRO, Leandro Nunes de; FERRARI, Daniel Gomes. *Introdução a mineração de dados*: conceitos básicos, algoritmos e aplicações. São Paulo: Saraiva, 2016. p. 55.

26 COSTA, Marcos Bemquerer; BASTOS, Patrícia Reis Leitão. Alice, Monica, Adele, Sofia, Carina e Ágata: o uso da inteligência artificial pelo Tribunal de Contas da União. *Revista do Tribunal de Contas do Estado de Goiás*, Belo Horizonte, a. 2, n. 3, p. 11-34, jan./jun. 2020. p. 14.

Outros casos de uso envolvendo inteligência artificial no TCU são destacados por Costa e Bastos,[27] tais como os robôs Adele (Análise de Disputa em Licitações Eletrônicas), Sofia (Sistema de Orientação sobre Fatos e Indícios para o Auditor), Carina (Crawler e Analisador de Registros da Imprensa Nacional) e Ágata (Aplicação para Geração de Análise Textual Acelerada). Os Tribunais de Contas Estaduais (TCEs) e dos Municípios (TCMs), da mesma forma, utilizam da inteligência artificial. Exemplo disso são o robô Argus do TCM-PA, que auxilia na verificação de informações do Mural de Licitações; o Robô de Monitoramento do TCM-RJ, Tipologia IRIS e Painel Automatizado de RPPS do TCE-RJ; o Robô do Projeto SIAP – Automação Integral do TCE-PR; e o Robô Esmeralda do TCM-GO. Além disso, as Cortes de Contas também utilizam de *chatbots* (ou assistentes virtuais automatizados) para realização de atendimentos remotos ao cidadão: Zello do TCU, Robô Jarvis do TCE-AM, Chatbot do TCE-PI, Chatbot do TCE-SP, Sistema Ticket do TCM-GO.[28] No Estado do Paraná, no âmbito do controle interno, destaca-se a existência da PIÁ – Inteligência Artificial Paraná –, uma espécie de *chatbot* que almeja contribuir com a desburocratização, simplificação e facilitação do acesso aos serviços públicos pelos cidadãos.

Ao que se refere à ciência de dados (ou, no inglês, *data science*), Soares[29] escreve que as suas técnicas e ferramentas podem ser utilizadas em processos de detecção de fraudes, por meio da análise de anomalias, em tempo real, relatando-se ao auditor, de forma tempestiva, eventos potencialmente sensíveis. Outra possibilidade é a utilização da análise de dados mediante o uso de geotecnologias e de sistemas de informações geográficas (SIG), enquanto suporte às auditorias de obras públicas.[30] Vislumbra-se, assim, a sua utilização no âmbito do controle da Administração Pública, com aplicação de procedimentos de auditoria e técnicas de análise de dados que resultaram na

---

[27] COSTA, Marcos Bemquerer; BASTOS, Patrícia Reis Leitão. Alice, Monica, Adele, Sofia, Carina e Ágata: o uso da inteligência artificial pelo Tribunal de Contas da União. *Revista do Tribunal de Contas do Estado de Goiás*, Belo Horizonte, a. 2, n. 3, p. 11-34, jan./jun. 2020.

[28] Cf.: Uso de robôs pelos Tribunais de Contas. *IRB – Instituto Rui Barbosa*, 10 jul. 2020. Disponível em: https://irbcontas.org.br/uso-de-robos-pelos-tribunais-de-contas/. Acesso em: 25 jul. 2021.

[29] SOARES, Gustavo Fleury. Ciência de dados aplicada à Auditoria Interna. *Revista da CGU*, v. 12, n. 22, jul./dez. 2020. p. 197.

[30] SOUZA, André Delgado de; SOBRAL, Maria do Carmo; CANDEIAS, Ana Lúcia Bezerra. Geotecnologias aplicadas às auditorias de obras públicas no brasil: panorama geral e perspectivas. *Revista Brasileira de Cartografia*, n. 69, v. 8, p. 1387-1401, 2017. p. 1388.

construção do painel eletrônico (*dashboard*) de contratações, tais como o Monica (Monitoramento Integrado para o Controle de Aquisições), desenvolvido pelo TCU em 2016, com amplitude maior do que a do robô Alice.[31] Nesse mesmo sentido, o Poder Executivo do Estado do Rio Grande do Sul construiu o *Portal BI Gestor Municipal*, a partir de técnicas de ciência de dados e business intelligence, que permite a apresentação de forma sintética e visual das informações de saúde dos municípios e do aludido Estado, com o objetivo de facilitar aos gestores municipais o acompanhamento da situação da saúde do seu município e região.

A plataforma Pilas R$, com informações de livre acesso à sociedade, desenvolvida pelo Centro de Tecnologia da Informação e Comunicação (PROCERGS), sociedade de economia mista do Estado do Rio Grande do Sul, permite verificar e fiscalizar as despesas e receitas do Governo do Estado do Rio Grande do Sul, aprimorando o relacionamento entre o Estado e o cidadão. No Estado de São Paulo, o Dashboard Dados Transparência, a partir do Microsoft Power BI, com o objetivo de contribuir com a visualização dos dados abertos, a partir de recursos visuais, tais como gráficos, que contribuem para o entendimento das informações pelo cidadão comum.

Ainda no que se refere ao uso das tecnologias para o controle da Administração Pública, Bernardino, Pedrosa e Laureano[32] escrevem que os modelos de softwares desenvolvidos para a finalidade de auxiliar as equipes de auditoria durante a detecção de fraudes são chamados de Técnicas de Auditoria Assistidas por Computador - TAACs (ou do inglês Computer Aided Audit Tools - CAATs). Ainda, podem ser citados exemplos de contribuições dadas pelo uso de TAACs: a) acessar e analisar informação de distintas origens; b) garantir integridade dos dados originais; c) utilizar técnicas de amostragem; d) registar o histórico dos procedimentos e das análises efetuadas; e) automatizar análises.

Além disso, existem métodos analíticos que podem ser usados para detecção de anomalias durante os processos de auditoria aplicada ao setor governamental: a) *Lei de Benford:* também chamada de

---

31 COSTA, Marcos Bemquerer; BASTOS, Patrícia Reis Leitão. Alice, Monica, Adele, Sofia, Carina e Ágata: o uso da inteligência artificial pelo Tribunal de Contas da União. *Revista do Tribunal de Contas do Estado de Goiás*, Belo Horizonte, a. 2, n. 3, p. 11-34, jan./jun. 2020. p. 21.

32 BERNARDINO, Dília; PEDROSA, Isabel; LAUREANO, Raul M. S. Métodos analíticos para auditoria e detecção de anomalias/fraude. *In*: *13th Iberian Conference on Information Systems and Technologies (CISTI)*. Caceres: IEEE, 2018. p. 4.

distribuição de frequência do primeiro dígito (esse método auxilia na identificação de anomalias, tais como a manipulação sistemática de dados, fraude potencial e outras irregularidades); b) *Number Duplication Test (NDT)*: teste que pode ser usado para proporcionar mais informação decorrente da aplicação da Lei de Benford (permite extrair números específicos que instigaram os picos no teste de primeira ordem e no teste da soma); c) *Z-score:* medida estatística de um número em relação à média do grupo de números (refere-se a pontos ao longo da curva normal padronizada, sendo que o ponto central da curva tem um valor Z de zero, sendo que, um valor de Z à direita revela que está acima da média e à esquerda revela que está abaixo da média); d) *Relative Size Factor Test (RSF):* auxilia no mapeamento de subconjuntos, em que o maior valor está fora de linha com os outros montantes para esse subconjunto (trata-se de um teste relevante para detectar erros); e) *Same-Same-Same Test (SSS)*: objetiva contribuir para identificação de duplicações anormais como indicadores potenciais de erros ou fraude e testar os controles; f) *Same-Same-Different Test (SSD):* usa-se para localização de registros duplicados semelhantes nos campos selecionados pelo auditor, de modo que o campo que difere seja um campo do subconjunto detectando as transações que estão ligadas a dois subconjuntos diferentes; g) *Even Amount/Números Redondos*: baseia-se no fundamento de que números pares ou arredondados normalmente não ocorrem com uma elevada taxa de frequência, assim, os números que são arredondados para dezenas, centenas ou milhares podem configurar indícios de anomalias, resultando em alerta ao auditor.[33]

É fato que o amadurecimento dos níveis de digitalização do setor público estimula cada vez mais a utilização de ferramentas de inovação, as quais contribuem e já fazem parte do instrumental destinado ao controle institucional da Administração Pública. Cada experiência e aplicação relatada demonstra que a inteligência humana possui na tecnologia grande aliada ao exercício das atividades voltadas ao interesse público. Do mesmo modo, pretende-se, adiante, relatar que essas mesmas potencialidades podem ser exploradas pelas atividades do controle social, especialmente nos processos de auditoria. Nesse aspecto, busca-se apontar as contribuições da recém chegada Lei de Governo

[33] BERNARDINO, Dília; PEDROSA, Isabel; LAUREANO, Raul M. S. Métodos analíticos para auditoria e detecção de anomalias/fraude. *In*: *13th Iberian Conference on Information Systems and Technologies (CISTI).* Caceres: IEEE, 2018. p. 5-6.

Digital para essa finalidade, com especial atenção aos denominados Laboratórios de Inovação, ou iLabs, mas sem perder de vista outros dispositivos relevantes a esse desafio.

2 Laboratórios de inovação e controle social: a aplicação de ferramentas de tecnologia como apoio às auditorias sociais

A Lei de Governo Digital – LGD (Lei nº 14.129/2021) traz importantes dispositivos que buscam avançar na já citada transição do modelo eletrônico para o digital no Brasil. Observa-se, em diferentes momentos do seu texto legal, a preocupação em atrelar o incentivo ao desenvolvimento de inovações tecnológicas, à criação de espaços para o exercício da cidadania, por meio da participação e do controle social, ao aumento da transparência pública e do direito ao acesso à informação, bem como ao estímulo da transformação digital e da eficiência na Administração Pública. Dentre os objetivos a serem atingidos, destacamos: i) a digitalização da Administração Pública e da prestação digital dos serviços públicos, prescrevendo-se para isso o uso de plataformas de governo digital; ii) a abertura e a interoperabilidade dos dados, além da possibilidade de criação de espaços colaborativos de inovação, tais como as redes de conhecimento e os laboratórios de inovação; iii) o reforço à utilização da tecnologia para as atividades de governança, gestão de riscos, controle e auditoria no setor governamental.

Com esse mesmo espírito, pretende-se demonstrar o potencial dos laboratórios de inovação para o exercício do controle social da Administração Pública, com especial atenção ao uso das tecnologias inteligentes vistas anteriormente, no intuito de auxiliar as diferentes etapas que envolvem as auditorias sociais.[34]

---

[34] Na definição dada pelo Tribunal de Contas do Estado do Paraná-PR, "[a] auditoria social é um modelo de auditoria norteada pela inclusão do cidadão no controle do gasto público. Ela conta com a participação da sociedade para verificar, monitorar e controlar a gestão destas despesas. Trata-se, portanto, de uma importante ferramenta para o desenvolvimento da cidadania e da participação popular, que tem como objetivos a transparência e a melhoria da eficiência administrativa" (BRASIL. Tribunal de Contas do Estado do Paraná – TCE-PR. *Projeto PAF Social*. Disponível em: https://www1.tce.pr.gov.br/conteudo/paf-social-fiscalizacao/235502. Acesso em: 01 ago. 2021).

A técnica da auditoria social,[35] embora pouco explorada na literatura e na prática,[36] é mais um dos instrumentos inseridos dentro do arcabouço posto à disposição do controle social, a qual pode ser entendida enquanto atividade que "atua sobre uma escolha, uma decisão, e conecta-se com os deveres de fiscalização e com a possibilidade de essa decisão ser substituída por outra".[37] Entretanto, sua utilização tende a se tornar cada vez mais crescente a partir do avanço nos processos de abertura dos dados e digitalização da Administração Pública, embora, com menos rigor formal, quando comparado ao presente na sua utilização pelos tradicionais controles institucionais.

Destaca-se que o controle social e, também, as auditorias sociais, dependem materialmente da presença do acesso à informação e da transparência pública,[38] sem os quais não passa de mera expectativa de sua realização. Por isso, espera-se, com a transposição do governo analógico e baseado em papel, para um governo digital e baseado em

---

[35] Consoante as Normas Internacionais das Entidades Fiscalizadoras Superiores (ISSAI) nº 100, emitidas pela Organização Internacional de Entidades Fiscalizadoras Superiores (INTOSAI), no item nº 18, a auditoria do setor público pode ser descrita enquanto "processo sistemático de obter e avaliar objetivamente evidências para determinar se as informações ou as condições reais de um objeto estão de acordo com critérios aplicáveis. A auditoria do setor público é essencial, pois fornece aos órgãos legislativos e de controle, bem como aos responsáveis pela governança e ao público em geral, informações e avaliações independentes e objetivas acerca da gestão e do desempenho de políticas, programas e operações governamentais" (Cf.: ISSAI 100 – Princípios Fundamentais de Auditoria do Setor Público. *INTOSAI – International Organization Of Supreme Audit Institutions,* Vienna, 2013. p. 3).

[36] Cita-se, como exemplo, a sua utilização pelo Tribunal de Contas do Estado do Paraná (TCE-PR), no âmbito do Projeto PAF Social, executado em 2011 e 2012. (BRASIL. Tribunal de Contas do Estado do Paraná – TCE-PR. *Projeto PAF Social.* Disponível em: https://www1.tce.pr.gov.br/conteudo/paf-social-fiscalizacao/235502. Acesso em: 01 ago. 2021); Ver, também, o projeto que visa a exercer o controle social sobre a dívida pública da União, por meio da realização de auditoria cidadão/social. (Cf.: Auditoria Cidadã da Dívida. *Auditoria Cidadã.* Disponível em: https://auditoriacidada.org.br/. Acesso em: 01 ago. 2021).

[37] BITENCOURT, Caroline Müller. *Acesso à informação para o exercício do controle social*: desafios à construção da cultura da transparência no Brasil e diretrizes operacionais e legais para os portais no âmbito municipal. Relatório de Pesquisa Pós-Doutoral. Curitiba: PPGD-PUCPR, 2019. p. 74.

[38] Transparência pública que deve ser entendida a partir da ideia de comunicação, a qual, segundo Bitencourt e Reck, "compreende a disponibilização da informação, a intenção comunicativa, a compreensibilidade, a objetividade e a responsabilidade. Essa definição, inclusive, é o conceito constitucionalizado de transparência, isto é, lido à luz dos princípios da moralidade, da participação e da igualdade". (BITENCOURT, Caroline Müller; RECK, Janriê Rodrigues. Interações entre direito fundamental à informação e democracia para o controle social: uma leitura crítica da LAI a partir da experiência dos portais de transparência dos municípios do Rio Grande do Sul. *Revista direitos fundamentais & democracia (UniBrasil),* v. 23, p. 126-153, 2018).

dados, tornar possível, com maior facilidade, a tomada de conhecimento pelo cidadão e, dessa forma, o exercício do controle e auditoria sociais.[39] Claro que, para que isso ocorra, não basta uma mera transposição e digitalização, na verdade, as ferramentas digitais, além de facilitarem o acesso, devem privilegiar a comunicação, a compreensão dos dados, o que tende não apenas a possibilitar o controle, mas também a estimular o controle social.

Como dito, a inovação aplicada ao exercício do controle social da Administração Pública é uma das tônicas da Lei do Governo Digital. Com esse olhar, pretende-se relatar algumas das ferramentas em destaque atualmente no cenário tecnológico, que podem servir de apoio à sociedade em matéria de controle e auditoria social dadas às transformações observadas a partir da abertura e interoperabilidade dos dados públicos. Mas, vale destacar, que a utilização das tecnologias aqui referidas depende da criação e codificação, por meio das linguagens de programação, desde simples algoritmos até sofisticadas bibliotecas destinadas à realização de grandes análises, o que, por evidente, é fruto da inteligência do homem.

Os artigos 44 e 45 da Lei de Governo Digital tratam dos denominados laboratórios de inovação, também chamados de iLabs, os quais, em síntese, conforme definição legal dada pelo artigo 4º, inciso VIII, da Lei em estudo, constituem-se de espaços colaborativos de inovação voltados à Administração Pública. A LGD traz apenas a possibilidade de criação dos iLabs, não impondo, em princípio, obrigatoriedade. Por outro lado, traz diretrizes norteadoras para aqueles que forem instituídos, todas contidas no rol do artigo 45. Há notícia, contudo, de que laboratórios com esses contornos já foram instituídos antes mesmo da chegada da Lei em comento, conforme levantamento feito por Sano,[40] no qual se identificou, até o ano de 2019, a existência de 43 iniciativas que adotam a denominação de laboratório de inovação no setor público. A grande maioria deles estão situados na esfera federal

39 Vale a consideração a esse respeito do artigo de nossa autoria sobre a utilização dos dados governamentais abertos para finalidade de exercício do controle social: TAVARES, André Afonso; BITENCOURT, Caroline Müller. Diálogo entre o Direito e a Engenharia de Software para um novo paradigma de transparência: controle social digital. *Revista Eurolatinoamericana de Derecho Administrativo*, v. 8, n. 1, p. 9-34, 30 jun. 2021.

40 SANO, Hironobu. *Laboratórios de inovação no setor público*: mapeamento e diagnóstico de experiências nacionais. Brasília: Enap, 2020. Disponível em: https://repositorio.enap.gov.br/bitstream/1/5112/1/69_Laboratorios_inovacao_governo_completo_final_23062020.pdf. Acesso em: 23 jul. 2021. p. 21-22.

(67%), bem como consideradas todas as esferas no âmbito do poder executivo (51%) e judiciário (28%). Além disso, dos 43 laboratórios identificados, 33 foram inaugurados entre 2017 e 2019, o que aponta uma crescente na criação desses espaços.

Além dos laboratórios de inovação, previstos na Lei de Governo Digital, é possível a realização de *hackathons* ou *datathons* no âmbito da esfera pública, que nada mais são que maratonas ou eventos, realizados com a presença de programadores e de cientistas de dados, em datas ou períodos certos de duração, com fomento dado pelo poder público, com ou sem colaboração da iniciativa privada, e com o objetivo de desenvolver inovações tecnológicas voltadas à Administração Pública. Além disso, dadas as complexidades e as especificidades inerentes à esfera pública, a transdisciplinaridade é recomendada, uma vez que a participação conjunta nesses eventos de profissionais e pesquisadores de outras áreas (não restritas às áreas voltadas à tecnologia) contribui para o melhor planejamento, discussão e validação das ideias e criações deles advindos.

Nesse sentido, e com especial menção ao controle social em discussão neste trabalho, destacamos a iniciativa 14.1 da Estratégia de Governo Digital do Brasil para o período de 2020 a 2022, prevista no Decreto nº 10.332, de 28 de abril de 2020, que promete "firmar parcerias para a construção de aplicações de controle social, por meio de três datathons ou hackathons, até 2022".[41]

Os produtos resultantes das atividades desses laboratórios, que poderão consistir em experimentos, ideias, ferramentas, softwares, resultados ou métodos inovadores não serão necessariamente de domínio livre e público, mas poderão ter licenças restritivas, em razão do veto realizado no artigo 46 contido no Projeto de Lei nº 7843/2017, que resultou na Lei do Governo Digital. A justificativa para o veto foi que a suspensão dos direitos autorais acerca das criações desencorajaria a inovação e o desenvolvimento tecnológico, além de impossibilitar que os institutos e universidades públicas pudessem utilizar desses laboratórios como forma de captação de recursos, bem como impediria

41 BRASIL. Decreto nº 10.332, de 28 de abril de 2020. Institui a Estratégia de Governo Digital para o período de 2020 a 2022, no âmbito dos órgãos e das entidades da administração pública federal direta, autárquica e fundacional e dá outras providências. *Diário Oficial da União*, Brasília, 29 abr. 2020. Disponível em: https://www.in.gov.br/web/dou/-/decreto-n-10.332-de-28-de-abril-de-2020-254430358. Acesso em: 23 jul. 2021.

o estabelecimento e desenvolvimento de parcerias e contratos entre essas instituições públicas e a iniciativa privada, a fim de promover a inovação.

A criação de laboratórios de inovação por estes públicos tem por finalidade servir ao aprimoramento da Administração Pública. A retirada da aludida imposição legal de serem as criações de domínio livre e público não deve ser lida no sentido de permitir o seu desvirtuamento para atender interesses privados de exploração econômica das criações, o que violaria, entre outros dispositivos, as regras constitucionais previstas ao longo do artigo 37 da Constituição Federal, uma vez que há participação de recursos públicos nesses espaços. Inobstante o veto efetuado, a criação de produtos de domínio público e livre deve ser incentivada por esses laboratórios para possibilitar o compartilhamento de práticas e experiências para todas as esferas e entes públicos.

Registra-se que, no caso de criação de softwares públicos, no âmbito federal, a sua disponibilização no Portal de Software Público Brasileiro está regida pela portaria nº 46, de 28 de setembro de 2016, da Secretaria de Tecnologia da Informação, do Ministério do Planejamento, Desenvolvimento e Gestão (STI/MP), e impõe enquanto requisitos para entrada no portal, nos termos do seu artigo 4º, entre outros, ser software livre com código fonte licenciado sob um ou mais modelos de licença livre compatíveis com *GNU GPL* (Licença Pública Geral) ou algum outro modelo de licença livre aprovado pela STI/MP, e, ainda, utilizar modelo de licença livre compatível com a *Creative Commons CC-BY-AS 3.0 BR*, ou, posterior, em razão à proteção de imagens utilizadas, documentação e demais artefatos associados ao Software Público ou algum outro modelo de licença livre a ser aprovado pela STI/MP. Essas exigências fazem com o que o software possa ser compartilhado sem ônus no Portal e utilizado pelos entes públicos ou privados para modernização da Administração Pública de qualquer dos Poderes da União, dos Estados, do Distrito Federal e dos Municípios, o que resultará em economia de recursos públicos e constitui um recurso benéfico para a administração pública e para a sociedade (art. 2º, inciso X, da Portaria).

Os artigos 47 a 49 da Lei de Governo Digital trouxeram disposições que se aplicam às atividades de governança, da gestão de riscos, do controle e da auditoria. Embora os artigos 48 e 49 tenham enfatizado a atividade de controle e auditoria interna, o artigo 47 traz no seu bojo a necessidade de a Administração Pública reformular seus processos de monitoramento de resultados, de desempenho e tomada de decisão, a partir das diretrizes e princípios do Governo Digital.

Destaca-se, aqui, que os laboratórios de inovação também podem ter por objeto o desenvolvimento de métodos e mecanismos que visem ao aperfeiçoamento da governança por meio do controle e da auditoria. Isso porque, ao mencionar o controle e a auditoria, por certo, a Lei não quis restringir essas práticas apenas às vias institucionais, mesmo que tenha se dado especial e merecida atenção aos artigos 48 e 49, de forma que se deve lê-lo como a contemplar também a via do controle pela cidadania, isto é, pelo exercício do controle e realização de auditoria social, em conformidade com os meios previstos em lei.

É o que se extrai da leitura conjunta com o artigo 45 e o artigo 47 dessa Lei, que estipulam enquanto diretrizes a serem observadas pelos laboratórios de inovação: a) a colaboração interinstitucional e com a sociedade (inciso I), com fomento à participação social e à transparência pública (inciso V); b) o apoio a políticas públicas orientadas por dados e com base em evidências, a fim de subsidiar a tomada de decisão e de melhorar a gestão pública (inciso VII); c) a implementação de mecanismos, instâncias e práticas de governança que observem formas de acompanhamento de resultados (art. 47 parágrafo único e o inciso I); d) soluções para a melhoria do desempenho das organizações (inciso II); e) instrumentos de promoção do processo decisório fundamentado em evidências (inciso III).

Pois bem, a partir da Lei de Governo Digital, busca-se trazer adiante algumas experiências já existentes quanto ao uso das tecnologias de inteligência artificial, da ciência de dados e *big open data* durante o controle e auditoria social da Administração Pública e que podem servir de referência aos laboratórios de inovação instituídos para essas finalidades.

Uma dessas experiências, com grande repercussão, que envolveu uma combinação dessas tecnologias é a experiência conhecida por *Operação Serenata de Amor*. Conforme palavras de Pinto Filho e Fontes,[42] o projeto utiliza do modelo *open source* (código aberto, disponível de forma pública e gratuita)[43] e reúne diversos colaboradores. Desse projeto destaca-se, enquanto produtos, o desenvolvimento dos robôs Rosie e

---

[42] PINTO FILHO, José Carlos Rodrigues; FONTES, Carlos Vinicius. Estudo de Caso "Operação Serenata de Amor": a análise de Big Data no combate à festa dos gastos públicos. *XIV Congresso de la Asociación Latinoamericana de Investigadores de la Comunicación – ALAIC*. San Pedro: Universidade de Costa Rica, 2018. p. 25.

[43] O código-fonte do projeto se encontra hospedado em modo público na plataforma Github (que funciona como um repositório para diversos projetos de programadores/desenvolvedores), disponível em: https://github.com/okfn-brasil/serenata-de-amor. Acesso em: 31 jul. 2021.

Jarbas, nos quais se verifica a utilização de cerca de 76,6% de linguagem *Python* (própria ao desenvolvimento de inteligências artificiais e à ciência de dados).

O robô *Rosie* é fruto de financiamento coletivo (*crowdfunding*) no valor de R$80.424,00.[44] Pinto Filho e Fontes[45] detalham que o sistema consiste em um algoritmo inteligente programado para identificar usos inadequados de verba pública através da varredura dos reembolsos solicitados pelos deputados (Cota para Exercício da Atividade Parlamentar – CEAP), o qual aponta possíveis ilegalidades, com a capacidade de analisar 1,6 milhão de solicitações de reembolso em uma hora de operação.

De forma semelhante aos robôs construídos pelo Tribunal de Contas da União, o robô Rosie funciona da seguinte forma: uma vez identificada uma possível irregularidade, por meio de verificação de anomalias, tais como gastos acima do que seria considerado adequado ou reembolsos para gastos em uma localidade, estando o deputado em outra, o alerta é repassado a um segundo nível de análise, isto é, a um humano, que, uma vez tendo comprovado a irregularidade, dá início a um processo de denúncia junto à Câmara dos Deputados. Registra-se, ainda, que a inteligência artificial identifica de forma autônoma 100% de todos os estabelecimentos utilizados pelos parlamentares, lendo notas fiscais com precisão, além de possuir o valor imobiliário de todos os bens alugados, saber calcular distâncias para confrontar gastos de deslocamento e mesmo identificar o consumo de bebidas alcóolicas em restaurantes de luxo.[46]

Ao todo, em números, a Rosie já encontrou 8.276 reembolsos suspeitos, envolvendo 735 deputados diferentes e o volume de R$3,6 milhões, do que foram denunciados 629 reembolsos à Câmara de Deputados, envolvendo 216 diferentes e o valor de R$378.000,00, o que equivale a 371% do valor arrecadado para o projeto.[47]

---

[44] Cf.: Inteligência artificial Seranata de Amor. *Operação Serenata de Amor*. Disponível em: https://serenata.ai/explore/. Acesso em: 31 jul. 2021.

[45] PINTO FILHO, José Carlos Rodrigues; FONTES, Carlos Vinicius. Estudo de Caso "Operação Serenata de Amor": a análise de Big Data no combate à festa dos gastos públicos. *XIV Congresso de la Asociación Latinoamericana de Investigadores de la Comunicación – ALAIC*. San Pedro: Universidade de Costa Rica, 2018. p. 16.

[46] PINTO FILHO, José Carlos Rodrigues; FONTES, Carlos Vinicius. Estudo de Caso "Operação Serenata de Amor": a análise de Big Data no combate à festa dos gastos públicos. *XIV Congresso de la Asociación Latinoamericana de Investigadores de la Comunicación – ALAIC*. San Pedro: Universidade de Costa Rica, 2018. p. 16.

[47] Cf.: Inteligência artificial Seranata de Amor. *Operação Serenata de Amor*. Disponível em: https://serenata.ai/explore/. Acesso em: 31 jul. 2021.

Já o robô *Jarbas*, que surgiu no contexto do mesmo projeto, tem o intuito de facilitar a consulta e a visualização dos dados das informações dos *datasets*. Nele, os desenvolvedores do projeto criaram uma API (Application Programming Interface) que resulta numa interface gráfica que permite ao cidadão buscar e filtrar os resultados. Além disso, é possível acessar todas as informações disponíveis no dashboard (painel).[48] [49] Algumas estatísticas constantes na página digital do projeto: a) R$6.205,00 é o valor de uma nota que foi reembolsada, referente a apenas uma refeição; b) Em 2015, foram realizados 169.241 pedidos de reembolso por deputados; c) 219 deputados costumam usar o valor máximo permitido mensalmente, que é R$44.000,00; d) Dois deputados já pediram reembolso de 13 refeições feitas no mesmo dia; e) Um deputado já foi reembolso por bebida alcóolica em Las Vegas (EUA); f) Em média, um dia de reembolso de um deputado custa R$ 122,00; g) Há um deputado que costuma gastar R$6.000,00 mensais em gasolina, o que, em média, equivale a 30 tanques por dia.[50]

Outra aplicação desenvolvida é o projeto *Querido Diário*, que almeja tornar transparentes os dados oficiais de todas as cidades do Brasil. A plataforma foi lançada oficialmente apenas recentemente, em 20 de julho de 2021, após o financiamento conseguido por meio do projeto Empatia promovido pela ILDA,[51] sendo o recurso patrocinado pelo Banco Interamericano de Desenvolvimento (BID). Atualmente, a plataforma se encontra com 12 cidades cadastradas, 2.220 cidades já com robôs para coletar diários e 597 cidades já mapeadas pelo censo.[52]

Como dito no tópico antecedente, existem métodos analíticos que podem ser usados para detecção de anomalias durante os processos de auditoria aplicada ao setor governamental. Esses também são aplicáveis durante os processos de auditoria social. Veja-se, nessa linha,

---

48 Disponível em: https://jarbas.serenata.ai/dashboard/chamber_of_deputies/reimbursement.

49 PINTO FILHO, José Carlos Rodrigues; FONTES, Carlos Vinicius. Estudo de Caso "Operação Serenata de Amor": a análise de Big Data no combate à festa dos gastos públicos. *XIV Congresso de la Asociación Latinoamericana de Investigadores de la Comunicación – ALAIC*. San Pedro: Universidade de Costa Rica, 2018. p. 22.

50 Cf.: Inteligência artificial Seranata de Amor. *Operação Serenata de Amor*. Disponível em: https://serenata.ai/explore/. Acesso em: 31 jul. 2021.

51 Informações sobre outros projetos envolvendo dados abertos na América-Latina estão disponíveis em: https://idatosabiertos.org/pb/. Acesso em: 31 jul. 2021.

52 Cf.: Plataforma oficial do Querido Diário. *Projeto Querido Diário*. Disponível em: https://queridodiario.ok.org.br/sobre#entenda. Acesso em: 31 jul. 2021.

a experiência descrita por Cella e Zanolla[53] quanto ao uso da *Lei de Benford* para análise prévia das despesas públicas municipais, no intuito de direcionar futuras auditorias e servir como uma das variáveis de mensuração do grau de transparência de um município.[54] Concluiu-se da pesquisa realizada que o volume de recursos a serem objeto de uma auditoria é maior no município "B" do que no município "A". Esse método contribui para etapa de levantamento de amostra, de indícios e de riscos. Nesse tocante, os pesquisadores sugerem que estudos futuros devem se concentrar na construção de índices de transparência com a inclusão da conformidade com a Lei de Benford como uma variável do modelo, bem como ampliar o número de municípios estudados.

Por fim, salienta-se que há ainda outras experiências que se dedicam a utilizar da ciência de dados aplicadas como ferramenta de apoio ao controle e auditoria social, sendo que se descrevem as seguintes: a) *Tchiluanda*, iniciativa de Grupo Técnico de Comunicação Estratégica e Análise de Dados da Secretaria do Tesouro Nacional, que busca, por meio da ciência de dados e da técnica de storytelling, inovar a forma de comunicar e experimentar os dados técnicos relativos ao orçamento público federal; b) *Plataforma de análise e imputação de painéis de informações municipais*, a qual recebeu o 1º lugar no "Prêmio Tesouro 2020 – Soluções" e tem por objetivo fornecer a pesquisadores e técnicos acesso a um repositório de painéis de informações municipais de diversas variáveis, para o período de 2003/2019, contendo dados das finanças públicas tratados para uso e analisados para os problemas mais comuns; c) *Painel de servidores públicos e militares estaduais 2014-2018*,

[53] CELLA, Ricardo Sartori; ZANOLLA, Ercilio. A Lei de Benford e a transparência: uma análise das despesas públicas municipais. *Brazilian Business Review*, v. 15, n. 4, p. 331-347, 26 jun. 2018. p. 345.

[54] Esses autores realizaram pesquisa que objetivou analisar a transparência municipal usando os sites municipais como referência e encontrou uma limitação na disponibilidade de dados, devido à grande variedade de ferramentas que não permitem a exportação de dados no mesmo formato. Segundo eles, a existência de uma padronização nacional ou de um único site de transparência das despesas municipais a nível nacional facilitaria o acesso à informação e ampliaria o controle social. (CELLA, Ricardo Sartori; ZANOLLA, Ercílio. A Lei de Benford e a transparência: uma análise das despesas públicas municipais. *Brazilian Business Review*, v. 15, n. 4, p. 331-347, 26 jun. 2018. p. 345). No mesmo sentido, relata Bitencourt ao dizer que para a existência de verdadeira transparência e acesso à informação, deve-se superar a mera existência de portais eletrônicos desprovidos de informações organizadas, sem simplificação da forma de acesso, padronização de mecanismos e sistematização de dados. (BITENCOURT, Caroline Müller. *Acesso à informação para o exercício do controle social*: desafios à construção da cultura da transparência no Brasil e diretrizes operacionais e legais para os portais no âmbito municipal. Relatório de Pesquisa Pós-Doutoral. Curitiba: PPGD-PUCPR, 2019. p. 174).

o qual recebeu o 2ª lugar no "Prêmio Tesouro 2020 – Soluções" e tem por objetivo prover técnicos e pesquisadores de informações detalhadas, ao nível individual, das características dos servidores públicos e militares estaduais, por estado, no período de 2014/2018, além da rápida visualização e facilitação quanto ao entendimento dos dados por usuários menos familiarizados com políticas de pessoal e projeções de gastos; d) *Monitoramento dos Gastos da União com Combate à COVID-19*, que recebeu o 3º lugar no "Prêmio Tesouro 2020 – Soluções" e objetiva demonstrar à sociedade, de forma simplificada, a evolução das despesas federais no combate à COVID-19, de forma a contribuir com a transparência dos gastos públicos relacionados à pandemia; e) *Cuidando do Meu Bairro*, que busca, a partir dos dados abertos disponibilizados pelo Estado de São Paulo, possibilitar o acompanhamento da execução orçamentária dos gastos públicos em associação com a geolocalização das cidades e bairros.

Todas essas aplicações e experiências confirmam que não só é possível, como deve ser fomentada a inovação no exercício do controle social da Administração Pública. Por meio dos laboratórios de inovação, cuja base legal agora repousa na Lei de Governo Digital, além de outros espaços de criação e inovação abertos e compartilhados, verifica-se potencial latente a ser explorado com a utilização das tecnologias inteligentes, entre as quais, a inteligência artificial, a ciência de dados e o *big open data*, para a realização de auditorias sociais.

Considerações Finais

Alocar na página governamental meras informações técnicas ou notícias superficiais relacionadas à gestão pública não confere por si só ao governo o real sentido do digital. É preciso ir além da mera criação de plataformas desprovidas de interação e soluções inteligentes para os serviços públicos e ao exercício da cidadania.[55] Por isso, para que

[55] Ao lado da criação de plataformas digitais interativas e transparentes, que se deve pensar no bojo de uma política pública de governo digital adequada, o exercício da cidadania digital exige, concomitantemente, o avanço em uma política pública de inclusão digital que envolva aspectos além do mero acesso à internet, posto que a problemática envolve fatores de ordem técnica, mas também de ordem individual, social e geográfica, sob pena de agravar ainda mais a já conhecida exclusão social (TAVARES, André Afonso; VIEIRA, Reginaldo de Souza. A exclusão digital e a cidadania participativa na sociedade em rede. *Revista Meritum*, Belo Horizonte, v. 15, n. 4, p. 283-299, 2020. p. 291. DOI: https://doi.org/10.46560/meritum.v15i4.8065).

ocorra essa saída do estado analógico para o digital, faz-se necessária a incorporação das inovações a serviço do cidadão e da eficiência da gestão pública. É claro que isso não se faz de imediato. Precisa-se de planejamento, estudo, tempo e criatividade para modelagem, desenvolvimento e testes dessas plataformas digitais.[56] É uma nova forma de concepção da própria Administração Pública.

A adoção das tecnologias no âmbito da Administração Pública tem o condão de potencializar as estratégias e ações de Controle da Administração Pública, inclusive daquele realizado pela sociedade. A partir da transformação e inovação digital do setor público, do aumento da transparência, da abertura dos dados e da criação de espaços e canais colaborativos de criação, participação e controle social, pode-se viabilizar a aplicação das tecnologias da inteligência artificial, ciência de dados e *big open* data, com especial destaque dado neste trabalho durante a realização de processos de auditorias sociais conduzidas pela sociedade, enquanto mecanismo de controle social. Sua utilização, contudo, exige de todos os atores a efetiva concretização dos dispositivos constantes da Lei de Governo Digital, para além da mera formalidade.

Entende-se que os laboratórios de inovação tendem a contribuir para o constante processo de aprimoramento também do controle social da Administração Pública, o que já se mostrou possível com excelentes experiências em matéria de auditoria social através da inteligência artificial. Espera-se que o novo marco legal contribua para uma transformação da Administração Pública, para que as experiências tecnológicas não se restrinjam à mera transposição para plataformas digitais, resguardando os velhos problemas que tanto distanciam o controle social.

---

[56] Destaca-se, acerca dos modelos de governo eletrônico, o levantamento feito por Leite e Rezende, em que se analisou pelo menos 06 (seis) diferentes modelos presentes na literatura nacional e internacional, suas características principais e as diversas ferramentas e conceitos de suporte. Isso demonstra a necessidade de se uniformizar a implementação das plataformas de governo digital com nível de detalhamento que envolva também a especificação das ferramentas tecnológicas a serem desenvolvidas e adotadas, preferencialmente a partir da utilização de softwares públicos. (LEITE, Leonardo de Oliveira; REZENDE, Denis Alcides. *E-gov.estratégico*: governo eletrônico para gestão do desempenho da administração pública. 1. ed. Curitiba: Appris, 2015. p. 721-758).

Referências

ABREU, Joana Covelo de. O mercado único digital e a interoperabilidade administrativa: a proteção de dados pessoais na articulação entre administrações públicas nacionais e as instituições e órgãos da União Europeia – reflexões prospectivas. *In*: *O Direito Administrativo nos 30 anos da Constituição Brasileira de 1988 – um diálogo luso-brasileiro.* Lisboa: Centro de Investigação de Direito Público, 2019.

AMARAL, Fernando. *Introdução à ciência de dados.* Rio de Janeiro: Alta Books, 2016.

AUDITORIA CIDADÃ. *Auditoria Cidadã da Dívida.* Disponível em: https://auditoriacidada.org.br/. Acesso em: 01 ago. 2021.

BERNARDINO, Dília; PEDROSA, Isabel; LAUREANO, Raul M. S. Métodos analíticos para auditoria e detecção de anomalias/fraude. *In*: *13th Iberian Conference on Information Systems and Technologies (CISTI).* Caceres: IEEE, 2018.

BITENCOURT, Caroline Müller. *Acesso à informação para o exercício do controle social*: desafios à construção da cultura da transparência no Brasil e diretrizes operacionais e legais para os portais no âmbito municipal. Relatório de Pesquisa Pós-Doutoral. Curitiba: PPGD-PUCPR, 2019.

BITENCOURT, Caroline Müller; RECK, Janriê Rodrigues. Interações entre direito fundamental à informação e democracia para o controle social: uma leitura crítica da LAI a partir da experiência dos portais de transparência dos municípios do Rio Grande do Sul. *Revista direitos fundamentais & democracia (UniBrasil),* v. 23, p. 126-153, 2018.

BRASIL. Decreto nº 10.332, de 28 de abril de 2020. Institui a Estratégia de Governo Digital para o período de 2020 a 2022, no âmbito dos órgãos e das entidades da administração pública federal direta, autárquica e fundacional e dá outras providências. *Diário Oficial da União,* Brasília, 29 abr. 2020. Disponível em: https://www.in.gov.br/web/dou/-/decreto-n-10.332-de-28-de-abril-de-2020-254430358. Acesso em: 23 jul. 2021.

BRASIL. *Estratégia de governança digital*: do eletrônico ao digital. 25 nov. 2019. Disponível em: https://www.gov.br/governodigital/pt-br/estrategia-de-governanca-digital/do-eletronico-ao-digital. Acesso em: 29 jul. 2021.

BRASIL. *Arquitetura de Padrões de Interoperabilidade – ePING.* 2018. Disponível em: https://www.gov.br/governodigital/pt-br/governanca-de-dados/ePING_v2018_20171205.pdf. Acesso em: 29 jul. 2021.

BRASIL. *Governo aberto*: a OGP. 11 dez. 2014. Disponível em: https://www.gov.br/cgu/pt-br/governo-aberto/a-ogp/o-que-e-a-iniciativa. Acesso em: 29 jul. 2021.

BRASIL. Decreto nº 8.777, de 11 de maio de 2016. Institui a Política de Dados Abertos no Poder Executivo Federal. *Diário Oficial da União,* Brasília, 11 mai. 2016. Disponível em: http://www.planalto.gov.br/ccivil_03/_ato2015-2018/2016/decreto/d8777.htm. Acesso em: 29 jul. 2021.

BRASIL. Lei nº 14.129, de 29 de março de 2021. Dispõe sobre princípios, regras e instrumentos para o Governo Digital e para o aumento da eficiência pública e altera a Lei nº 7.116, de 29 de agosto de 1983, a Lei nº 12.527, de 18 de novembro de 2011 (Lei de

Acesso à Informação), a Lei nº 12.682, de 9 de julho de 2012, e a Lei nº 13.460, de 26 de junho de 2017. *Diário Oficial da União*, Brasília, 11 jun. 2021. Disponível em: http://www.planalto.gov.br/ccivil_03/_ato2019-2022/2021/lei/L14129.htm. Acesso em: 01 ago. 2021f.

BRASIL. Ministério da Economia. *Dados públicos CNPJ*. 23 nov. 2018. Disponível em: https://www.gov.br/receitafederal/pt-br/assuntos/orientacao-tributaria/cadastros/consultas/dados-publicos-cnpj. Acesso em: 29 jul. 2021.

BRASIL. Tribunal de Contas do Estado do Paraná – TCE-PR. *Projeto PAF Social*. Disponível em: https://www1.tce.pr.gov.br/conteudo/paf-social-fiscalizacao/235502. Acesso em: 01 ago. 2021.

BREGA, José Fernando Ferreira. *Governo eletrônico e direito administrativo*. Tese (Doutorado em Direito), São Paulo, USP, 2012.

CASTRO, Leandro Nunes de; FERRARI, Daniel Gomes. *Introdução a mineração de dados*: conceitos básicos, algoritmos e aplicações. São Paulo: Saraiva, 2016.

CELLA, Ricardo Sartori; ZANOLLA, Ercílio. A Lei de Benford e a transparência: uma análise das despesas públicas municipais. *Brazilian Business Review*, v. 15, n. 4, p. 331-347, 26 jun. 2018.

CONTROLADORIA-GERAL DA UNIÃO – CGU. *Painel de Monitoramento de Dados Abertos do Governo Federal*. Disponível em: http://paineis.cgu.gov.br/dadosabertos/index.htm. Acesso em: 29 jul. 2021.

COSTA, Marcos Bemquerer; BASTOS, Patrícia Reis Leitão. Alice, Monica, Adele, Sofia, Carina e Ágata: o uso da inteligência artificial pelo Tribunal de Contas da União. *Revista do Tribunal de Contas do Estado de Goiás*, Belo Horizonte, a. 2, n. 3, p. 11-34, jan./jun. 2020.

CRISTÓVAM, José Sérgio da Silva; SAIKALI, Lucas Bossoni; SOUSA, Thanderson Pereira de. Governo digital na implementação de serviços públicos para a concretização de direitos sociais no Brasil. *Sequência*, Florianópolis, n. 84, p. 209-242, abr. 2020.

CUNHA, Maria Alexandra. Governo eletrônico no Brasil: avanços e impactos na sociedade brasileira. *In*: BARBOSA, Alexandre (Org.). *Pesquisa sobre o uso das Tecnologias da Informação e da Comunicação no Brasil 2005-2009*. São Paulo: Comitê Gestor da Internet no Brasil, 2010. v. 1.

FREITAS, Juarez; FREITAS, Thomas Bellini. *Direito e inteligência artificial*: em defesa do humano. Belo Horizonte: Fórum, 2020.

GOMES, Wilson. *A democracia no mundo digital*: história, problemas e temas. São Paulo: Edições Sesc, 2018.

HARTMANN, Fabiano Peixoto; SILVA, Roberta Zumblick Martins da. *Inteligência artificial e direito*. 1. ed. Curitiba: Alteridade, 2019.

INSTITUTO RUI BARBOSA – IRB. *Uso de robôs pelos Tribunais de Contas*. 10 jul. 2020. Disponível em: https://irbcontas.org.br/uso-de-robos-pelos-tribunais-de-contas/. Acesso em: 25 jul. 2021.

INTERNATIONAL ORGANIZATION OF SUPREME AUDIT INSTITUTIONS – INTOSAI. *Standing Committee on IT Audit. Auditing e-government.* Oslo: Intosai Standing Committee on IT Audit, 2003.

INTERNATIONAL ORGANIZATION OF SUPREME AUDIT INSTITUTIONS – INTOSAI. *ISSAI 100 – Princípios Fundamentais de Auditoria do Setor Público.* Intosai: Vienna, 2013.

LEITE, Leonardo de Oliveira; REZENDE, Denis Alcides. *E-gov.estratégico*: governo eletrônico para gestão do desempenho da administração pública. 1. ed. Curitiba: Appris, 2015.

OECD – ORGANISATION FOR ECONOMIC CO-OPERATION AND DEVELOPMENT. *Digital Government Index.* 2019 results. Disponível em: https://www.oecd-ilibrary.org/docserver/4de9f5bb-en.pdf?expires=1625339310&id=id&accname=guest&checksum=F495982F5EDDE73E84080662F4D5293E. Acesso em: 12 mai. 2021.

PINTO FILHO, José Carlos Rodrigues; FONTES, Carlos Vinicius. Estudo de Caso "Operação Serenata de Amor": a análise de Big Data no combate à festa dos gastos públicos. *XIV Congresso de la Asociación Latinoamericana de Investigadores de la Comunicación – ALAIC.* San Pedro: Universidade de Costa Rica, 2018.

QUERIDO DIÁRIO, Projeto. *Plataforma oficial do Querido Diário.* Disponível em: https://queridodiario.ok.org.br/sobre#entenda. Acesso em: 31 jul. 2021.

ROVER, Aires José. Direito. *Governo eletrônico e inclusão digital.* Florianópolis: Fundação Boiteux, 2009.

RUSSELL, Stuart; NORVIG, Peter. *Inteligência Artificial.* (Trad. Regina Célia Simille de Macedo). Rio de Janeiro: Elsevier, 2013.

SANO, Hironobu. *Laboratórios de inovação no setor público*: mapeamento e diagnóstico de experiências nacionais. Brasília: Enap, 2020. Disponível em: https://repositorio.enap.gov.br/bitstream/1/5112/1/69_Laboratorios_inovacao_governo_completo_final_23062020.pdf. Acesso em: 23 jul. 2021.

SCHWAB, Klaus. *A Quarta Revolução Industrial [livro eletrônico].* (Trad. Daniel Moreira Miranda). São Paulo: Edipro, 2019.

SERENATA DE AMOR, Operação. *Inteligência artificial Seranata de Amor.* Disponível em: https://serenata.ai/explore/. Acesso em: 31 jul. 2021.

SOARES, Gustavo Fleury. Ciência de dados aplicada à Auditoria Interna. *Revista da CGU,* v. 12, n. 22, jul./dez. 2020.

SOUZA, André Delgado de; SOBRAL, Maria do Carmo; CANDEIAS, Ana Lúcia Bezerra. Geotecnologias aplicadas às auditorias de obras públicas no brasil: panorama geral e perspectivas. *Revista Brasileira de Cartografia,* n. 69, v. 8, p. 1387-1401, 2017.

TAVARES, André Afonso; BITENCOURT, Caroline Müller. Diálogo entre o Direito e a Engenharia de Software para um novo paradigma de transparência: controle social digital. *Revista Eurolatinoamericana de Derecho Administrativo,* v. 8, n. 1, p. 9-34, 30 jun. 2021.

TAVARES, André Afonso; VIEIRA, Reginaldo de Souza. A exclusão digital e a cidadania participativa na sociedade em rede. *Revista Meritum*, Belo Horizonte, v. 15, n. 4, p. 283-299, 2020. DOI: https://doi.org/ 10.46560/meritum.v15i4.8065.

UNDESA – DEPARTMENT OF ECONOMIC AND SOCIAL AFFAIRS OF THE UNITED NATIONS. *E-Government Survey 2020*: digital Government in the decade of action for sustainable development. Disponível em: https://publicadministration.un.org/egovkb/Portals/egovkb/Documents/un/2020-Survey/2020%20UN%20E-Government%20Survey%20(Full%20Report).pdf. Acesso em: 10 mai. 2021.

VALLE, Vivian Cristina Lima López; GALLO, William Ivan. Inteligência artificial e capacidades regulatórias do Estado no ambiente da administração pública digital. *A&C – Revista de Direito Administrativo & Constitucional*, Belo Horizonte, a. 20, n. 82, p. 67-86, out./dez. 2020.

VALLE, Vanice Lírio do. Inteligência artificial incorporada à Administração Pública: mitos e desafios teóricos. *A&C – Revista de Direito Administrativo & Constitucional*, Belo Horizonte, a. 20, n. 81, p. 179-200, jul./set. 2020. DOI: 10.21056/aec.v20i81.1346.

Informação bibliográfica deste texto, conforme a NBR 6023:2018 da Associação Brasileira de Normas Técnicas (ABNT):

TAVARES, André Afonso; BITENCOURT, Caroline Müller. A lei do governo digital e os laboratórios de inovação: inteligência artificial, ciência de dados e *big open data* como ferramentas de apoio à auditoria social e controle social. *In*: MOTTA, Fabrício; VALLE, Vanice Regina Lírio do. *Governo digital e a busca por inovação na Administração Pública*: a Lei 14.129, de 29 de março de 2021. 2. ed. Belo Horizonte: Fórum, 2025. p. 169-196. ISBN 978-85-450-0987-0.

ACESSO À INFORMAÇÃO E SEUS "DOIS MARIDOS": DUAS LEIS EM UM MESMO TEMA – TRANSPARÊNCIA E TRATAMENTO DOS DADOS PÚBLICOS

JULIANO HEINEN

Introdução

Se o leitor se interessou pelo título, é porque lembrou da famosa obra do baiano Jorge Amado, publicada em 1966: "Dona Flor e seus dois maridos". E se houve interesse em saber quem são estes consortes, aí está: a Lei nº 12.527/2011 (*Lei de Acesso* à *Informação*) e a Lei nº 14.129/2021 (*Lei do Governo Digital*). Há uma série de outras legislações que flertam com o acesso à informação, as quais serão citadas na sequência da exposição, mas "marido" mesmo, de "papel passado", são essas duas leis mesmo.

Neste trabalho, propomos ao leitor um ensaio sobre o direito de acesso à informação e como essas duas legislações, de modo (as) sistemático, propõem-se a tutelar o direito fundamental previsto no art. 5º, inciso XXXIII, da Constituição da República Federativa do Brasil de 1988 (CF/88). Em um primeiro momento, entendemos importante centrar o tema a partir do manancial de fontes jurídico-positivas, para, na sequência, falar de ambas as legislações, ou seja, quais as características e diferenças dos "dois maridos" do acesso à informação.

Dito de outro mondo, analisaremos, primeiramente, como o acesso à informação foi sendo construído no Brasil, para, então, tratar de ambas as leis, as quais possuem um intenso imbricamento.

Por fim, a *Lei do Governo Digital* trouxe um assunto novo em relação à lei de acesso: a interoperabilidade de dados entre órgãos públicos (arts. 38 a 41). Apesar de a mencionada integração ocorrer em muitas situações, coube à Lei nº 14.129/2021 disciplinar o tema no plano jurídico-positivo. E é sobre isso que trataremos na parte final da exposição que segue.

1 Primeiras palavras – por que regular as informações públicas?

No tema dos dados e informações públicas, podem ser citadas uma série de legislações que, ou trataram paralelamente do assunto, ou mesmo modificaram a *Lei de Acesso* à *Informação* (LAI) – Lei nº 12.527/2011. Cito algumas delas, exemplificativamente:

- A Lei nº 8.159/1990, que disciplina os arquivos públicos, segmenta várias ferramentas de acesso à informação, além de disciplinar um tema importante à espécie: a impossibilidade de divulgação e de acesso a certos dados, ou seja, casos e formas de sigilo.
- O Decreto nº 4.553/2002 e o Decreto nº 5.301/2004. Tais atos normativos tratavam de casos de sigilo de dados. O primeiro diploma era apelidado de "Lei do Sigilo Eterno";
- O Decreto nº 5.301/04 regulamentou o disposto na Medida Provisória nº 228/2004, que disciplinava justamente a ressalva feita na parte final do disposto no inciso XXXIII do art. 5º da Constituição Federal;
- A Lei nº 9.051/1995 dispõe sobre a expedição de certidões para a defesa de direitos e esclarecimentos de situações;
- A Lei nº 9.507, de 12 de novembro de 1997, passou a regular o remédio constitucional do *habeas data* e o *acesso a informações;*
- O art. 2º, parágrafo único, inciso V, da Lei nº 9.784/1999 (*Lei do Processo Administrativo Federal*) faz uma síntese da aplicação do princípio da publicidade no nosso País: "Parágrafo único. Nos processos administrativos serão observados, entre outros, os critérios de: [...] V – divulgação oficial dos atos administrativos, ressalvadas as hipóteses de sigilo previstas na Constituição";

- No tema das licitações e contratos, podemos citar o art. 4º da Lei nº 8.666/93, que trata do acesso à informação neste tema. A nova lei regulou a matéria no art. 25, §3º; no art. 91; no art. 174; entre outros, todos da Lei nº 14.133/21;[1]
- A *Lei de Responsabilidade Fiscal (LRF)* – Lei Complementar (LC) nº 101/2000[2] – dá um passo avante, exigindo que os relatórios contábeis fossem todos publicados, para que qualquer pessoa tivesse acesso às contas públicas, apesar de este não ser o foco da lei;[3]
- O *Programa Nacional de Direitos Humanos*, instituído pelo Decreto nº 7.037/2009, no Eixo VI, Diretriz nº 22,[4] constante no art. 2º, já declarava que o pleno exercício da cidadania passa, inarredavelmente, pelo incremento do direito de acesso a informações e dados estatais, e o acesso foi potencializado pela edição da Lei Complementar nº 131/2009;
- A Lei nº 10.180/2001, no art. 24, incisos V e XI, determina que seja incentivado o controle social dos programas contemplados por verbas federais, o que se mostra importante à transparência;
- A Lei nº 11.111/2005 é considerada um antecedente importante no tema, porque estabeleceu uma arquitetura jurídica muito semelhante à LAI. A regra infraconstitucional preconizava que todos os documentos, informações ou dados não declarados como sigilosos poderiam ser acessados pelos indivíduos. Ainda, poder-se-ia provocar a Comissão de Averiguação e Análise de Informações Sigilosas para que reavaliasse o sigilo conferido a um determinado documento ou dado, ou permitisse acesso a eles;

---

1 Comentamos esses dispositivos na nossa obra: Comentários à Lei de Licitações e Contratos Administrativos. (HEINEN, Juliano. *Comentários à Lei de Licitações e Contratos Administrativos*: Lei nº 14.133/2021. Salvador: Juspodivm, 2021).

2 O acesso a informações disciplinadas pela *Lei de Responsabilidade Fiscal* foi regulado pelo Decreto nº 7.185/2010, o qual: "Dispõe sobre o padrão mínimo de qualidade do sistema integrado de administração financeira e controle, no âmbito de cada ente da Federação, nos termos do art. 48, parágrafo único, inciso III, da Lei Complementar nº 101, de 4 de maio de 2000, e dá outras providências".

3 MOTTA, Carlos Pinto Coelho. Transparência e divulgação institucional. *Fórum de Contratação e Gestão Pública – FCGP*, Belo Horizonte, a. 9, n. 105, set. 2010. p. 12.

4 Decreto nº 7.037/09: "e) Diretriz 22: Garantia do direito à comunicação democrática e ao acesso à informação para consolidação de uma cultura em Direitos Humanos".

- Após a edição da LAI, é publicada a Lei nº 12.813, de 16 de maio de 2013, a qual dispõe sobre o conflito de interesses no exercício de cargo ou emprego do Poder Executivo federal e impedimentos posteriores ao exercício destes. No que toca ao acesso às informações públicas, traz uma interessante regra: acaba por proibir a revelação de informações privilegiadas e conferir uma disciplina específica ao tratamento desses dados. Perceba que considera informação deste jaez aquela: "[...] que diz respeito a assuntos sigilosos ou aquela relevante ao processo de decisão no âmbito do Poder Executivo federal que tenha repercussão econômica ou financeira e que não seja de amplo conhecimento público" – art. 3º, inciso II. A divulgação de informação privilegiada (que inclui a sigilosa) configura conflito de interesses (art. 5º, inciso I), sendo que as proibições se estendem mesmo àqueles que já deixaram as funções públicas nas quais receberam os dados ditos privilegiados;
- A Lei nº 12.682, de 9 de julho de 2012, complementa a LAI, na medida em que dispõe sobre a elaboração e o arquivamento de documentos em meios eletromagnéticos;
- A Lei nº 13.460, de 26 de junho de 2017, tratou da proteção e do acesso aos usuários de serviço público, franqueando uma série de medidas jurídicas para ampliar não só o acesso às informações públicas, mas, igualmente, permitir a gestão de dados e informações dessa natureza;
- A *Lei Geral de Proteção de Dados Pessoais (LGPD)* (Lei nº 13.709, de 14 de agosto de 2018), foi ainda além, dispondo não somente sobre o acesso às informações públicas, mas também sobre o tratamento de dados pessoais, inclusive pelo Poder Público (Capítulo IV);
- Por fim, é editada a Lei nº 14.129/2021, que instituiu princípios, regras e instrumentos para o que se convencionou chamar de "Governo Digital", pretendendo, ademais, o aumento da eficiência pública. Complementa o tema o Decreto nº 12.069, de 21 de junho de 2024, que formaliza a Estratégia Nacional de Governo Digital (ENGD), a Rede Nacional de Governo Digital – Rede Gov.br e a Estratégia Federal de Governo Digital para o período de 2024 a 2027.

Então, 2011 pode ser considerado um marco central no assunto. E, desde esse ano – já faz uma década – são promulgadas várias leis que disciplinam o tratamento e acesso de dados e informações públicas, especificando, no nível infraconstitucional, qual é o âmbito de proteção e os limites do art. 5º, inciso XXXIII, da Constituição da República Federativa do Brasil de 1988 (CF/88),[5] e como esse direito pode ser operado. Repito: o ano é emblemático, porque é a data em que foi publicada a *Lei de Acesso* à *Informação* (Lei nº 12.527/11).[6] Tal diploma legislativo, ao nosso sentir, causou uma autêntica revolução no limiar da Administração Pública, especialmente no que se refere à relação entre os Poderes Públicos e os administrados, porque trouxe uma nova roupagem neste liame jurídico. Ela tratou de balancear os interesses privados e públicos,[7] e é justamente porque esta regra causou uma modificação por deveras intensa nas relações jurídico-administrativas, instaurando o paradigma da transparência de uma forma tão radical, que releva abordá-la de forma sistematizada e pormenorizada.

Não é por acaso que esse panorama por nós disposto foi aqui alocado de início. O leitor atento já percebeu duas coisas: (1) que passado um decênio depois da edição da LAI, a informação pública ganhou um prestígio cada vez maior, dadas as múltiplas leis que se ocupara de cada vez mais regular seu acesso, uso e sigilo; (2) que uma série de leis que abordam assuntos diferentes acabaram por tratar e retomar o tema dos dados públicos. É dizer: se por um lado impressiona que a sociedade, o legislador e o Governo passaram a se preocupar contundentemente com o tema, de outro lado esse movimento é um influxo ou reflexo da importância dada à informação no mundo contemporâneo.[8]

---

5 Assim como, foram regulamentados o inciso II do §3º do art. 37 e o §2º do art. 216, todos da CF/88.

6 A Lei nº 12.527 foi publicada em 18 de novembro de 2011, mas somente entrou em vigor em 16 de maio de 2012. A *Lei de Acesso* à *Informação* foi regulamentada por meio do Decreto nº 7.724/2012, que entrou em vigor no dia 16 de maio de 2012, delimitando, no âmbito do poder executivo federal, os procedimentos para a garantia do acesso à informação, tratando da sua abrangência, das transparências ativa e passiva, da classificação dos graus de sigilo, das suas reavaliações etc.

7 A Lei nº 12.527, de 18 de novembro de 2011, representou um avanço importante para a transparência das ações do poder público, fortalecendo ainda mais a democracia brasileira.

8 RODRIGUEZ, Daniel Piñero; RUARO, Regina Linden. O direito *à* proteção dos dados pessoais: uma leitura do sistema europeu e a necessária tutela dos dados sensíveis como paradigma para um sistema jurídico brasileiro. *Revista Brasileira de Direitos Fundamentais e Justiça*, a. 4, n. 11, 2010. Disponível em: http://www.dfj.inf.br/sumarios2.php. Acesso em 12 nov. 2014.

Aliada a esta conjuntura, a *Cybercultura* anunciada e explicada por Pierre Lévy[9] justamente altera o modo como o ser humano se comporta frente ao manancial de informações, alterando radicalmente os espaços, o modo de viver e toda sorte de percepções. Não somos mais os mesmos. E a desregulação desse ambiente pode gerar um ecossistema catastrófico, a tal ponto de prejudicar severamente direitos fundamentais muito caros à sociedade. A informação e o dado pessoal ou público não só possui valor monetário – o que gera um influxo severo na economia e no mercado, e por eles é também abalada –, como está intimamente coligada com dimensões sensíveis do humano. Eis um panorama complexo e necessariamente apto a ser bem ordenado.

Hoje a população mundial vive amplamente imersa na sociedade da informação. Isso significa, sobretudo, que não existem mais fronteiras geográficas entre os países, haja vista que as barreiras são quebradas pelo acesso à informação, essencialmente por meio da rede mundial de computadores. Outra característica marcante da referida sociedade é o fluxo acentuado, intenso e rápido de informações. Além disso, todas as pessoas – sem qualquer diferenciação – podem informar, veridicamente ou não, e serem informadas.

O que contribuiu sobremaneira para que a comunidade mundial se encontrasse desse modo foi, com certeza, o exponencial aumento do uso de novas tecnologias (internet *wi-fi*, 4g, 5g etc.), as quais tornaram-se grandes facilitadoras do acesso rápido à informação. Com elas, o público em geral passou a ter maior obtenção de dados antes não encontrados, ao menos não tão facilmente, o que oportuniza perfeitamente a denominação "sociedade da informação".[10]

Esse panorama confrontou instituições seculares, como a noção de território e soberania. Afinal, a informação, suas trocas e seus acessos não conhecem estas idiossincrasias. A tal ponto de a UNESCO reconhecer a existência de uma "sociedade do saber", que se encontra convencida do valor, inclusive monetário, de um dado público ou privado.[11]

Diante disso tudo, não pode e não podia o Estado ignorar este processo. E nem conseguiria, porque seria contraposto ou superado

---

9 LÉVY, Pierre. *Cybercultura*. São Paulo: Editora 34, 1999.

10 MATTELART, Armand. Para que "nova ordem mundial da informação"? *In*: MORAES, Dênis de (Org.). *Sociedade Midiatizada*. Rio de Janeiro: Mauad, 2006. p. 233-235.

11 RAMONET, Ignacio. *A tirania da comunicação*. Petrópolis: Vozes, 2010. p. 132-134.

por essas inúmeras revoluções digitais, cibernéticas ou científicas. Então, tratou de lançar mão de *standards* normativos para regular o bom uso das informações, seja no âmbito público ou privado, a fim de minimizar a "cosmopolitização dos riscos",[12] na tentativa de evitar que o Estado perca o comando sobre uma série de variáveis essenciais de que depende o desenvolvimento econômico e social.[13]

Dalmo de Abreu Dallari[14] afirma que, no futuro, o Estado não deixará de existir, apesar de correntes científicas pregarem tal opinião.[15] A pós-modernidade[16] não pode conceber o poder público como resultante das aspirações dos interesses privados, mas sim, como produto de uma conclusão firme de um pacto social, que se sobreponha aos demais contratos particulares. Isso porque, na atualidade, o Estado se propõe a ser de sócio – um parceiro do capital privado –, o que faz com que perca, assim, o espaço público tão necessário ao governo promocional das expectativas.[17]

Nesse sentido, é certo que se tem a necessidade de um Estado, mas a necessidade de um novo Estado, o qual deva trazer ao seu bojo os grupos sociais, os homens e também a natureza; quer-se um Estado que tenha critérios de igualdade e diferença marcados pela proporcionalidade das desigualdades e das diferenças; um Estado que deva incluir espaços nacionais, como, principalmente, espaços locais e

---

12 CHEVALLIER, Jacques. *O Estado pós-moderno*. Belo Horizonte: Fórum, 2009. p. 37.

13 CHEVALLIER, Jacques. *O Estado pós-moderno*. Belo Horizonte: Fórum, 2009. p. 39.

14 DALLARI, Dalmo de Abreu. *O futuro do estado*. São Paulo: Saraiva, 2001. p. 101.

15 Conforme Dallari, o autor Robert Nozick, em sua obra *Anachi, state and utopia*, propugna o fim do Estado, baseando sua teoria, de alta repercussão nos Estados Unidos, na alegação de que o Estado deveria ser altamente mínimo e maximamente constitucional. Nesse sentido, o autor americano rechaça o conceito de "contrato social" e a dialética entre o "teu" e o "meu". O Estado de Nozick é concebido nas relações do indivíduo e da economia, marcado na alta ausência de intervenção do Poder Público. (DALLARI, Dalmo de Abreu. *O futuro do estado*. São Paulo: Saraiva, 2001. p. 95).

16 Conceito de pós-modernidade pode ser visto na obra de Luis Roberto Barroso, quando afirma que o termo perpassa os modelos econômicos, sociais e políticos clássicos do século XX (quase que inteiro) para (re)dimensioná-los em sentido global, transpassando as fronteiras físicas dos países, sendo esta uma das características do período que trata. Também, ver belíssimo trabalho acerca do conceito na obra Pela mão de Alice: o social e o político na pós-modernidade, de Boaventura de Souza Santos (BARROSO, Luís Roberto. Fundamentos Teóricos e Filosóficos do Novo Direito Constitucional Brasileiro (Pós-modernidade, Teoria Crítica e Pós-positivismo). *Interesse Público*, Sapucaia do Sul, n. 11, p. 42-73, 2001; SANTOS, Boaventura de Souza. *Pela mão de Alice*: o social e o político na pós-modernidade. São Paulo: Cortez, 1995).

17 KNOERR, Fernando Gustavo. Representação Política e Globalização. *In*: FONSECA, Ricardo Marcelo (Org.). *Repensando a Teoria do Estado*. Belo Horizonte: Fórum, 2004.

regionais; que deva incluir em seu âmbito um espaço cosmopolita;[18] e, por fim, que deva traçar um espaço de diálogo entre a Comunidade e o Estado, em uma negociação ampla acerca dos pontos nodais da gestão da coisa pública, enfim, estabelecer um *consensus* a respeito do tema.

Portanto, se de um lado a *Lei Geral de Proteção de Dados* regulou a forma com que as informações públicas e pessoais deveriam ser manipuladas – fato que possui ligação com o valor que os dados possuem –, de outro, a Lei nº 12.527/11 e a Lei nº 14.129/21 disciplinaram muito mais o direito de acesso. Sobre este último aspecto, ambas as leis compatibilizam direitos de modo diverso. E sobre este ponto nos debruçaremos no próximo tópico.

2 Segundas palavras – o direito de acesso à informação regulado por duas leis

Dez anos separam a *Lei do Governo Digital* (Lei nº 14.129/21) da *Lei de Acesso* à *Informação* (Lei nº 12.527/11). Como vimos no tópico precedente, muita coisa mudou neste meio tempo. O mais engraçado neste contexto é perceber que estes dois marcos normativos procuraram, cada qual do seu modo, apresentar regras para direitos e deveres similares.

Para perceber isso com mais detalhamento, procuramos concertar e comparar os dois diplomas (Quadro 1):

[18] SANTOS, Boaventura de Souza. *Reinventar la democracia, reiventar el estado.* Madrid: Ediciones Sequitur, 1999.

Quadro 1 – Comparação entre a Lei nº 12.527/2011 e a Lei nº 14.129/2021

Transparência ativa	
Lei nº 14.129/2021 Art. 29, *caput* e §2º	Lei nº 12.527/201 Art. 8º
Forma de disponibilização dos dados	
Lei nº 14.129/2021 Art. 29, §1º	Lei nº 12.527/2011 Art. 7º
Transparência passiva – pedido de acesso	
Lei nº 14.129/2021 Art. 30	Lei nº 12.527/2011 Art. 10, §3º e art. 11
Monitoramento do acesso à informação	
Lei nº 14.129/2021 Art. 31	Lei nº 12.527/2011 Art. 40, *caput*, inciso II
Resposta ao pedido de acesso	
Lei nº 14.129/2021 Art. 33	Lei nº 12.527/2011 Art. 11, §§5º e 6º
Decisão que nega acesso à informação	
Lei nº 14.129/2021 Art. 34	Lei nº 12.527/2011 Art. 14
Recurso	
Lei nº 14.129/2021 Art. 35	Lei nº 12.527/2011 Art. 15

Fonte: Elaborado pelo Autor.

O art. 29 da Lei nº 14.129/2021, se comparado com o art. 8º da Lei nº 12.527/2011, deixa mais abrangente a liberdade de acesso, compatibilizando-se com os parâmetros da LGPD. Assim, apesar de ambas as regras tratarem da transparência ativa: que é o dever do Estado de dispor os dados ao público, independentemente de solicitação,[19] o primeiro dispositivo é muito mais abrangente e detalhado no tema.

[19] HEINEN, Juliano. *Comentários à Lei de Acesso à Informação*: Lei nº 12.527/2011. Belo Horizonte: Fórum, 2015. p. 75-77.

Além disso, o art. 7º da LAI que trata da forma de dispor esses dados, ou teve uma revogação tácita pelo art. 29, §1º, da *Lei do Governo Digital* de 2021, ou deve ser interpretada sistematicamente. Destaco algumas disposições relevantes.

Os dados públicos poderiam restar inverídicos ou, por via transversa, não serem revelados, se mantidos desatualizados. Então, o inciso VI do §1º do art. 29 da Lei nº 14.129/2021 determina que seja feita uma atualização periódica, mantido o histórico da disposição sistemática de informações, de forma a garantir a perenidade de dados. Esse processo será perene e deve manter a padronização de estruturas de informação e o valor dos dados à sociedade. Deverá, ainda, atender às necessidades de seus usuários.

O inciso VII do art. 29 da Lei nº 14.129/2021 compatibiliza-se com o art. 5º, inciso X, da CF/88 e com o art. 31 da LAI, na medida em que determina o respeito à privacidade dos dados pessoais e dos dados sensíveis.[20] Essas regras adequadamente se complementam, na medida em que o primeiro dispositivo citado estabelece um processo de sistematização à aplicação dos requisitos elencados na Lei nº 13.709, de 14 de agosto de 2018 (*Lei Geral de Proteção de Dados Pessoais*).

A grande novidade da Lei nº 14.129/2021 consistiu na determinação de que os dados públicos sejam intercambiáveis, o que deve se dar ao máximo possível entre órgãos e entidades dos diferentes Poderes e esferas da Federação, respeitado o disposto no art. 26 da LGPD, deverão ao máximo padronizar o fluxo comum e compartilhado de informações. Então, a transparência ativa não é disposta mais de modo atomizado, mas em rede. E isso deve evitar que o cidadão tenha que formular vários pedidos de acesso ou procurar a informação desejada em múltiplos bancos de dados referentes a informações coligadas.

O inciso X do §1º do art. 29 da Lei nº 14.129/2021 deveria ser objeto de uma regra própria, por abordar uma série de assuntos: dever de incorporação de novas tecnologias na disposição dos dados públicos e ampliação da participação na gestão das informações públicas. E isso tende, segundo a tal regra, a fomentar a melhoria dos serviços públicos.

Então, o §2º do art. 29 amplia consideravelmente a transparência ativa, porque alarga a lista de documentos e dados públicos que devem

[20] Termo largamente empregado pela doutrina. Por todos: SCHEIBLER, Guillermo. Ley 104 de acceso a la información de la Ciudad Autónoma de Buenos Aires – anotada y concordada. *In*: SCHEIBLER, Guillermo (Coord.). *Acceso a la información pública en la Ciudad Autónoma de Buenos Aires*: Ley 104 anotada y concordada. Buenos Aires: Ad-hoc, 2012. p. 75.

vir a público, independentemente de solicitação. Em outras palavras, a listagem do §1º do art. 8º da LAI foi alargado de modo considerável. A transparência ativa passa a contar com a obrigatória divulgação sobre despesas e programas públicos, licitações e contratos etc. Ao que parece, a LAI era mais abstrata, sendo que a Lei nº 14.129/2021 concretizou ações específicas quanto aos temas listados. Logo, o controle social foi aumentado consideravelmente. Exemplo: poder-se-á cruzar dados relativos às notas fiscais eletrônicas, despesas e licitações etc.

Os pedidos de acesso à informação ou à base de dados digitais foram tutelados pelo art. 30 da *Lei do Governo Digital*, regra esta que segue a mesma lógica da transparência passiva do art. 10, §3º e do art. 11 da LAI. Os mesmos requisitos são exigidos para a solicitação de acesso, com exceção do fato de que o cidadão

> (...) poderá solicitar a preservação de sua identidade quando entender que sua identificação prejudicará o princípio da impessoalidade, caso em que o canal responsável deverá resguardar os dados sem repassá-los ao setor, ao órgão ou à entidade responsável pela resposta. (Art. 30, §1º, da Lei nº 14.129/2021).

Veja que a lei de 2021 mantém a mesma lógica da LAI, em não exigir do requerente que ele externe os motivos determinantes da solicitação de abertura de base de dados públicos. Tanto o §3º do art. 10 da LAI, quanto o §4º do art. 30 da *Lei do Governo Digital* dispensam que se tenha qualquer motivação ou nexo a um interesse qualquer. Enfim, manteve-se o veto à possibilidade de exigência relativa aos motivos determinantes da solicitação de informações de interesse público. Considera-se que o direito ao acesso tem via dúplice, e que não se trata somente de uma prerrogativa de se saber acerca dos dados necessários à defesa de um direito pessoal, mas, ao mesmo tempo, traduz um direito de se ter conhecimento dos "esquemas burocráticos" da Administração Pública, como atas, dossiês, atos, registros, diretivas, estatísticas, circulares, notas etc.

Uma modificação feita pela Lei nº 14.129/2021 em relação à Lei nº 12.5274/2011 consistiu na forma da resposta efetivada. Enquanto que, pelos termos da LAI (art. 11, §5º), caberia ao requerente anuir com o fornecimento dos dados digitalmente, pela Lei nº 14.129/2021 essa faculdade não existe mais, porque o art. 33 é claro em dizer que "a solicitação de abertura da base de dados será considerada atendida a partir da notificação ao requerente sobre a disponibilização e a catalogação da base de dados para acesso público no site oficial do órgão ou da entidade na internet". Logo, a lei posterior no mínimo eliminou uma *facultas agiendi* em favor do cidadão.

As possibilidades de negar acesso aos dados incorporaram nossas críticas.[21] O parágrafo único do art. 34 da Lei nº 14.129/2021 contempla a possibilidade de não se dar em razão de custos desproporcionais ou não previstos pelo órgão ou pela entidade da Administração Pública. Logo, a proporcionalidade e a economicidade ganham densidade. Perceba que a LAI nada dizia sobre esse aspecto, sendo que, em boa hora, a *Lei do Governo Digital* tratou do tema.

E, a partir daqui, a Lei nº 14.129/2021 inova em relação à LAI, regulando outro assunto não abordado pela legislação de 2011: a interoperabilidade de dados entre **órgãos** públicos, um assunto visto e implementado na prática em muitos setores da Administração Pública nacional. Esse instituto passa a contar com uma série de *standards* normativos dispostos nos arts. 38 a 41, e **é** o tema a ser tratado no próximo tópico.

3 O Governo Digital no Brasil: avanços impulsionados pela Lei nº 14.129/2021, desafios e o potencial da inteligência artificial

O advento da era digital transformou radicalmente a interação entre cidadãos, empresas e o Estado, impulsionando a necessidade de governos se adaptarem a um ambiente cada vez mais conectado e ágil. No Brasil, o movimento em direção ao governo digital tem sido gradual, mas ganhou significativo impulso com a promulgação da Lei nº 14.129, de 29 de março de 2021, que dispõe sobre princípios, regras e instrumentos para a produção, disponibilização e utilização de informações e serviços públicos digitais. Este artigo científico busca analisar os avanços trazidos por esta legislação, os desafios ainda presentes, as boas práticas observadas e, por fim, a intrínseca relação entre o governo digital e o crescente papel da Inteligência Artificial (IA) nesse cenário.

---

[21] HEINEN, Juliano. *Comentários à Lei de Acesso à Informação*: Lei nº 12.527/2011. Belo Horizonte: Fórum, 2015. p. 180.

3.1 Avanços impulsionados pela Lei nº 14.129/2021

A lei estabelece a obrigatoriedade de que as informações e os serviços públicos digitais sejam apresentados em linguagem simples e clara, facilitando a compreensão e o acesso por parte de todos os cidadãos, independentemente de seu nível de escolaridade ou familiaridade com jargões técnicos. Além disso, prioriza a oferta de serviços públicos de forma integralmente digital, eliminando a necessidade de comparecimento presencial para a realização de etapas ou a entrega de documentos.

A troca de informações entre os diferentes órgãos e entidades da administração pública é fomentada, evitando a redundância de dados e a solicitação de documentos que já estejam em posse do Estado. A criação do Programa de Digitalização de Serviços Públicos é um exemplo claro desse avanço. Vimos, com isso, a centralização da oferta de serviços em plataformas unificadas, como o portal Gov.br, que se tornou o principal ponto de acesso para uma gama cada vez maior de serviços públicos federais, e em alguns casos, estaduais e municipais.[22]

Esses dispositivos legais têm sido o catalisador para a digitalização massiva de serviços, como a Carteira Digital de Trânsito, o e-Título, e a crescente disponibilidade de serviços previdenciários e tributários *on-line*, demonstrando um avanço significativo na desburocratização e na otimização do tempo do cidadão.

2.2 Desafios no caminho do Governo Digital brasileiro

Apesar dos notáveis avanços, a implementação plena do governo digital no Brasil ainda enfrenta desafios substanciais. Por exemplo, ainda existe disparidade no acesso à rede mundial de computadores e a dispositivos tecnológicos em diferentes regiões do país, bem como a falta de letramento digital de parte da população, criando uma barreira para a universalização do acesso aos serviços digitais.

A transição para o governo digital requer uma mudança cultural profunda na administração pública, superando a resistência à inovação, o apego a processos analógicos e a carência de habilidades digitais entre os servidores. Embora a lei fomente a interoperabilidade, a efetiva

---

[22] A lei reforça a necessidade de observância à *Lei Geral de Proteção de Dados Pessoais (LGPD)* e demais normativos de segurança da informação, garantindo a privacidade e a integridade dos dados dos cidadãos.

integração de sistemas entre as esferas federal, estadual e municipal ainda é um desafio complexo, dada a autonomia e a diversidade de sistemas e bases de dados. Esse relacionamento digital será cada dia mais "testado" na seara das compras públicas, por meio do Portal Nacional de Compras Públicas,[23] e na seara fiscal, com o advento da "reforma tributária".

3.3 Inteligência artificial

Vejam que curioso: quando escrevemos o presente Capítulo à 1ª edição da obra, o tema da inteligência artificial (IA) era remoto. Em pouco tempo, e já no contexto desta 2ª edição, essa ferramenta emerge como uma tecnologia transformadora, capaz de impulsionar o governo digital para um novo patamar de eficiência e personalização. A relação entre ambos é simbiótica: a digitalização de dados e processos, impulsionada pela Lei nº 14.129/2021, fornece a matéria-prima essencial para os algoritmos de IA, enquanto a IA, por sua vez, potencializa a capacidade do governo de analisar, prever e interagir de forma mais inteligente.

Alguns dos avanços que a IA pode trazer para o governo digital incluem:

- **Atendimento otimizado ao cidadão:** *chatbots* e assistentes virtuais baseados em IA podem responder a perguntas frequentes, guiar os cidadãos na utilização de serviços e até mesmo resolver problemas simples 24 horas por dia, 7 dias por semana, liberando servidores para tarefas mais complexas.
- **Análise preditiva e tomada de decisão:** algoritmos de IA podem analisar grandes volumes de dados para identificar padrões, prever demandas futuras (por exemplo, em saúde, educação ou segurança pública) e auxiliar na formulação de políticas públicas mais eficazes e proativas.
- **Personalização de serviços:** com base no histórico de interações e no perfil do cidadão, a IA pode oferecer serviços e informações personalizados, tornando a experiência mais relevante e eficiente.

---

[23] Regulado pelo art. 174 da Lei nº 14.133/2021.

- **Automação de processos internos:** a automação robótica de processos (RPA), impulsionada por IA, pode otimizar tarefas administrativas repetitivas, liberando servidores para atividades de maior valor agregado.
- **Detecção de fraudes e anomalias:** a IA pode ser utilizada para identificar padrões suspeitos em transações financeiras, declarações fiscais e outros dados, auxiliando na detecção e prevenção de fraudes.
- **Otimização de infraestrutura:** algoritmos de IA podem gerenciar redes de energia, tráfego e sistemas de saneamento de forma mais eficiente, otimizando o uso de recursos e reduzindo custos.

No entanto, a implementação da IA no governo digital também levanta questões éticas e de segurança, que precisam ser cuidadosamente consideradas. A garantia da transparência dos algoritmos, a prevenção de vieses discriminatórios e a proteção da privacidade dos dados são desafios cruciais a serem endereçados para que a IA seja uma ferramenta para o bem público.

4 Derradeiras palavras – a interoperabilidade de dados entre órgãos públicos

Em muitos momentos, a Lei nº 14.129/2021 aborda a "interoperabilidade dos dados públicos" e reserva um capítulo inteiro ao tema, objeto da disciplina jurídica dos arts. 38 a 41. Contudo, em nenhum momento a citada lei ordinária conceitua ou interpreta autenticamente o que é a dita "interoperabilidade", apesar de fixar uma série de finalidades a partir da sua operação.

Sinteticamente, a legislação pretende disciplinar e, principalmente, incentivar que os mecanismos e sistemas de tecnologia da informação trabalhem conjuntamente, trocando dados e facilitando a vida do operador. Exemplifico: até bem pouco tempo atrás, qualquer agente de licitação, antes de homologar um certame, deveria consultar os sistemas de dados para averiguar se o futuro contratado (vencedor da disputa) não estava impedido de licitar. E dois sistemas se apresentavam: o (1) Ceis – Cadastro de Empresas Inidôneas e Suspensas e o (2) Cnep – Cadastro Nacional de Empresas Punidas. Esse panorama impunha que o operador consultasse dois bancos de dados, o que contrariava a mencionada interoperabilidade. Logo, a afixação de mecanismos de consulta única que tenham acesso aos dois cadastros seria um exemplo de aplicação do instituto. Outros exemplos pragmáticos da interoperabilidade ocorrem no Ministério da Saúde no que se refere ao *DataSUS* e o sistema de *GED (Gestão Eletrônica de Documentos).*

Veja que não estamos a falar aqui de "integração", que é o processo de coligar e conectar dois sistemas, gerando uma mútua dependência. A "interoperabilidade" estabelece um *proxi* de comunicação de dois sistemas, sem a dependência tecnológica.[24] Eis uma diferença substancial a ser percebida aqui.

No tema, devemos destacar a Portaria nº 92, de 24 de dezembro de 2014, que instituiu a arquitetura ePING (Padrões de Interoperabilidade de Governo Eletrônico). A este marco seguiu o disposto Decreto nº 8.414, de 26 de fevereiro de 2015, que disciplinou o *Programa Bem Mais Simples Brasil* e criou o Conselho Deliberativo e o Comitê Gestor do Programa.

Para que a interoperabilidade seja implementada, é necessária a anuência das partes a serem conectadas, bem como é fundamental o estabelecimento de padrões formais comuns. E o instituto permite ir além da simples troca de informações, da facilitação da comunicação ou da conexão entre computadores. "Ao garantir, virtualmente, um maior acesso aos direitos do cidadão e aumentar a sua parcela de participação na gerência do Estado, a interoperabilidade possibilitaria a expansão do exercício da cidadania, permitindo, 'ao menos tecnicamente, o acesso pelo cidadão a serviços e informações atualmente pulverizados e inacessíveis'".[25] Os canais de acesso, a facilitação, a menor complexidade e a prestação dos serviços públicos tendem a ficar mais qualificados. Então, por consequência natural, o próprio direito de acesso à informação passa a ficar mais robusto.

Como vimos, a Lei nº 14.129/2021 representa um divisor de águas na jornada do governo digital brasileiro, estabelecendo um arcabouço legal que impulsiona a digitalização de serviços e a modernização da Administração Pública. Embora desafios como a inclusão digital e a infraestrutura tecnológica ainda persistam, a adoção de boas práticas e, notadamente, a integração estratégica da inteligência artificial,

---

[24] VERNADAT, F. B. *Enterprise modelling and integration*: principles and applications. Londres: Chapman & Hall, 1996.

[25] ALMEIDA, Djalma Fiuza. *Governança Pública, Interoperabilidade e Interoperatividade*: Desafios para a Gestão do Dado Institucional na UNEB. 2013. Disponível em: http://www.uneb.br/gestec/files/2013/06/Dissertacao_Djalma_Fiuza_Almeida.pdf. Acesso em 29 jul. 2021.

prometem revolucionar a forma como o Estado interage com seus cidadãos. A IA não é apenas uma ferramenta de otimização, mas um catalisador para a criação de um governo mais responsivo, preditivo e personalizado. Para concretizar esse potencial, é imperativo que o Brasil continue a investir em tecnologia, capacitação e em um ambiente regulatório que promova a inovação responsável, garantindo que os benefícios do governo digital e da inteligência artificial alcancem todos os cidadãos, promovendo uma sociedade mais justa e eficiente.

Portanto, retomando nossa – talvez até inapropriada – comparação com a obra do escritor Jorge Amado, o acesso à informação passa a contar com "dois maridos": um que lhe garante estabilidade, garantias e possibilidades (tudo disciplinado pela *Lei de Acesso* à *Informação*),[26] e outro que lhe garante dinamismo e operacionalidade (regulada pela *Lei do Governo Digital*).[27] Em outras palavras, a estabilidade e as garantias ao cidadão são previstas essencialmente na Lei nº 12.527/2011, enquanto que a interoperabilidade implementada pela Lei nº 14.129/2021 garante uma maior qualidade ao mencionado direito de acesso.

Referências

ALMEIDA, Djalma Fiuza. *Governança Pública, Interoperabilidade e Interoperatividade*: Desafios para a Gestão do Dado Institucional na UNEB. 2013. Disponível em: http://www.uneb.br/gestec/files/2013/06/Dissertacao_Djalma_Fiuza_Almeida.pdf. Acesso em 29 jul. 2021.

BARROSO, Luís Roberto. Fundamentos Teóricos e Filosóficos do Novo Direito Constitucional Brasileiro (Pós-modernidade, Teoria Crítica e Pós-positivismo). *Interesse Público*, Sapucaia do Sul, n. 11, p. 42-73, 2001.

CHEVALLIER, Jacques. *O Estado pós-moderno*. Belo Horizonte: Fórum, 2009.

DALLARI, Dalmo de Abreu. *O futuro do estado*. São Paulo: Saraiva, 2001.

HEINEN, Juliano. *Comentários à Lei de Acesso à Informação*: Lei nº 12.527/2011. Belo Horizonte: Fórum, 2015.

HEINEN, Juliano. *Comentários à Lei de Licitações e Contratos Administrativos*: Lei nº 14.133/2021. Salvador: Juspodivm, 2021.

KNOERR, Fernando Gustavo. Representação Política e Globalização. *In*: FONSECA, Ricardo Marcelo (Org.). *Repensando a Teoria do Estado*. Belo Horizonte: Fórum, 2004.

---

26 Se continuarmos a comparação com a obra do escritor baiano, seria o marido Teodoro.

27 Para compararmos ao marido Vadinho.

LÉVY, Pierre. *Cybercultura*. São Paulo: Editora 34, 1999.

MATTELART, Armand. Para que "nova ordem mundial da informação"? *In*: MORAES, Dênis de (Org.). *Sociedade Midiatizada*. Rio de Janeiro: Mauad, 2006.

MOTTA, Carlos Pinto Coelho. Transparência e divulgação institucional. *Fórum de Contratação e Gestão Pública – FCGP*, Belo Horizonte, a. 9, n. 105, set. 2010.

RAMONET, Ignacio. *A tirania da comunicação*. Petrópolis: Vozes, 2010.

RODRIGUEZ, Daniel Piñero; RUARO, Regina Linden. O direito *à* proteção dos dados pessoais: uma leitura do sistema europeu e a necessária tutela dos dados sensíveis como paradigma para um sistema jurídico brasileiro. *Revista Brasileira de Direitos Fundamentais e Justiça*, a. 4, n. 11, 2010. Disponível em: http://www.dfj.inf.br/sumarios2.php. Acesso em 12 nov. 2014.

SANTOS, Boaventura de Souza. *Pela mão de Alice*: o social e o político na pós-modernidade. São Paulo: Cortez, 1995.

SANTOS, Boaventura de Souza. *Reinventar la democracia, reinventar el estado*. Madrid: Ediciones Sequitur, 1999.

SCHEIBLER, Guillermo. Ley 104 de acceso a la información de la Ciudad Autónoma de Buenos Aires – anotada y concordada. *In*: SCHEIBLER, Guillermo (Coord.). *Acceso a la información pública en la Ciudad Autónoma de Buenos Aires*: Ley 104 anotada y concordada. Buenos Aires: Ad-hoc, 2012.

VERNADAT, F. B. *Enterprise modelling and integration*: principles and applications. Londres: Chapman & Hall, 1996.

Informação bibliográfica deste texto, conforme a NBR 6023:2018 da Associação Brasileira de Normas Técnicas (ABNT):

HEINEN, Juliano. Acesso à informação e seus "dois maridos": duas leis em um mesmo tema – transparência e tratamento dos dados públicos. *In*: MOTTA, Fabrício; VALLE, Vanice Regina Lírio do. *Governo digital e a busca por inovação na Administração Pública*: a Lei 14.129, de 29 de março de 2021. 2. ed. Belo Horizonte: Fórum, 2025. p. 197-214. ISBN 978-85-450-0987-0.

LABORATÓRIOS DE INOVAÇÃO E A PROMOÇÃO DE UM GOVERNO DIGITAL

CARINA DE CASTRO QUIRINO

MARCELLA BRANDÃO FLORES DA CUNHA

Introdução

Laboratórios de inovação no setor público são "espaços de parceria onde o governo e outras organizações experimentam novas formas de resolver problemas antigos".[1] No Brasil, podem ser rastreadas iniciativas de implementação dessa ferramenta desde 2007.[2] Mais de dez anos depois, a Lei do Governo Digital – Lei nº 14.129, de 29 de março de 2021 – ofereceu a primeira normatização do instrumento a nível federal, uniformizando seu conceito e estabelecendo diretrizes gerais para as entidades públicas que se dispuserem a adotá-lo.

Mas, por que, afinal, fala-se sobre laboratórios de inovação em uma lei que visa a apresentar princípios, regras e instrumentos para a construção de um Governo Digital? Em especial, quando (i) laboratórios de inovação não necessariamente ocupam-se estritamente de

1 Cf.: Growing government innovation labs: an insider's guide. *UNDP – United Nations Development Programme*, USA, 2017.

2 SANO, Hironobu. *Laboratórios de inovação no setor público*: mapeamento e diagnóstico de experiências nacionais. Brasília: ENAP, 2020.

temas "digitais"; (ii) já há uma proliferação orgânica dos mesmos nas três esferas de governo, e (iii) não há qualquer restrição legal à sua implementação?

Independentemente da intenção do legislador, é possível elencar duas razões que justificam sua presença na Lei. A primeira é que laboratórios de inovação reforçam uma política de interação e diálogo que é essencial à construção de um ecossistema público voltado à inovação.

Uma das principais falhas à promoção da inovação pode ser categorizada no conjunto de "falhas de coordenação", que abrangem a falta de ciência de interessados sobre a existência de outros agentes com os mesmos objetivos, prioridades desalinhadas entre potenciais colaboradores, ou altos custos associados a parcerias.[3] Laboratórios de inovação permitem a construção de espaços – no sentido lato – que facilitam essa interação. Faz sentido, portanto, que uma Lei cujo objetivo é impulsionar uma inovação no setor público apresente a possibilidade de uso desse instrumento.

E apresentar a possibilidade de uso desse instrumento, a seu turno, invoca a segunda justificativa: o Brasil é um país grande, cujas disparidades se multiplicam à medida que se descende nos níveis federativos. De fato, não é necessário que uma Lei "autorize" ou "normatize" laboratórios de inovação para que eles sejam criados. Seu papel aqui – como de muitas legislações federais – parece ser outro: nivelar a discussão a nível nacional.

A realidade dos mais de cinco mil municípios do país é diversa. Para um município como São Paulo, a presença das diretrizes na Lei pode parecer inócua. Para outros, pode representar o primeiro contato com a ideia. Dado que a Lei se aplica não somente a entes da esfera federal, como também a estaduais e municipais, ela tem um caráter divulgador relevante que justifica sua presença em texto.

Mas, o que são exatamente laboratórios de inovação? Qual o cenário dos laboratórios de inovação do setor público no Brasil? O que justifica o esforço em definir e estabelecer diretrizes para laboratórios de inovação no setor público na Lei do Governo Digital? Como eles podem

---

[3] Em grande parte, para ser gerada, a inovação exige uma interação entre atores com diferentes habilidades e recursos. Falhas de interação e colaboração entre esses agentes podem afetar negativamente seu desenvolvimento. (Cf.: A Practitioner's Guide to Innovation Policy Instruments to Build Firm Capabilities and Accelerate Technologial Catch-Up in Developing Countries. *Banco Mundial*, Washington, DC, 2020. p. 73-74).

ajudar na mudança para um Governo Digital? Esses questionamentos – fundamentais à compreensão da relevância dos laboratórios no contexto de promoção da transformação digital da Administração Pública – serão respondidos neste capítulo.

1 O que são laboratórios de inovação?

Os laboratórios de inovação no setor público materializam modelos pautados em novas formas de gestão e de construção de processos decisórios – nesse caso, voltados à experimentação e à aprendizagem, presentes na literatura de inovação organizacional.[4] Defini-los, no entanto, é uma tarefa que apresenta alguns desafios: são instrumentos que passaram a ser utilizados com mais intensidade a partir dos anos 2010 e variam significativamente em termos de metodologia e função.[5] Além disso, as experiências práticas têm guiado as pesquisas acadêmicas – e, portanto, as tentativas de teorização e análise – apresentando resultados diversos, a depender dos critérios escolhidos para identificá-los.

O Banco Interamericano de Desenvolvimento define os laboratórios de inovação como "lugares dinâmicos que estimulam a criatividade para o design de soluções para políticas públicas. Esses laboratórios geralmente possuem equipes multissetoriais e abordam as questões de forma colaborativa".[6] Já o Programa das Nações Unidas para o Desenvolvimento os define como "espaços de parceria onde o governo e outras organizações experimentam novas formas de resolver problemas antigos".[7]

No geral, é possível encontrar alguns pontos em comum nas definições apresentadas na literatura, como (i) seu caráter colaborativo na busca por soluções inovadoras, (ii) a existência de espaços próprios, diferentes da estrutura tradicional da Administração Pública, e (iii) a busca pela resolução de problemas relacionados a políticas públicas.[8]

---

4 CAVALCANTE, P.; CUNHA, B. É preciso inovar, mas por quê? *In*: CAVALCANTE, P. *et al*. *Inovação no setor público*: teoria, tendências e casos no Brasil. Brasília: Enap; Ipea, 2017.

5 TÕNURIST, Piret; KATTEL, Rainer; LEMBER, Veiko. Innovation labs in the public sector: what they are and what they do? *Public Management Review*, v. 19, n. 10, p. 1455-1479, 2017.

6 ACEVEDO, Sebastián; DASSEN, Nicolás. Innovation for Better Management. *The Contribution of Public Innovation Labs*, p. 19, 2016.

7 Cf.: Growing government innovation labs: an insider's guide. *UNDP – United Nations Development Programme*, USA, 2017.

8 SANO, Hironobu. *Laboratórios de inovação no setor público*: mapeamento e diagnóstico de experiências nacionais. Brasília: ENAP, 2020.

Puttick *et al*,[9] apresentam uma categorização dos laboratórios com base nas *atividades* por eles desenvolvidas. Uma primeira classificação leva em consideração a busca pela solução de problemas ou desafios específicos, resultando na construção da categoria "desenvolvedores e criadores de inovação". Outros buscam desenvolver soluções que abarcam um contexto social mais amplo (não apenas específico), chamados de "arquitetos". Um terceiro grupo se preocupa em agregar atores diversos para a busca de novas ideias, denominados "facilitadores". Por fim, há os "educadores", engajados na promoção de mudanças no modo como entidades públicas lidam com a inovação, por meio, especialmente, do desenvolvimento de habilidades e transformação de processos.[10]

Eles são núcleos de construção de novos processos, serviços ou ideias. Sua estrutura, objetivos e abrangência podem divergir acentuadamente, havendo projetos que englobam desde a solução de desafios específicos, até a construção de novas estruturas e paradigmas para o serviço público. Do mesmo modo, seus objetivos podem ser amplos ou específicos, tendo usualmente uma linha geral voltada ao fomento e à introdução de inovações no âmbito de atuação da Administração Pública.

Sua diversidade se dá, em parte, em razão da inovação no setor público em si também não ser uniforme. Elas podem ser sistêmicas, ou seja, elas podem gerar mudanças na estrutura ou na forma de funcionamento da administração pública como um todo. Podem ser radicais, impondo mudanças no desenvolvimento dos serviços públicos, mas não alterando a dinâmica estrutural do setor público; ou podem ser incrementais, trazendo pequenos ou pontuais aperfeiçoamentos nos processos ou serviços promovidos pela Administração Pública.[11]

Para realização de seus objetivos, podem adotar esses diversos tipos de inovação, visando soluções tanto a nível de seus processos internos, quanto nas políticas públicas como um todo. Em razão isso, a inovação pode ser conceitual, a partir do desenvolvimento teórico de soluções sensíveis à sociedade, podendo servir de insumo para o

---

9 PUTTICK, R.; BAECK, P.; COLLIGAN, P. *I-teams*: the teams and funds making innovation happen in governments around the world. UK: Bloomberg, 2014.

10 PUTTICK, R.; BAECK, P.; COLLIGAN, P. *I-teams*: the teams and funds making innovation happen in governments around the world. UK: Bloomberg, 2014.

11 MULGAN, Geoff *et al*. Innovation in the public sector. *Strategy Unit, Cabinet Office*, v. 1, n. 1, p. 40, 2003.

desenvolvimento de novas políticas públicas. Já a nível de processos internos, a inovação pode ocorrer por meio da introdução de novos instrumentos/práticas de gestão e formatos organizacionais, além da possibilidade de adoção de novas tecnologias.

Sob outro ângulo, a inovação pode ser construída no âmbito da governança pública, por meio da estruturação de novas formas de relacionamento entre atores e entidades organizacionais (seja internamente à Administração Pública, ou em seu diálogo com entes privados) no processo de tomada de decisões. Sob uma atuação de maior envergadura – que exige maior capacidade e escopo de performance do laboratório – a inovação pode advir da construção de novos meios de acesso e entrega de serviços públicos, ou mesmo da criação de novos serviços.

A partir da escolha de seu escopo de atuação, por meio da definição de sua estrutura, objetivos e abrangência, os laboratórios podem assumir diferentes papéis – *e.g.*, de arquitetos e disseminadores de inovações; de fomentadores de engajamento na busca e implementação de soluções inovadoras; ou de educadores na promoção dessas possibilidades. Sano[12] adaptou a classificação desenvolvida por Puttick *et al*,[13] apresentando as seguintes possibilidades quanto aos tipos de laboratórios e suas características:

---

12 SANO, Hironobu. *Laboratórios de inovação no setor público*: mapeamento e diagnóstico de experiências nacionais. Brasília: ENAP, 2020.

13 PUTTICK, R.; BAECK, P.; COLLIGAN, P. *I-teams*: the teams and funds making innovation happen in governments around the world. UK: Bloomberg, 2014.

Tabela 1 - Tipos de laboratórios de inovação e suas características

	CATEGORIA	CARACTERÍSTICAS
1	Desenvolvedores e criadores de inovação	Voltados à solução de desafios específicos
2	Facilitadores	Foco no engajamento de cidadãos, organizações governamentais da sociedade civil e do setor privado no processo de inovação
3	Educadores	Focados em promover mudanças na forma como as organizações públicas lidam com a inovação, principalmente por meio do desenvolvimento de habilidades e de fomento à cultura de inovação
4	Disseminadores	Buscam disseminar inovações próprias ou de outros órgãos governamentais, após um processo de identificação e seleção
5	Arquitetos	Têm um horizonte de atuação maior do que a solução específica desenvolvida e analisam o contexto social mais amplo

Fonte: SANO, Hironobu.[14]

Nota-se que há grande flexibilidade quanto aos objetivos e à estruturação dos laboratórios de inovação. Mais adequado, portanto, do que definir *o que são,* seria indicar o que eles *podem vir a ser*. É essa maleabilidade que permite alinhá-los aos objetivos de transformação digital da Administração Pública, em especial quando leva-se em consideração as diferentes necessidades atinentes aos entes dos diversos níveis federativos do Brasil.

2 Qual o cenário dos laboratórios de inovação do setor público no Brasil?

Antes de adentrar no cenário dos laboratórios de inovação no Brasil, é interessante apontar que os estudos que buscam mapeá-los

[14] SANO, Hironobu. *Laboratórios de inovação no setor público*: mapeamento e diagnóstico de experiências nacionais. Brasília: ENAP, 2020.

adotam metodologias diferentes, obtendo, também, resultados diferentes. No entanto, ainda assim é possível extrair algumas conclusões a respeito de seu contexto no Brasil.

As pesquisas de Sano[15] e Cavalcante, Goellner e Magalhães[16] indicam que os laboratórios de inovação no Brasil começaram a surgir no Brasil na segunda metade dos anos 2000, apresentando uma tendência de crescimento de seu número no decorrer do tempo. Ou seja, independentemente de qualquer esforço de normatização, há uma proliferação orgânica dos laboratórios de inovação no setor público no Brasil.

Sano[17] identificou uma clara preponderância das iniciativas no Poder Executivo, seguido do Poder Judiciário e do Ministério Público. O Poder Legislativo contava com a menor quantidade de iniciativas. Avaliando sob o critério do nível federativo, as iniciativas se concentravam na esfera federal. Quanto às experiências estaduais e municipais, a pesquisa conduzida por Cavalcante, Goellner e Magalhães[18] indica haver grande disparidade regional, estando a maioria dos laboratórios concentrado no Sudeste.[19]

Sano[20] pontua, no entanto, que apesar de haver um aumento no número de laboratórios nos últimos anos, restam dúvidas sobre os seus modos de funcionamento e financiamento, seus ciclos de experimentação e implementação, bem como os resultados alcançados em termos de melhorias para a sociedade (e como medi-las).

---

15 SANO, Hironobu. *Laboratórios de inovação no setor público*: mapeamento e diagnóstico de experiências nacionais. Brasília: ENAP, 2020.

16 CAVALCANTE, Pedro Luiz Costa; GOELLNER, Isabella de Araújo; MAGALHÃES, Amanda Gomes. Perfis e características das equipes e dos laboratórios de inovação no Brasil. *In*: CAVALCANTE, Pedro (Org.). *Inovação e políticas públicas*: superando o mito da ideia. Brasília: Instituto de Pesquisa Econômica Aplicada (Ipea), 2019.

17 SANO, Hironobu. *Laboratórios de inovação no setor público*: mapeamento e diagnóstico de experiências nacionais. Brasília: ENAP, 2020.

18 CAVALCANTE, Pedro Luiz Costa; GOELLNER, Isabella de Araújo; MAGALHÃES, Amanda Gomes. Perfis e características das equipes e dos laboratórios de inovação no Brasil. *In*: CAVALCANTE, Pedro (Org.). *Inovação e políticas públicas*: superando o mito da ideia. Brasília: Instituto de Pesquisa Econômica Aplicada (Ipea), 2019.

19 CAVALCANTE, Pedro Luiz Costa; GOELLNER, Isabella de Araújo; MAGALHÃES, Amanda Gomes. Perfis e características das equipes e dos laboratórios de inovação no Brasil. *In*: CAVALCANTE, Pedro (Org.). *Inovação e políticas públicas*: superando o mito da ideia. Brasília: Instituto de Pesquisa Econômica Aplicada (Ipea), 2019.

20 SANO, Hironobu. *Laboratórios de inovação no setor público*: mapeamento e diagnóstico de experiências nacionais. Brasília: ENAP, 2020.

Em relação a seu propósito de existência, Sano[21] observa que os laboratórios estabelecem como objetivo, principalmente, a gestão da própria organização pública, revelando uma preocupação com inovações em processos internos. Muitas vezes, os laboratórios fazem parte de uma estratégia de inovação das organizações e sua criação é resultado de um processo anterior no qual a instituição já buscava alternativas para promover melhorias na gestão, nos serviços públicos ou nas políticas públicas.

Utilizando-se do rol de opções elaborado por De Vries, Bekkers e Tummers,[22] a partir de uma revisão de literatura sobre diferentes perspectivas de inovação, Cavalcante, Goellner e Magalhães[23] observaram que a melhoria da qualidade nos processos e serviços (efetividade), a satisfação do usuário e a eficiência (otimização de recursos) foram, respectivamente, as respostas mais frequentes que obtiveram no *survey* que conduziram para a realização de sua pesquisa.

Eles pontuam, no entanto, que há grande variedade e complementariedade nos enfoques dos laboratórios, isto é, a maioria apresenta mais de um objetivo. Quanto a missões específicas, quase 70% afirmaram ser seu principal foco a eficiência e a eficácia de processos, a gestão em rede e a disseminação de práticas. Os resultados encontrados por Sano apontam que os principais objetivos dos laboratórios são a promoção "de soluções inovadoras", "o engajamento de outros atores na inovação" e o incentivo a "uma cultura de inovação".[24]

É interessante pontuar que a inovação – e, por consequência, a inovação promovida pelos laboratórios – não necessariamente envolve a implementação de novas tecnologias. A promoção da digitalização pode ser um dos instrumentos incentivados pelos laboratórios de inovação, como parte de um esforço na melhoria da gestão, eficiência e eficácia dos processos ou da organização pública como um todo, mas não é um condicionante à consecução desses objetivos. Ou seja, laboratórios

---

21 SANO, Hironobu. *Laboratórios de inovação no setor público*: mapeamento e diagnóstico de experiências nacionais. Brasília: ENAP, 2020.

22 DE VRIES, Hanna; BEKKERS, Victor; TUMMERS, Lars. Innovation in the public sector: A systematic review and future research agenda. *Public administration*, v. 94, n. 1, p. 146-166, 2016.

23 CAVALCANTE, Pedro Luiz Costa; GOELLNER, Isabella de Araújo; MAGALHÃES, Amanda Gomes. Perfis e características das equipes e dos laboratórios de inovação no Brasil. *In*: CAVALCANTE, Pedro (Org.). *Inovação e políticas públicas*: superando o mito da ideia. Brasília: Instituto de Pesquisa Econômica Aplicada (Ipea), 2019.

24 SANO, Hironobu. *Laboratórios de inovação no setor público*: mapeamento e diagnóstico de experiências nacionais. Brasília: ENAP, 2020.

de inovação não necessariamente ocupam-se estritamente de temas "digitais" – o aperfeiçoamento de processos e serviços públicos nem sempre requer esse tipo de iniciativa.

Uma vez compreendidos os possíveis contornos que laboratórios de inovação no setor público podem tomar e o cenário brasileiro, parte-se para o questionamento central deste artigo: faz sentido o esforço da Lei do Governo Digital em atribuir uma definição e diretrizes gerais para laboratórios de inovação no Brasil? Em especial, quando (i) laboratórios de inovação não necessariamente ocupam-se estritamente de temas "digitais"; (ii) já há uma proliferação orgânica dos mesmos nas três esferas de governo, e (iii) não há qualquer restrição legal à sua implementação?

3 O que justifica o esforço em definir e estabelecer diretrizes para laboratórios de inovação no setor público na Lei do Governo Digital?

Por que, afinal, versa-se sobre laboratórios de inovação em uma lei que visa a apresentar princípios, regras e instrumentos para a construção de um governo digital? Independentemente da intenção do legislador, é possível elencar duas razões que justificam sua presença na Lei. A primeira é que laboratórios de inovação podem viabilizar uma política de *interação* e de *aperfeiçoamentos incrementais* que são úteis à construção de um ecossistema público voltado à inovação. Explica-se:

O crescimento econômico resulta dos fatores de produção (como o aumento da participação da força de trabalho e o uso de maiores quantidades de terra), ou de uma maior eficiência na produtividade, utilizando-se a mesma quantidade de recursos (produtividade total dos fatores). Um crescente corpo de evidências tem mostrado que o aumento da atividade de inovação tem um impacto mensurável e positivo na produtividade das empresas.[25]

No entanto, a inovação por si só não aumenta a quantidade de recursos. Ela promove a otimização de processos, produtos ou serviços, podendo ser tecnológica (gerando, de fato, novos produtos e serviços como resultado), ou não tecnológica, gerando mudanças organizacionais no processo produtivo. Ela é, portanto, geralmente

[25] MOHNEN, Pierre; HALL, Bronwyn H. Innovation and productivity: an update. *Eurasian Business Review*, v. 3, n. 1, p. 47-65, 2013.

correlacionada à produtividade total dos fatores. A literatura econômica identifica que (i) há uma correlação entre a inovação e o crescimento econômico (a inovação pode promover eficiências ao processo de produção de bens e serviços), e (ii) o mercado, por si só, pode não promover um ambiente com incentivos suficientes à inovação.[26] Nesse caso – quando identificadas falhas de mercado e determinadas lacunas na articulação de fatores caros à existência de ambiente propenso à inovação – se justificaria a intervenção do Estado para sua promoção.

Contextualizando o cenário brasileiro, é possível observar que ainda temos um longo caminho a ser trilhado no que concerne à inovação. O *Technology and Innovation Report* de 2021 da Conferência das Nações Unidas para o Desenvolvimento e Comércio apresenta um "readiness index", que avalia a capacidade de uso, adoção e adaptação de inovações de países ao redor do mundo. O índice é composto por cinco fatores: implantação de tecnologia da informação e comunicação, habilidade dos recursos humanos, pesquisa e desenvolvimento, atividades da indústria e acesso a recursos financeiros. O Brasil se encontra na 41ª posição dos 158 países avaliados (Figura 1).

Figura 1 – Posição do Brasil no "readiness index" do *Technology and Innovation Report*

Country name	Total score	Total rank-ing	Score group	ICT ranking	Skills ranking	R&D ranking	Industry ranking	Finance ranking
Brazil	0.65	41	Upper-middle	73	53	17	42	60

Fonte: United Nations Conference on Trade and Development, 2021. Technology and Innovation Report, 2021.

O *Global Innovation Index* de 2020, da *World Intellectual Property Organization* diagnostica que, em relação ao grupo de países de renda média à alta (*upper middle-income*), o Brasil tem pontuações altas em quatro fatores: capital humano e pesquisa, infraestrutura, sofisticação empresarial e produção de conhecimento e tecnologia. Por outro lado, o Brasil tem pontuação abaixo da média para seu grupo de renda em três fatores: instituições, sofisticação de mercado e produtos criativos (*creative outputs*) (Figura 2).

[26] MOHNEN, Pierre; HALL, Bronwyn H. Innovation and productivity: an update. *Eurasian Business Review*, v. 3, n. 1, p. 47-65, 2013.

Figura 2 – Pontuação do Brasil nos sete pilares do Global Innovation Index

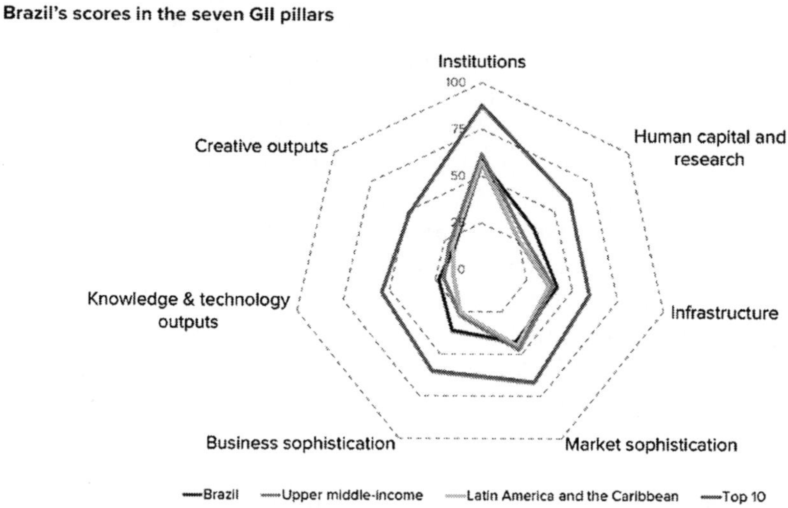

Fonte: World Intellectual Property Organization. Global Innovation Index, 2020.

Portanto, o Brasil possui espaço para melhoria em termos de diminuição das barreiras a um ambiente propício à inovação, o que justificaria a atuação estatal em sua promoção. Uma das principais barreiras são as "falhas de coordenação", que abrangem a falta de ciência de interessados sobre a existência de outros agentes com os mesmos objetivos. Ou seja, há prioridades desalinhadas entre potenciais colaboradores, ou altos custos associados a parcerias.[27] Os laboratórios permitem a construção de espaços – no sentido lato – que facilitam a interação entre agentes interessados em inovar.

Presume-se que, em sua maior parte, o encontro de agentes interessados ocorre de forma orgânica, em resposta a diferentes circunstâncias e necessidades. O papel desempenhado pelo governo com a criação de instrumentos como os laboratórios de inovação é, portanto, usualmente complementar, ao invés de indutor. Na prática, não são

---

27 Em grande parte, para ser gerada, a inovação exige uma interação entre atores com diferentes habilidades e recursos. Falhas de interação e colaboração entre esses agentes podem afetar negativamente seu desenvolvimento. (Cf.: A Practitioner's Guide to Innovation Policy Instruments to Build Firm Capabilities and Accelerate Technologial Catch-Up in Developing Countries. *Banco Mundial*, Washington, DC, 2020. p. 73-74).

uma política de inovação em si, mas servem como um canal para a implementação de políticas de inovação.

As iniciativas de política de inovação que se utilizam desse instrumento normalmente promovem atividades de conscientização sobre inovação e encorajam a colaboração e o desenvolvimento projetos em parceria. Um dos pontos fortes dessa estratégia é o possível aumento da eficácia das políticas desenvolvidas, tirando proveito do vínculo formado entre os agentes interessados. Esse fator se correlaciona a um benefício trazido pela transversalidade – diferentes atores, dotados de diferentes habilidades, tendem a gerar uma visão mais global dos problemas e possíveis soluções a serem adotadas.

Outro benefício é a maior eficiência possibilitada pela proximidade, superando a fragmentação do conhecimento e gerando externalidades positivas para outros atores em contato com as iniciativas. Os agentes públicos também podem utilizar os laboratórios de inovação para a construção de uma base de habilidades especializadas com baixos custos de pesquisa e treinamento, apoiando atividades que lhes permitam identificar necessidades e lacunas na política e infraestrutura local.

Outro ponto positivo é sua propensão a baixar os custos de transação por meio do envolvimento mais direto dos inovadores na formulação e implementação dos objetivos almejados pelo laboratório, ganhando um apoio mais generalizado para a consecução de seus objetivos.

Os riscos associados ao uso do instrumento envolvem, principalmente, a dificuldade em estabelecer sua eficácia. Há ampla diversidade de objetivos, fundamentos, atividades e produtos que podem estar associados às atividades dos laboratórios de inovação, o que torna a avaliação de sua eficácia desafiadora. No contexto do setor público, a diferença reside em não existirem mecanismos de retroalimentação direta do mercado. Isso o torna um ambiente muito específico para inovação, com muitas barreiras ao comportamento inovador.[28]

O setor público apoia uma cultura organizacional e atrai indivíduos adversos ao risco, limitando a experimentação.[29] Isso é ampliado

---

[28] OSBORNE, Stephen P.; BROWN, Louise (Ed.). *Handbook of innovation in public services.* Northampton, MA: Edward Elgar Publishing, 2013.

[29] PFEIFER C. Risk aversion and sorting into public sector employment. *German Economic Review,* v. 12, p. 85-99, 2010; BORINS, S. Encouraging innovation in the public sector. *Journal of Intellectual Capital,* v. 2, p. 310-319, 2001.

pelo escrutínio realizado pelo púbico em geral sobre políticas e iniciativas públicas que falharam. Estratégias que enfatizam aperfeiçoamentos graduais na Administração Pública – cujos laboratórios de inovação promovem – podem ser um caminho para contornar esse problema, uma vez que tendem a minimizar os riscos antes mencionados.[30] Inclusive, a depender do caso, podem ser mais eficientes do que suas alternativas tradicionais (como grandes reformas administrativas, dotadas de alto custo e resultados incertos).[31]

Há, no entanto, o risco de adoção de uma visão de curto prazo que não permite enxergar necessidades de mudanças estruturais de modo mais claro, por exemplo. Em alguns casos, pode haver também foco no gerenciamento de projetos que não agregam valor. Nesse caso, é preciso atenção para observar se as intervenções de um determinado laboratório não estão se mostrando eficazes, e flexibilidade para que seus formuladores possam mudar suas rotas de atuação com agilidade.

Para que sejam funcionais, a literatura sugere a coexistência de determinados elementos importantes em seu *design*, como, por exemplo, capacidade de gestão e liderança. No geral, laboratórios de inovação são de baixo custo, mas seu gerenciamento pode ser complicado e há a necessidade de uma gestão competente de indivíduos ou equipes. Os estudos apontam que uma liderança proativa é um fator de contribuição essencial para o sucesso dos projetos por eles conduzidos.

Um outro ponto importante é o forte apoio político, necessário, principalmente, porque os impactos na inovação só se materializam após um determinado período de implementação. É muito difícil medir o impacto da intervenção no curto prazo, tornando mais difícil para os políticos justificarem a intervenção em comparação com intervenções mais tangíveis: não há linearidade na capacidade do público-alvo em se beneficiar dos projetos desenvolvidos em laboratórios de inovação.

Como a Lei do Governo Digital trata de um processo – até certo ponto – interno, de digitalização, a barreira da justificação não parece tão alta. Os benefícios da transformação digital são bem compreendidos. Se mal implementada, no entanto, seus efeitos negativos ficam evidentes:

---

30 OSBORNE, Stephen P.; BROWN, Louise (Ed.). *Handbook of innovation in public services*. Northampton, MA: Edward Elgar Publishing, 2013.

31 CAVALCANTE, Pedro Luiz Costa; GOELLNER, Isabella de Araújo; MAGALHÃES, Amanda Gomes. Perfis e características das equipes e dos laboratórios de inovação no Brasil. *In*: CAVALCANTE, Pedro (Org.). *Inovação e políticas públicas*: superando o mito da ideia. Brasília: Instituto de Pesquisa Econômica Aplicada (Ipea), 2019.

a digitalização, afinal, tem público-alvo, seja ele servidor ou cidadão, beneficiário da mudança. E é por isso que tais mudanças exigem uma troca com os usuários, que podem ser potencializadas por meio dos laboratórios de inovação.

Apresentar a possibilidade de uso de laboratórios de inovação na Lei do Governo Digital invoca uma segunda justificativa: o Brasil é um país grande, cujas disparidades se multiplicam à medida que se descende nos níveis federativos. De fato, não é necessário que uma Lei "autorize" ou "normatize" laboratórios de inovação para que eles sejam criados. Seu papel aqui – como o de muitas legislações federais – parece ser outro: nivelar a discussão a nível nacional.

Não é raro que o desenvolvimento econômico seja correlacionado ao protagonismo da atuação de governos locais. Segundo Melo,[32] há na literatura aqueles que enxergam o fortalecimento dos níveis regionais e locais de governo como um processo que solidifica a economia, produzindo maior eficiência alocativa na prestação estatal.[33] Nesse contexto, práticas experimentalistas locais contribuiriam para uma melhoria na qualidade dos serviços públicos. Esse argumento fundamenta-se na ideia de que os governos locais teriam mais capacidade (em comparação a governos centrais) de construção de políticas públicas alinhadas com os problemas que precisam enfrentar, compreendendo melhor suas necessidades em razão de sua proximidade com os sujeitos e objetos de sua atenção.[34]

Nessa linha, Tiebout[35] argumentava existir uma melhor alocação de recursos públicos a nível local (em relação à esfera nacional), uma vez que (i) as pessoas tendem a realocar-se para cidades que possuem serviços públicos que melhor se adequam às suas necessidades, o que promove um ambiente de competição entre municípios na captação de mais contribuintes; (ii) e as autoridades políticas estão mais perto de seus eleitores, e, por isso, saberiam melhor suas preferências.

---

[32] MELO, M. A. *A seguridade social e a crise do mundo do trabalho*: São Paulo em Perspectiva. São Paulo: Fundação Seade, 1996. v. 9.

[33] MELO, M. A. *A seguridade social e a crise do mundo do trabalho*: São Paulo em Perspectiva. São Paulo: Fundação Seade, 1996. v. 9.

[34] OLIVEIRA, Vanessa Elias de. Processo de descentralização de políticas públicas e seu impacto sobre o federalismo brasileiro. *Revista de Estudos Constitucionais – RBEC*, a. 1, n. 19, jul./set. 2011.

[35] TIEBOUT, Charles M. A pure theory of local expenditures. *Journal of political economy*, v. 64, n. 5, p. 416-424, 1956.

Um dos elementos identificados por Scott[36] que pode explicar a relação entre a administração pública local e o desenvolvimento econômico é justamente o conhecimento das autoridades públicas locais a respeito das peculiaridades da realidade de suas jurisdições, o que as pode levar a tomar decisões administrativas (quanto ao seu quadro regulatório, por exemplo) mais adequadas e relevantes a nível local. Ou seja, as autoridades locais possuem uma vantagem informacional que pode ser crítica para uma implementação bem-sucedida de determinadas políticas públicas. Encontra-se também na literatura a ideia de que a descentralização gera mais experimentação e inovação na gestão local, contribuindo, portanto, para o desenvolvimento econômico local.

No Brasil, a limitação da administração pública em termos de instrumentos regulatórios à sua disposição – ainda que local – é de ordem orçamentária, fiscal, de falta de capacitação de servidores públicos e de infraestrutura física. Isto é, não há uma estrutura regulatória fixa que restrinja a discricionariedade de escolha dos instrumentos à disposição do poder público local para a consecução de políticas públicas de sua competência. Suas limitações são fruto do contexto fático em que se encontra.

Portanto, o caráter divulgador é relevante principalmente quando levada em consideração a realidade da Administração Pública a nível local. Para um município como São Paulo, a presença das diretrizes na Lei pode parecer inócua. Para outros municípios, pode representar o primeiro contato com a ideia de utilização de laboratórios de inovação para a construção da transformação digital dos governos locais – o que permite uma maior adequação à realidade de cada municipalidade.

Isso é especialmente relevante porque, segundo o artigo 55 da Lei do Governo Digital, ela se aplica, a partir de sua publicação, aos entes da administração pública direta e indireta de todos os níveis federativos em 90 (noventa) dias, para a União, em 120 (cento e vinte) dias, para Estados e o Distrito Federal, e em 180 (cento e oitenta) dias para os Municípios.

Respondendo à pergunta: faz sentido a Lei do Governo Digital apresentar o conceito e as diretrizes para laboratórios de inovação no setor público porque (i) trata-se de uma ferramenta capaz de

---

36 SCOTT, Zoe. Decentralisation, local development and social cohesion: an Analytical Review. *GSDRC Research Paper*, mai. 2009. p. 11.

promover uma política de interação que é essencial à construção de um ecossistema público voltado à inovação, (ii) dialogando com a necessidade de produção de soluções e inteligência que são produzidas a nível local, (iii) que não é universalmente reconhecida pelos próprios governos locais.

4 Em síntese: como laboratórios de inovação podem ajudar na mudança para um Governo Digital?

Laboratórios de inovação podem ajudar na construção de um governo digital na medida em que sejam construídos e implementados, levando-se em consideração (i) suas potencialidades e limitações e atentando-se (ii) às novas obrigações das entidades públicas.

Como já mencionado, a Lei estabelece princípios, regras e instrumentos para o aumento da eficiência da Administração Pública, especificamente, por meio da desburocratização e da transformação digital. A ideia é impulsionar a digitalização dos serviços públicos, consolidada pela Estratégia Nacional de Governo Digital, editada pelo poder executivo federal. No entanto, a iniciativa não se resume à esfera federal, uma vez que a Administração Pública de cada ente federado poderá editar estratégia, no âmbito de sua competência e de acordo com as necessidades locais, buscando sua compatibilização com a estratégia federal.

Para implementá-lo, a Lei do Governo Digital indica que o poder executivo federal poderá utilizar-se de "redes de conhecimento", com o objetivo de discutir os desafios enfrentados e as possibilidades de ação; criar e disseminar conhecimento e experiências; formular políticas, guias e manuais; e testar novas tecnologias para facilitar a prestação de serviços públicos em meio digital.

Haveria, portanto, três componentes essenciais para a digitalização de serviços na administração pública: (i) a Base Nacional de Serviços Públicos, que reuniria as informações necessárias sobre a oferta de serviços públicos em cada ente federado; (ii) as Cartas de Serviços ao Usuário, que informam ao usuário os serviços prestados por determinada entidade pública e as suas formas de acesso; e (iii) as plataformas de governo digital – instrumentos necessários para a oferta e prestação digital dos serviços públicos de cada ente.

A Lei obriga que as plataformas digitais de governo apresentem ao menos uma ferramenta de solicitação de atendimento e acompanhamento da entrega de serviços públicos e um painel de monitoramento do seu desempenho. Essas funcionalidades deverão observar padrões de interoperabilidade e de integração de dados, visando simplificar os processos e o atendimento aos usuários.

Os laboratórios de inovação são ferramentas úteis à viabilização desses objetivos, uma vez que se qualificam como "redes de conhecimento" que podem ajudar tanto na construção do conhecimento necessário para o desenvolvimento das estratégias regionais de implementação de governos digitais, quanto no aperfeiçoamento (ou mesmo na criação) das cartas de serviço ao usuário e das plataformas digitais de governo.

Referências

ACEVEDO, Sebastián; DASSEN, Nicolás. Innovation for Better Management. *The Contribution of Public Innovation Labs*, p. 19, 2016.

BANCO MUNDIAL. *A Practitioner's Guide to Innovation Policy Instruments to Build Firm Capabilities and Accelerate Technologial Catch-Up in Developing Countries*. Washington, DC, 2020.

BORINS, S. Encouraging innovation in the public sector. *Journal of Intellectual Capital*, v. 2, p. 310-319, 2001.

CAVALCANTE, P.; CUNHA, B. É preciso inovar, mas por quê? *In*: CAVALCANTE, P. *et al*. *Inovação no setor público*: teoria, tendências e casos no Brasil. Brasília: Enap; Ipea, 2017.

CAVALCANTE, Pedro Luiz Costa; GOELLNER, Isabella de Araújo; MAGALHÃES, Amanda Gomes. Perfis e características das equipes e dos laboratórios de inovação no Brasil. *In*: CAVALCANTE, Pedro (Org.). *Inovação e políticas públicas*: superando o mito da ideia. Brasília: Instituto de Pesquisa Econômica Aplicada (Ipea), 2019.

DE VRIES, Hanna; BEKKERS, Victor; TUMMERS, Lars. Innovation in the public sector: a systematic review and future research agenda. *Public administration*, v. 94, n. 1, p. 146-166, 2016.

MELO, M. A. *A seguridade social e a crise do mundo do trabalho*: São Paulo em Perspectiva. São Paulo: Fundação Seade, 1996. v. 9.

MOHNEN, Pierre; HALL, Bronwyn H. Innovation and productivity: an update. *Eurasian Business Review*, v. 3, n. 1, p. 47-65, 2013.

MULGAN, Geoff *et al*. Innovation in the public sector. *Strategy Unit, Cabinet Office*, v. 1, n. 1, p. 40, 2003.

OLIVEIRA, Vanessa Elias de. Processo de descentralização de políticas públicas e seu impacto sobre o federalismo brasileiro. *Revista de Estudos Constitucionais – RBEC*, a. 1, n. 19, jul./set. 2011.

OSBORNE, Stephen P.; BROWN, Louise (Ed.). *Handbook of innovation in public services.* Northampton, MA: Edward Elgar Publishing, 2013.

PFEIFER C. Risk aversion and sorting into public sector employment. *German Economic Review*, v. 12, p. 85-99, 2010.

PUTTICK, R.; BAECK, P.; COLLIGAN, P. *I-teams*: the teams and funds making innovation happen in governments around the world. UK: Bloomberg, 2014.

SANO, Hironobu. *Laboratórios de inovação no setor público*: mapeamento e diagnóstico de experiências nacionais. Brasília: ENAP, 2020.

SCOTT, Zoe. Decentralisation, local development and social cohesion: an Analytical Review. *GSDRC Research Paper*, mai. 2009.

TIEBOUT, Charles M. A pure theory of local expenditures. *Journal of political economy*, v. 64, n. 5, p. 416-424, 1956.

TÕNURIST, Piret; KATTEL, Rainer; LEMBER, Veiko. Innovation labs in the public sector: what they are and what they do? *Public Management Review*, v. 19, n. 10, p. 1455-1479, 2017.

UNDP – UNITED NATIONS DEVELOPMENT PROGRAMME. *Growing government innovation labs*: an insider's guide. USA: UNDP, 2017.

Informação bibliográfica deste texto, conforme a NBR 6023:2018 da Associação Brasileira de Normas Técnicas (ABNT):

QUIRINO, Carina de Castro; CUNHA, Marcella Brandão Flores da. Laboratórios de inovação e a promoção de um governo digital. *In*: MOTTA, Fabrício; VALLE, Vanice Regina Lírio do. *Governo digital e a busca por inovação na Administração Pública*: a Lei 14.129, de 29 de março de 2021. 2. ed. Belo Horizonte: Fórum, 2025. p. 215-232. ISBN 978-85-450-0987-0.

O LABORATÓRIO DE INOVAÇÃO COMO INSTRUMENTO DE ESTÍMULO PÚBLICO ÀS PARCERIAS CONTRATUAIS ENTRE O ESTADO E AS *STARTUPS*

ANDRÉ SADDY

HORÁCIO AUGUSTO MENDES DE SOUSA

Introdução

O presente artigo tem por finalidade analisar o regime jurídico do laboratório de inovação disciplinado no novo marco jurídico do governo digital, nos termos da Lei federal nº 14.129, de 29 de março de 2021.

O tema comporta relevância e atualidade, notadamente porque, diante de um quadro global e local de grandes transformações e crises do Estado, da gestão pública e da sociedade, cada vez mais as tecnologias digitais e as inovações serão absorvidas por todas as atividades administrativas estatais, com vistas ao ótimo cumprimento das suas missões públicas e à realização de entregas governamentais de forma mais eficiente, econômica e eficaz.

Em outros termos, as tecnologias digitais e as inovações instrumentalizarão, de forma cada vez mais transversal, exponencial e disruptiva, o modo de governança estatal dos complexos e plurais interesses públicos que devem ser assegurados pelo Estado, a fim de se alcançar o desenvolvimento socioeconômico sustentável, que, para ser assim considerado e efetivado, deverá ser, também, tecnológico, digital e inovador, nos termos do artigo 3º da Constituição da República Federativa do Brasil de 1988.

Neste passo, um dos caminhos possíveis para a introdução das tecnologias digitais e inovações no âmbito das atividades administrativas do Estado é a celebração de parcerias com as entidades de inovação tecnológica, dentre elas, especial destaque para as *startups*, que são sociedades empresárias que desenvolvem as suas atividades econômicas em um ecossistema informado por elevados riscos, significativas incertezas e grande potencial para a realização de inovações de relevante interesse público.

Nesse sentido, o problema do presente artigo consiste em analisar se a disciplina do laboratório de inovação prevista na Lei nº 14.129/2021 pode ser considerada como um mecanismo de estímulo às parcerias contratuais entre o Estado e as *startups*, com vistas à entronização de tecnologias digitais e inovações de interesse público na estrutura de governança pública digital pretendida pelo novo marco jurídico aludido.

Como hipótese da presente pesquisa, admite-se que a disciplina do laboratório de inovação prevista na Lei nº 14.129/2021 pode ser considerada como um mecanismo de estímulo às parcerias contratuais entre o Estado e as *startups*, com vistas à introdução de tecnologias digitais e inovações de interesse público na estrutura de governança pública digital pretendida pelo novo marco jurídico aludido.

Já no que diz respeito aos objetivos, pretende-se analisar a juridicidade da atividade estatal estimulativa à ciência, à tecnologia e à inovação, identificar os principais aspectos jurídicos da disciplina do laboratório de inovação trazidos pela Lei nº 14.129/2021 e investigar a relevância do mesmo como mecanismo estimulativo das parcerias contratuais entre o Estado e as *startups*, com vistas à introdução de tecnologias digitais e inovações de interesse público no sistema de governança pública estatal.

O presente artigo adota o método dedutivo, baseado em pesquisa documental e bibliográfica sobre o tema. O mesmo está dividido em duas partes principais. Na primeira, analisa-se a atividade estatal estimulativa à ciência, à tecnologia e à inovação. Na segunda, identificam-se os principais aspectos jurídicos da disciplina do laboratório de inovação trazidos pela Lei nº 14.129/2021, de modo a investigar a relevância do mesmo como mecanismo estimulativo das parcerias contratuais entre o Estado e as *startups*, com vistas à inserção de tecnologias digitais e inovações de interesse público no sistema de governança pública estatal. Ainda na segunda parte, ilustra-se a temática com a análise jurídica de estudo de casos inerentes ao laboratório de inovação no Estado do Espírito Santo. Posteriormente, apresentam-se considerações finais.

1 A atividade estatal estimulativa à ciência, à tecnologia e à inovação

Inicialmente, cabe dizer que a temática do laboratório de inovação, na forma da Lei nº 14.129/2021, como se pretende demonstrar, insere-se no amplo contexto da atividade estimulativa estatal, que pode ser definida como aquela que não está constitucionalmente reservada a si, se não que tocam a interesses públicos compartilháveis, que tanto podem ser promovidos pelo Estado quanto pelos particulares.

Trata-se de uma atuação voltada a atender interesses públicos de forma indireta e mediata, em que os poderes públicos contam com os particulares (ou até mesmo com outros entes ou órgãos da Administração) para o seu atingimento, pois são esses que prestarão determinadas atividades em favor de toda a coletividade. A atividade estimulativa busca apoio, em regra, na iniciativa privada, mas nada impede que o Poder Público possa vir a ser titular dessas atividades.[1]

Essa atividade administrativa visa à colaboração ou à cooperação de outrem, que não o ente ou órgão que esteja estimulando, sem o emprego de coerção. É dizer, não existe uma obrigação de quem aceitará o estímulo de assumir as atividades desejadas pela Administração, por isso essa atividade é vista como uma forma de atuação para o atendimento de certas necessidades públicas. Busca-se, por meio dessa atividade, induzir, instigar, provocar, promover, proteger, propulsar, incentivar, abrigar, dirigir, impulsionar ou fomentar que atividades de interesses públicos sejam desempenhadas por outrem (normalmente, os particulares) que não aquele que desenvolve tal atividade, de modo a desafogar a sua estrutura. A atividade estimulativa pode, assim,

---

[1] SADDY, André; SOUSA, Horácio Augusto Mendes de; RODOR, Fernanda Medeiros e Ribeiro. *Direito Público das Startups*: uma nova governança público-privada nas parcerias administrativas entre o Estado e as entidades de tecnologia e inovação. 2 ed. Rio de Janeiro: Centro de Estudos Empírico-Jurídicos, 2021. p. 65-98.

ser vista como a colocação de instrumentos para o desenvolvimento ou progresso econômico ou social, suprindo eventuais deficiências existentes.[2]

Tem-se, por meio desta atividade, um cenário onde a Administração estimula positiva ou negativamente certas condutas como forma de alcançar objetivos previstos na Constituição e efetivar direitos fundamentais. A ideia é direcionar agentes (em regra, privados) rumo à realização de investimentos e ações variadas que possibilitem o alcance de finalidades descritas no texto constitucional.[3]

As razões para se estimular determinado setor são diversas e, muitas vezes, é a própria Constituição que impõe tal atuação. É o caso do incentivo como instrumento da intervenção indireta (regulatória) no ordenamento econômico (art. 174 da CRFB/88), bem como o incentivo de atividades específicas, tais como a produção agropecuária (art. 23 da CRFB/88), o turismo (art. 180 da CRFB/88), a cultura (art. 215 da CRFB/88), o desporto (art. 217 da CRFB/88), o desenvolvimento científico, a pesquisa, a capacitação científica, tecnológica e a inovação (art. 218 da CRFB/88), entre outros.

Sob o prisma constitucional, há relevante disciplina envolvendo a gestão pública, a tecnologia e a inovação. E não poderia ser diferente, pois o cumprimento da promessa constitucional de desenvolvimento socioeconômico sustentável brasileiro (art. 3º, inc. II da CRFB/88) passará, necessariamente, e cada vez mais, pela adoção de práticas inovadoras no âmbito da Administração Pública, nos três níveis federativos, notadamente com o uso de recursos e instrumentos tecnológicos. Pode-se dizer que a falta de inovação e de uso dos recursos tecnológicos e digitais mencionados, principalmente no âmbito da gestão pública, poderá adiar, ainda mais, o alcance dos objetivos constitucionais fundamentais da República Federativa do Brasil.[4]

---

[2] SADDY, André; SOUSA, Horácio Augusto Mendes de; RODOR, Fernanda Medeiros e Ribeiro. *Direito Público das Startups*: uma nova governança público-privada nas parcerias administrativas entre o Estado e as entidades de tecnologia e inovação. 2 ed. Rio de Janeiro: Centro de Estudos Empírico-Jurídicos, 2021. p. 65-98.

[3] SADDY, André; SOUSA, Horácio Augusto Mendes de; RODOR, Fernanda Medeiros e Ribeiro. *Direito Público das Startups*: uma nova governança público-privada nas parcerias administrativas entre o Estado e as entidades de tecnologia e inovação. 2 ed. Rio de Janeiro: Centro de Estudos Empírico-Jurídicos, 2021. p. 65-98.

[4] SCHWAB, Klaus. *A Quarta Revolução Industrial*. (Trad. Daniel Moreira Miranda). São Paulo: Edipro, 2016. p. 79-80.

Neste passo, dada a importância da temática em exame, a matriz constitucional estabelece a competência comum (art. 23, inc. V, da CRFB/88), de todos os entes federativos, para viabilizar meios de acesso à tecnologia, à pesquisa e à inovação, tanto na esfera da sociedade civil organizada quanto no âmbito da gestão pública. Isso sem contar a possibilidade de efetiva cooperação federativa, disciplinada por lei complementar, para o equilíbrio do desenvolvimento inovador e tecnológico (art. 23, parágrafo único, da CRFB/88). Não é por outra razão que todos os níveis federativos de poder podem legislar sobre tecnologia e inovação (art. 24, inc. IX, da CRFB/88), cabendo à União Federal a disciplina nacional sobre o tema, sem prejuízo da competência do Estado para suplementar a legislação nacional, de modo a atender a sua respectiva realidade regional (art. 24, §§§1º, 2º e 3º, da CRFB/88).

A partir do exercício dessas competências constitucionais, legislativas e administrativas, e de modo a viabilizá-las, será possível a transposição, o remanejamento ou a transferência de recursos públicos, de uma categoria de programação para outra, no âmbito das atividades estatais direcionadas à inovação e à tecnologia, sem necessidade de prévia autorização legislativa (art. 167, §5º, da CRFB/88). Da mesma maneira, é possível aos Estados e ao Distrito Federal, a vinculação de parcela das suas receitas orçamentárias às entidades públicas de fomento ao desenvolvimento tecnológico (art. 218, §5º, da CRFB/88).

Avançando nas considerações, tratando de áreas específicas, a Constituição também estabelece normas envolvendo tecnologia e inovação nos setores da saúde e da educação. Na seara da prestação dos serviços públicos de saúde, cabe ao Sistema Único de Saúde incrementar o desenvolvimento tecnológico e a inovação (art. 200, inc. V da CRFB/88). O mesmo pode-se dizer em relação aos serviços públicos de educação (privativo e não privativo), de modo que as atividades de pesquisa, extensão e fomento à inovação, realizadas por universidades ou instituições de educação profissional e tecnológica, poderão receber apoio financeiro do Estado (art. 213, §2º, da CRFB/88), inclusive em atuações sinérgicas para pesquisas no exterior do Brasil, notadamente no intercâmbio com outras instituições estrangeiras de desenvolvimento tecnológico e inovação (art. 218, §7º, da CRFB/88).

Nada obstante essa disciplina constitucional difusa a respeito da inovação e tecnologia, o que é uma decorrência dos princípios da eficiência e da eficácia das atividades administrativas estatais, a matriz constitucional dedicou um capítulo específico, na disciplina do ordenamento social, para tratar da tecnologia e da inovação.

Assim, desde logo, estabelece-se o dever do Estado, em todos os níveis federativos de poder, de promover e incentivar o desenvolvimento tecnológico e a inovação, prevendo-se o tratamento prioritário para a pesquisa básica e tecnológica voltada ao progresso das tecnologias e da inovação (art. 218, §1º, da CRFB/88), sempre com vistas à solução dos problemas brasileiros e ao desenvolvimento dos sistemas produtivos nacionais e regionais (art. 218, §2º, da CRFB/88).

É importante que se diga que a normatividade constitucional em tela legitima a adoção de um amplo leque de medidas legislativas, administrativas e regulatórias indutoras do desenvolvimento tecnológico e da inovação, tanto na gestão pública quanto no desempenho das atividades econômicas sujeitas à livre iniciativa (art. 218, §4º, da CRFB/88). Daí a previsão de articulação ampla entre a gestão pública e a iniciativa privada para o desenvolvimento tecnológico e a inovação (art. 218, §6º, da CRFB/88).

Além disso, a disciplina em análise é dotada de relevante pragmatismo, ao vincular essa atividade estimulativa (fomentadora) ao equacionamento de problemas concretos e reais do Brasil, o que abrange, inclusive, as problemáticas inerentes ao ambiente produtivo nacional, regional e local. É claro que a atividade estimulativa (fomentadora), como não poderia deixar de ser, e como destacado anteriormente, demandará prévia atividade planejadora estatal, de modo a identificar setores e regiões com vistas ao desenvolvimento tecnológico e à inovação, inclusive digital.[5]

Destarte, além das considerações até aqui mencionadas, há uma preocupação constitucional com a formação dos recursos humanos na área de tecnologia e inovação, inclusive no âmbito da gestão pública, prevendo-se, para tanto, a adoção de meios e condições especiais de trabalho (art. 218, §3º, da CRFB/88), o que pode ser feito, por exemplo, com a implementação do regime do teletrabalho na Administração Pública, com as notórias vantagens desse instrumento para o reforço ao desenvolvimento de soluções tecnológicas e inovadoras, notadamente digitais, por parte de agentes públicos.[6]

---

[5] CHAUVET, Rodrigo da Fonseca. Fomento Público Econômico à Inovação Tecnológica. *In*: SADDY, André; CHAUVET, Rodrigo da Fonseca; DA SILVA, Priscilla Menezes (Coord.). *Aspectos jurídicos das novas tecnologias (inovações) disruptivas*. Rio de Janeiro: Lumen Juris, 2019. p. 69-98.

[6] SOUSA, Horácio Augusto Mendes de. Regime jurídico do teletrabalho no serviço público: novos caminhos rumo à administração pública digital. *Interesse Público – IP*, Belo Horizonte, a. XXI, n. 113, p. 83-100, jan./fev. 2019. p. 83-100.

Adiante na análise, a matriz constitucional prevê a proteção e o fomento ao mercado interno, enquanto patrimônio nacional, de modo a efetivar a autonomia tecnológica brasileira, assim como o estímulo, a formação e o fortalecimento das práticas inovadoras na iniciativa privada e na gestão pública, com criação de infraestruturas tecnológicas e outros ambientes voltados à inovação (art. 219, parágrafo único da CRFB/88). Essa atividade indutora do mercado em muito poderá beneficiar a gestão pública, com a migração de tecnologias inovadoras do mercado para o Estado, de modo a ensejar o melhor desempenho das atividades administrativas estatais, e, por via de consequência, o próprio ambiente para o desenvolvimento de atividades econômicas privadas, viabilizando o já citado desenvolvimento socioeconômico sustentável e digital.

Tanto é assim que a matriz constitucional abre um amplo campo indutor para as parcerias administrativas entre os entes políticos da federação (União, Estado, Distrito Federal e Municípios) e entidades administrativas componentes da Administração Pública indireta e, entre estas e a iniciativa privada, para a inovação e o desenvolvimento tecnológico, seja porque a iniciativa privada ainda necessita de estímulos do Estado para inovar, seja porque a gestão pública precisa absorver, gradualmente, em suas atividades, todas as virtualidades do desenvolvimento tecnológico e da inovação gerados no ambiente célere e dinâmico do mercado (art. 218-A, da CRFB/88).

Daí porque se sugere a criação de um sistema nacional voltado à tecnologia e à inovação, já que o tema interessa a todos os atores públicos e privados, com e sem finalidade lucrativa. Esse sistema deve ser lastreado nas ideias de colaboração e parceria, tanto por meio das PPPs, quanto por meio das concessões comuns, com a fixação de normas gerais pela União, de modo a conferir segurança jurídica e transparência gerais ao dito sistema, bem como a edição de legislação suplementar pelos Estados, Distrito Federal e Municípios, visando atender às suas respectivas realidades regionais e locais (art. 219-B, da CRFB/88).

Em outros termos, e como já destacado, a Constituição brasileira de 1988, diante da relevância da normatividade em análise para o alcance dos objetivos constitucionais fundamentais do País (art. 3º da CRFB/88), em sintonia com as diretrizes da comunidade internacional, estabeleceu que os temas relacionados ao desenvolvimento da tecnologia e da inovação devem, necessariamente, integrar o conjunto das políticas públicas de Estado, portanto, permanentes, de todos os entes políticos da Federação brasileira, sob pena de atrasos, retrocessos, perpetuação do subdesenvolvimento e agravamento da perda de competitividade, em relação a outros países.

Essa atuação, cooperativa e coordenada e, também, no interior de cada unidade federativa, deve ser voltada a promover a integração da tecnologia e da inovação no Brasil, em um contexto de verdadeiro federalismo tecnológico e inovador, ao mesmo tempo em que viabiliza o desenvolvimento das vocações tecnológicas e das potencialidades de cada unidade federativa, preservando-se, portanto, as autonomias constitucionais dos entes da Federação brasileira.

Destarte, cuidam-se de aspectos constitucionais que se inserem em um contexto maior de configuração, à luz da Constituição da República Federativa do Brasil de 1988, de um modelo de Estado Democrático de Direito Digital, em construção, com relevantes desdobramentos na temática dos estímulos à ciência, à tecnologia, à inovação e à digitalização.[7]

Sob a ótica infraconstitucional, merece destaque a Lei nº 10.973, de 02 de dezembro de 2004, com as alterações da Lei nº 13.243, de 11 de janeiro de 2016, que dispõem, de maneira preponderantemente nacional, sobre o Sistema de Incentivos à Inovação, à Tecnologia e ao Ambiente Produtivo Nacional e Regional. Essa normatividade nacional, vale repetir, não impede a edição de normatividade estadual e municipal sobre o tema, de modo a atender seus interesses estaduais e municipais.

Ademais, a normatividade em tela estabelece um conjunto relevante de princípios e objetivos a serem alcançados por meio do desenvolvimento de tecnologias inovadoras, visando, em última análise, à concretização dos objetivos fundamentais da República anteriormente aludidos, tanto em nível nacional, quanto nos âmbitos regional e local. Dentre esses, merecem destaque o fomento ao desenvolvimento tecnológico e à inovação socioeconomicamente sustentáveis, a redução das desigualdades sociais regionais por meio da tecnologia e da inovação, a celebração de parcerias público-públicas e público-privadas, a criação de infraestruturas para o desenvolvimento tecnológico e inovação e a constante atualização da atividade de fomento para a concretização desses princípios (Lei nº 10.973/2004, art. 1º, parágrafo único – Incluído pela Lei nº 13.243, de 2016).

---

[7] Sobre o tema: SOUSA, Horácio Augusto Mendes de. *Estado digital*: mutações, crises e desafios jurídico-societais. Rio de Janeiro: Centro de Estudos Empírico Jurídicos, 2025 (prelo).

A concretização dessas diretrizes principiológicas se dará, especialmente, por meio de agências de fomento ao desenvolvimento tecnológico e da inovação, de natureza pública ou privada, indutoras de criações (art. 2º da Lei nº 10.973/2004). Para tanto, essa estrutura de fomento poderá contar com o apoio de incubadoras de empresas voltadas ao apoio logístico, gerencial e tecnológico direcionados ao empreendedorismo, com vistas à efetiva inovação.

Da mesma forma, as instituições científicas, tecnológicas e de inovação – ICTs são relevantes estruturas orgânicas, públicas ou privadas, sem finalidade lucrativa, voltadas ao desenvolvimento tecnológico e à inovação (art. 2º, V, da Lei nº 10.973/2004).

Ainda na perspectiva das infraestruturas voltadas ao desenvolvimento tecnológico e da inovação, vale destacar a possibilidade de instituição de parques tecnológicos (art. 2º, X, da Lei nº 10.973/2004), verdadeiros complexos empresariais planejados promotores de inovações, assim como os polos tecnológicos, mais direcionados às pequenas sociedades empresárias, geograficamente atreladas e vinculadas finalisticamente às ICTs (art. 2º, X, da Lei nº 10.973/2004).

A par disso, estabelece um amplo conjunto de medidas promotoras de ambientes especializados ou ecossistemas de inovação, incluídos os já citados parques tecnológicos, polos tecnológicos e incubadoras de empresas (art. 3º-B da Lei nº 10.973/2004), que poderão estabelecer suas respectivas regulações para o fomento ao desenvolvimento de projetos inovadores, com a possibilidade de cessão de uso de imóveis para a instalação dos citados ambientes inovadores, participação estatal na criação e governança das entidades gestoras das infraestruturas mencionadas e adoção de medidas de atração, para o Brasil, de centros de pesquisas e desenvolvimento de empresas estrangeiras, com vistas ao incremento do processo de inovação brasileiro (art. 3º-C da Lei nº 10.973/2004).

Nesse sentido, será possível a implementação, ainda, de medidas específicas de fomento para as microempresas e empresas de pequeno porte, bem como medidas próprias de fomento por parte das ICTs públicas, como o compartilhamento de bens móveis e imóveis para a inovação tecnológica (art. 4º, I a III da Lei nº 10.973/2004), e a participação minoritária dos entes federativos e entidades administrativas no capital social de empresas, com vistas ao desenvolvimento de produtos ou processos inovadores, nos termos das políticas públicas de tecnologia e inovação de cada ente federativo (art. 5º da Lei nº 10.973/2004).

Para além dessas iniciativas e possibilidades indutoras gerais anteriormente aludidas, a normatividade nacional em exame previu outros instrumentos específicos de estímulo à inovação em sociedades empresárias e entidades privadas sem fins lucrativos, de modo a reforçar a sistemática legal de fomento ao desenvolvimento tecnológico inovador, inclusive com a possibilidade de utilização simultânea de mais de uma medida incentivadora. É nesse contexto jurídico-constitucional que se insere o laboratório de inovação disciplinado pela Lei nº 14.129/2021, consoante se passa a examinar adiante.

2 O regime jurídico do laboratório de inovação e sua natureza instrumental para o estímulo público às parcerias contratuais entre o estado e as *startups*

Vistos no item anterior os contornos de juridicidade da atividade estimulativa estatal à ciência, à tecnologia e à inovação, no presente item pretende-se identificar os principais aspectos jurídicos da disciplina do laboratório de inovação trazida pela Lei nº 14.129/2021, de modo a investigar a relevância do mesmo como mecanismo estimulativo das parcerias contratuais entre o Estado e as *startups*, com vistas à inserção de tecnologias digitais e inovações de interesse público no sistema de governança pública estatal.[8]

Destarte, cabe inicialmente dizer que a temática do laboratório público de inovação se insere no contexto maior das transformações digitais do Estado Democrático de Direito contemporâneo, da sociedade e da gestão pública, orientada por uma governança pública digital técnica e por indicadores,[9] cuja disciplina se encontra estabelecida na já citada Lei nº 14.129/2021. Trata-se, também aqui, de mais um aspecto inerente ao Estado Democrático de Direito Digital em construção no Brasil, nomeadamente no que tange à administração pública digital.[10]

---

8 SOUSA, Horácio Augusto Mendes de. Direito Público das Startups: novos rumos para as parcerias administrativas contratuais entre o Estado e as entidades de inovação tecnológica. *In*: NEVES, Rodrigo Santos; CYRINO, Rodrigo Reis; GALVÊAS, Thiago Albani de Oliveira (Coords.). *Direito administrativo*: novos paradigmas, tendências e realidade. Rio de Janeiro: CEEJ, 2021. p. 57-82.

9 SOUSA, Horácio Augusto Mendes de. Estado Constitucional transformado pela governança por *standards* e indicadores: estudo de caso no direito brasileiro à luz da decisão proferida pelo Supremo Tribunal Federal na ADPF nº 669-DF. *In*: MORAIS, José Luiz Bolzan de (Org.). *Conexões Estado, Direito e Tecnologia*. Vitória: FDV publicações, 2020. p. 63-102.

10 SOUSA, Horácio Augusto Mendes de. *Estado digital*: mutações, crises e desafios jurídico-societais. Rio de Janeiro: Centro de Estudos Empírico Jurídicos, 2025 (prelo).

O marco jurídico ora analisado apresenta, como objetivos gerais, na forma do seu art. 1º, a fixação de instrumentos que tenham por finalidade precípua o aumento da eficiência administrativa estatal, notadamente por meio da inovação e da transformação digital, lastreada em participação do cidadão e dos grupos intermédios organizados nessa processualidade digital, mais desburocratizada, inovadora e transformadora.

Esses objetivos, é bom que se diga, são plenamente compatíveis com a matriz constitucional pátria, que consagra, como se sabe, em especial, os princípios constitucionais da participação, da eficiência e eficácia das atividades administrativas estatais, nos termos do artigo 1º, parágrafo único, art. 37, *caput* e art. 74, *caput*, ambos da Constituição brasileira de 1988, rumo à gestão pública promotora de resultados concretos de interesse público.[11]

Esses paradigmas principiológicos, inerentes ao modelo de Estado Democrático de Direito contemporâneo,[12] cada vez mais digital,[13] são essenciais para a adequada compreensão do laboratório de inovação pública disciplinado no novo marco jurídico do governo digital ora examinado.

Do mesmo modo, essas diretrizes previstas no novo marco jurídico do governo digital também se harmonizam com os objetivos de desenvolvimento sustentável fixados pela Organização da Nações Unidas, para os anos 2015-2030, notadamente aqueles relacionados ao fomento à inovação e à construção de instituições públicas eficazes, responsáveis e inclusivas, em todos nos níveis.[14]

Ainda sob a ótica das tendências contemporâneas internacionais, essas diretrizes se coadunam com as recomendações da Organização para Cooperação do Desenvolvimento Econômico para o Brasil,

---

[11] MOREIRA NETO, Diogo de Figueiredo. *Quatro Paradigmas do Direito Administrativo Pós-Moderno*. Belo Horizonte: Fórum, 2008. p. 126.

[12] COURA, Alexandre de Castro; SOUSA, Horácio Augusto Mendes de. As tensões existentes entre constitucionalismo e democracia e suas repercussões na concretização de direitos fundamentais: estudo de caso à luz da decisão proferida pelo Supremo Tribunal Federal na ADPF nº 669-DF. *Interesse Público – IP*, Belo Horizonte, ano 23, n. 129, p. 135-159, set./out. 2021.

[13] SOUSA, Horácio Augusto Mendes de. *Estado digital*: mutações, crises e desafios jurídico-societais. Rio de Janeiro: Centro de Estudos Empírico Jurídicos, 2025 (prelo).

[14] Cf.: ORGANIZAÇÃO DAS NAÇÕES UNIDAS. *Sobre o nosso trabalho para alcançar os objetivos de Desenvolvimento Sustentável no Brasil*. Disponível em: https://nacoesunidas.org/conheca-os-novos-17-objetivos-de-desenvolvimento-sustentavel-da-onu. Acesso em: 08 jul. 2021.

especialmente as vinculados às dimensões do Governo Digital, notadamente uma gestão pública conduzida pelos usuários participantes da formulação e implementação de políticas públicas, viabilizando espaços e plataformas digitais para a cocriação de valores públicos.[15]

Não é demais lembrar, ainda em sede de considerações preliminares, que a temática dos laboratórios de inovação para a gestão pública não constitui novidade absoluta no Direito brasileiro. Isso porque o marco jurídico nacional da ciência, tecnologia e inovação já apresenta disciplina para o tema, como destacado anteriormente, ao prever que a Instituição científica, tecnológica e de inovação (ICT), com natureza jurídica de órgão ou entidade da administração pública, de todos os entes da Federação, conforme as respectivas organizações administrativas, poderá, mediante contrapartida ou não, e por prazo determinado, compartilhar seus laboratórios, especialmente para o estímulo às atividades de incubação, na forma do art. 4º, I, da citada Lei nº 10.973/2004.

No mesmo sentido, o marco jurídico disciplinador das parcerias contratuais entre o Estado e as entidades de inovação tecnológica, inclusive *startups*, com a previsão da possibilidade de o estímulo público a ser deferido às citadas entidades se dar em forma de compartilhamento de infraestruturas públicas, nos termos do art. 9º, inciso III, da Lei Complementar Federal nº 182/2021, em combinação com o art. 4º da Lei Complementar estadual nº 929/2019.[16]

Dito isso, cabe dizer que o novo marco jurídico do governo digital buscou delinear, de maneira ampla, o laboratório de inovação, ao conceituá-lo como um espaço aberto, de natureza participativa e colaborativa, com o objetivo de desenvolvimento de ideias, projetos, soluções, ferramentas e métodos inovadores para a gestão pública, o aumento da eficiência na prestação dos serviços públicos e da eficácia no controle sobre a gestão pública, nos termos do art. 4º, inciso VIII, em combinação com os arts. 44 e 45, todos da Lei nº 14.129/2021.

---

[15] ORGANIZAÇÃO PARA A COOPERAÇÃO E DESENVOLVIMENTO ECONÔMICO. *A Caminho da Era Digital no Brasil*. 2020. Disponível em: https://www.oecd-ilibrary.org/docserver/45a84b29-pt.pdf?expires=1634909445&id=id&accname=guest&checksum=6B49F06A0D4A69CADAADAC4B0C9F9CFA. Acesso em: 22 out. 2021.

[16] SADDY, André; SOUSA, Horácio Augusto Mendes de; RODOR, Fernanda Medeiros e Ribeiro. *Direito Público das Startups*: uma nova governança público-privada nas parcerias administrativas entre o Estado e as entidades de tecnologia e inovação. 2 ed. Rio de Janeiro: Centro de Estudos Empírico-Jurídicos, 2021. p. 229-263.

Embora os conceitos sejam mais adequados ao trabalho doutrinário, notadamente diante de cenários de aceleradas transformações tecnológicas e digitais, onde a virtualidade, nos dias de hoje, é parte integrante da realidade,[17] inclusive da gestão pública, aumenta-se o risco de desatualização das conceituações legais pelos desenvolvimentos científicos, tecnológicos e inovadores. Nada obstante essas considerações, a disciplina jurídica trazida pela Lei nº 14.129/2021 apresenta aportes relevantes para o fomento ao desenvolvimento científico, tecnológico e inovador no âmbito da gestão pública, consoante se pretende demonstrar.

No que tange à amplitude e eficácia do instituto, cuida-se de espaço público aberto à participação e à colaboração dos cidadãos e dos grupos intermédios, organizados ou não, com e sem finalidade lucrativa, inclusive entidades do terceiro setor, bem como *startups*, com vistas ao desenvolvimento de ideias, ferramentas e métodos inovadores para a gestão pública, de modo a aperfeiçoar a prestação de serviços públicos e o controle sobre a Administração Pública.

Diante da extensão conceitual aludida, o laboratório de inovação poderá adotar qualquer forma admitida pelo Direito, como, por exemplo, o laboratório como infraestrutura física ou digital, como órgão ou mesmo como entidade da administração pública (autarquia, empresa pública, sociedade de economia mista, fundação, consórcios públicos entre entes da Federação), tudo a depender da importância, complexidade e volume das atividades a serem realizadas pelo citado laboratório de inovação. Nenhuma dessas formas será vedada, desde que se tenha adequada motivação para a adoção da estrutura pretendida, demonstrando o planejamento, a juridicidade, a eficiência, a economicidade, eficácia e a economicidade do formato jurídico-administrativo e institucional adotado.

Nesse sentido, vale citar, por exemplo, a Lei Complementar estadual nº 909, de 26 de abril de 2019, do Estado do Espírito Santo, que cria o Instituto Capixaba de Ensino, Pesquisa e Inovação em Saúde (ICEPi) e institui o subsistema estadual de educação, ciência, tecnologia e inovação em saúde e o programa de bolsas de estudo, pesquisa e extensão tecnológica no Sistema Único de Saúde. O aludido instituto, qualificado como ICT, sem personalidade jurídica e integrante da

[17] CASTELLS, Manuel. *A sociedade em rede*. (Trad. Roneide Venancio Majer). 6. ed. São Paulo: Paz e Terra, 1999. v. 1, p. 2.

estrutura interna da Secretaria de Estado da Saúde, tem, dentre as suas atribuições, a formação, o desenvolvimento de pessoal e a pesquisa básica ou aplicada, de caráter científico e tecnológico, destinados a aumentar a eficácia e a qualidade dos serviços prestados pelo Sistema Único de Saúde (SUS), inclusive por meio de laboratório de inovação.

Adiante nas considerações, o laboratório de inovação realça a importância da participação cidadã e das demais entidades intermédias da sociedade, inclusive *startups*, para o desenvolvimento das suas atividades relacionadas à maior eficiência e eficácia das atividades inerentes à gestão dos complexos interesses públicos. Cuida-se, pois, de mais um passo no caminho da realização da democracia participativa por meio da participação administrativa, de modo a envolver a sociedade na formulação, implementação, execução e controle de políticas públicas setoriais relacionadas às inovações, sobretudo científicas, tecnológicas e digitais.[18]

Diante da ausência de um arranjo participativo específico e fechado na Lei nº 14.129/2021, será possível, por exemplo, que, juntamente ao laboratório de inovação, funcione uma comissão de mentoria público-privada, para orientação e acompanhamento dos projetos que serão desenvolvidos nesse espaço público, com intensa participação privada.[19]

Segundo o marco jurídico em exame, a finalidade geral do laboratório de inovação é a introdução de conceitos, ferramentas e métodos inovadores para a maior eficiência da gestão pública. Neste passo, a despeito da previsão de alguns objetivos específicos, como, por exemplo, a maior eficiência na prestação dos serviços públicos, a maior segurança e eficácia no tratamento de dados produzidos pelo Estado e o reforço de mecanismos de controle da gestão pública pelos cidadãos, outros objetivos de interesse público poderão ser perseguidos pelo laboratório de gestão, desde que se tenha prévio planejamento demonstrativo da razoabilidade, eficiência, economicidade e eficácia dos produtos, projetos, soluções e serviços a serem desenvolvidos no

---

[18] PEDRA, Adriano Sant'Ana; SOUSA, Horácio Augusto Mendes de. Democracia participativa na perspectiva da participação administrativa: uma proposta de estrutura de governança público-privada das parcerias administrativas digitais entre o Estado e as *startups*. *Interesse Público – IP*, Belo Horizonte, ano 23, n. 130, p. 229-253, nov./dez. 2021.

[19] PEDRA, Adriano Sant'Ana; SOUSA, Horácio Augusto Mendes de. Democracia participativa na perspectiva da participação administrativa: uma proposta de estrutura de governança público-privada das parcerias administrativas digitais entre o Estado e as *startups*. *Interesse Público – IP*, Belo Horizonte, ano 23, n. 130, p. 229-253, nov./dez. 2021.

laboratório da gestão pública, consoante de extrai da abertura semântica do art. 44 da Lei nº 14.129/2021.

Será possível, por exemplo, que o laboratório de inovação receba propostas de *startups* e entidades do terceiro setor, previamente selecionadas a partir de processo licitatório ou seletivo específico, com base em parâmetros objetivos, para quaisquer atividades de relevante interesse público, previamente definidas em edital pela gestão pública, nos termos da Lei Complementar Federal nº 182/2021, em combinação com a Lei Complementar estadual nº 929/2019.[20]

Ou, ainda, o desenvolvimento de tecnologias voltadas ao aumento da eficácia científica, tecnológica e digital na criação de instrumentos, métodos e inovações voltadas à contenção da expansão do coronavírus no Brasil, desde que se observem as diretrizes específicas do Sistema Único de Saúde brasileiro e da comunidade científica, como a criação de plataformas e aplicativos via telefone celular, para o rastreamento, em tempo real, de novas variantes da COVID-19.[21]

Ademais disso, **é** importante que as atividades do laboratório de gestão atendam, na maior medida possível, as diretrizes fixadas no art. 45 da Lei nº 14.129/2021. Significa dizer, desde logo, a colaboração interinstitucional, a partir dos diversos órgãos e entidades estatais, juntamente com a sociedade, com a criação, por exemplo, de laboratórios de inovação entre o Estado e os Municípios de determinada região metropolitana, de modo a buscar soluções tecnológicas e inovadoras de interesse comum.

Do mesmo modo, a preferência no desenvolvimento de tecnologias livres e abertas, como a criação de plataforma redutora do tempo de espera para o atendimento no âmbito do Sistema Único de Saúde; o desenvolvimento e a prototipação de *softwares* e métodos simples, eficientes e ágeis para a formulação e implementação de políticas, como as plataformas que permitem a manifestação *online* cidadã, sobre

---

[20] SADDY, André; SOUSA, Horácio Augusto Mendes de; RODOR, Fernanda Medeiros e Ribeiro. *Direito Público das Startups*: uma nova governança público-privada nas parcerias administrativas entre o Estado e as entidades de tecnologia e inovação. 2 ed. Rio de Janeiro: Centro de Estudos Empírico-Jurídicos, 2021. p. 229-263.

[21] BUSSINGUER, Elda Coelho de Azevedo; SOUSA, Horácio Augusto Mendes de. Exame da constitucionalidade dos gastos públicos com medicamentos sem eficácia científica comprovada: o uso da cloroquina e da hidroxicloroquina para o tratamento do coronavírus no Brasil. *In*: TRAMONTINA, Robinson; BUSSINGUER, Elda Coelho de Azevedo; LORENZETTO, Bruno (Org.). *Direitos Fundamentais e Políticas Públicas*. Joaçaba: Editora Unoesc, 2020. p. 265-294.

escolhas públicas relevantes, em unidades de saúde, terminais de **ônibus,** praças públicas, praias e outros espaços públicos.[22]

Além disso, merece destaque a criação de plataformas que permitam ao cidadão a fiscalização e a filmagem, em tempo real, da atuação dos agentes públicos no campo da segurança pública e urbanística; o fomento ao empreendedorismo inovador e ao ecossistema de inovação tecnológica direcionado ao setor público, por meio de espaço de *coworking*, inclusive digitais, acessíveis aos adolescentes e jovens, sobretudo das comunidades e favelas nos grandes centros urbanos e a criação de mecanismos e plataformas digitais decisórias orientadas por dados e com base em evidências, a fim de subsidiar a tomada de decisões e conferir maior legitimidade, eficiência e eficácia às mesmas.

É bom que se diga que esses objetivos e diretrizes têm grande potencial de eficácia e efetividade por meio de parcerias do Estado com as *startups*, cujo estímulo estatal seja instrumentalizado, também, por meio do laboratório de inovação pública, aproximando o Estado, a gestão pública e o mercado para o desenvolvimento de inovações tecnológicas de interesse público. Neste passo, caso haja limitação de acesso às *startups* ao laboratório de inovação pública, será necessário, como regra, a realização de licitação para a seleção das sociedades empresárias que farão jus aos estímulos públicos, nos termos da Lei Complementar Federal nº 182/2021, em combinação com a Lei Complementar estadual nº 929/2019.[23]

No ponto, de modo a ilustrar com mais um exemplo relevante extraído da realidade jurídico-administrativa brasileira, destaque-se o laboratório de inovação da gestão (LAB.ges), instalado no âmbito da Secretaria de Estado de Gestão e Recursos Humanos do Estado do Espírito Santo.[24]

---

[22] PEDRA, Adriano Sant'Ana; SOUSA, Horácio Augusto Mendes de. Democracia participativa na perspectiva da participação administrativa: uma proposta de estrutura de governança público-privada das parcerias administrativas digitais entre o Estado e as *startups*. *Interesse Público – IP*, Belo Horizonte, ano 23, n. 130, p. 229-253, nov./dez. 2021.

[23] SADDY, André; SOUSA, Horácio Augusto Mendes de; RODOR, Fernanda Medeiros e Ribeiro. *Direito Público das Startups*: uma nova governança público-privada nas parcerias administrativas entre o Estado e as entidades de tecnologia e inovação. 2 ed. Rio de Janeiro: Centro de Estudos Empírico-Jurídicos, 2021. p. 229-263.

[24] ESTADO DO ESPÍRITO SANTO. Secretaria de Estado de Gestão e Recursos Humanos. *Portaria nº 06-R, de 21 de agosto de* 2017. Institui o Laboratório de Inovação na Gestão (LAB.ges), no âmbito da Secretaria de Estado de Gestão e Recursos Humanos. Disponível em: https://wegov.com.br/wp-content/uploads/2020/07/portaria-06-R-2017-LAB.GES_.pdf. Acesso em: 10 jun. 2025.

Embora criado anteriormente à Lei nº 14.129/2021, o mesmo têm recebido novos e crescentes influxos de iniciativas e projetos, notadamente após o marco jurídico em exame, mas, também, em razão da Lei Complementar Federal nº 182/2021 e da Lei Complementar estadual nº 929/2019, esses dois últimos marcos jurídicos, como destacado acima, disciplinadores de parcerias contratuais entre o Estado e as *startups*, para o desenvolvimento de tecnologiais e inovações de interesse público, de modo a viabilizar, a um só tempo, o aprimoramento da gestão pública, cada vez mais digital, e o impulsionamento das *startups*.[25]

Nesta ordem de ideias, são várias as iniciativas em curso no âmbito do laboratório de inovação do Estado do Espírito Santo. Dentre elas, merece destaque o ciclo de formação em solução de desafios públicos,[26] com vistas a formação de agentes públicos para a resolução de desafios públicos a partir das soluções inovadoras, bem como o StartupES, almejando-se a criação de uma plataforma governamental viabilizadora da maior interação entre os agentes públicos, seus desafios e as *startups*.[27] Pelo exposto, a despeito da recenticidade das experiências em curso, **é** possível dizer que um dos caminhos possíveis para a introdução das tecnologias digitais e inovações no âmbito das atividades administrativas do Estado é a celebração de parcerias com as entidades de inovação tecnológica, dentre elas, especial destaque para

---

[25] SADDY, André; SOUSA, Horácio Augusto Mendes de; RODOR, Fernanda Medeiros e Ribeiro. *Direito Público das Startups*: uma nova governança público-privada nas parcerias administrativas entre o Estado e as entidades de tecnologia e inovação. 2. ed. Rio de Janeiro: Centro de Estudos Empírico-Jurídicos, 2021. p. 229-263.

[26] Consoante se extrai do sítio do LAB.ges: "Em 2023, a iniciativa trouxe resultados como: (1) Construção de uma chamada aberta que identificou mais de 40 desafios complexos nas administrações estadual e municipais do Espírito Santo. (2) Contratação e apoio no desenvolvimento de uma sequência de oficinas simultâneas de ensino sobre construção de protótipos para soluções públicas, capacitando 90 pessoas servidoras em abordagens colaborativas e inovadoras. (3) A aplicação de metodologias adaptadas, a partir do Design Thinking, UX (User Experience), Lean startup, Design de serviços e desenvolvimento ágil, foi integrada ao cotidiano da administração pública. (4) Essa sinergia gerou 18 desafios selecionados, envolvendo 15 órgãos e seus representantes, focados no desenvolvimento de 18 protótipos. (5) Concomitante ao desenvolvimento dos protótipos, dois modelos de gestão do conhecimento, virtual e físico, foram propostos e contratados". ESTADO DO ESPÍRITO SANTO. Secretaria de Estado de Gestão e Recursos Humanos. *Laboratório de Inovação na Gestão (LAB.ges)*. Disponível em: https://labges.es.gov.br/. Acesso em: 11 jun. 2025.

[27] Como se observa do sítio do LAB.ges: "Espera-se ainda o desenvolvimento de 12 soluções para desafios dos diversos órgãos do governo, além da contratação do fornecimento dessas soluções e, por fim, a capacitação de pessoas servidoras em novos métodos de contratação pública". ESTADO DO ESPÍRITO SANTO. Secretaria de Estado de Gestão e Recursos Humanos. *Laboratório de Inovação na Gestão (LAB.ges)*. Disponível em: https://labges.es.gov.br/. Acesso em: 11 jun. 2025.

as *startups*, que são sociedades empresárias que desenvolvem as suas atividades econômicas em um ecossistema informado por elevados riscos, significativas incertezas e grande potencial para a realização de inovações de relevante interesse público.

Nesse sentido, a disciplina do laboratório de inovação prevista na Lei nº 14.129/2021 pode ser considerada como um mecanismo de estímulo às parcerias contratuais entre o Estado e as *startups*, com vistas à entronização de tecnologias digitais e inovações de interesse público na estrutura de governança pública digital pretendida pelo novo marco jurídico aludido. Em outros termos, a disciplina jurídica do laboratório de inovação prevista na Lei nº 14.129/2021 pode ser considerada como um mecanismo de estímulo às parcerias contratuais entre o Estado e as *startups*, com vistas à introdução de tecnologias digitais e inovações de interesse público na estrutura de governança pública digital pretendida pelo novo marco jurídico aludido.

Considerações finais

A disciplina jurídica do laboratório de inovação prevista na Lei nº 14.129/2021 constitui avanço no tratamento do tema no Direito brasileiro. Nada obstante, a sua aplicabilidade, real e prática, dependerá, também, do maior nível de profissionalização e instrumentalização da gestão pública, notadamente na celebração de arranjos de parcerias contratuais do Estado com o mercado, sobretudo *startups*, para a introdução de inovações e tecnologias de interesse público, de modo a dar efetivo cumprimento ao desenvolvimento socioeconômico sustentável no Brasil, que deverá ser, inexoravelmente, científico, tecnológico e inovador, sob pena de comprometimento do alcance dos objetivos desenvolvimentistas previstos no art. 3º da Constituição brasileira de 1988.

Nesta ordem de ideias, **é** possível dizer que um dos caminhos possíveis para a introdução das tecnologias digitais e inovações no âmbito das atividades administrativas do Estado é a celebração de parcerias com as entidades de inovação tecnológica, dentre elas, especial destaque para as *startups*, que são sociedades empresárias que desenvolvem as suas atividades econômicas em um ecossistema informado por elevados riscos, significativas incertezas e grande potencial para a realização de inovações de relevante interesse público.

Nesse sentido, a disciplina do laboratório de inovação prevista na Lei nº 14.129/2021 pode ser considerada como um mecanismo de estímulo às parcerias contratuais entre o Estado e as *startups*, com vistas à entronização de tecnologias digitais e inovações de interesse público na estrutura de governança pública digital pretendida pelo novo marco jurídico aludido. Em outros termos, a disciplina jurídica do laboratório de inovação prevista na Lei nº 14.129/2021 pode ser considerada como um mecanismo de estímulo às parcerias contratuais entre o Estado e as *startups*, com vistas à introdução de tecnologias digitais e inovações de interesse público na estrutura de governança pública digital pretendida pelo novo marco jurídico aludido, o que se pode verificar, inclusive, das recentes experiências em curso na administração pública brasileira.

Referências

ASSEMBLEIA LEGISLATIVA DO ESTADO DO ESPÍRITO SANTO. Lei Complementar nº 909, de 26 de abril de 2019. Cria o Instituto Capixaba de Ensino, Pesquisa e Inovação em Saúde e institui o Subsistema Estadual de Educação, Ciência, Tecnologia e Inovação em Saúde e o Programa de Bolsas de Estudo, Pesquisa e Extensão Tecnológica no Sistema Único de Saúde. *Departamento de Imprensa Oficial do Espírito Santo*. Palácio Anchieta, 30 abr. 2019. Disponível em: http://www3.al.es.gov.br/Arquivo/Documents/legislacao/html/LEC9092019.html. Acesso em: 14 jul. 2021.

ASSEMBLEIA LEGISLATIVA DO ESTADO DO ESPÍRITO SANTO. Lei Complementar nº 929, de 25 de novembro de 2019. Institui instrumentos e procedimentos para o fomento *às* parcerias entre o Estado do Espírito Santo e as entidades privadas de inovação tecnológica regional. *Diário Oficial do Estado – Espírito Santo*, 26 nov. 2019. Disponível em: https://www.legisweb.com.br/legislacao/?id=385570. Acesso em: 13 jul. 2021.

BUSSINGUER, Elda Coelho de Azevedo; SOUSA, Horácio Augusto Mendes de. Exame da constitucionalidade dos gastos públicos com medicamentos sem eficácia científica comprovada: o uso da cloroquina e da hidroxicloroquina para o tratamento do coronavírus no Brasil. *In*: TRAMONTINA, Robinson; BUSSINGUER, Elda Coelho de Azevedo; LORENZETTO, Bruno (Org.). *Direitos Fundamentais e Políticas Públicas*. Joaçaba: Editora Unoesc, 2020.

BRASIL. Lei Complementar nº 182, de 01 de junho de 2021. Institui o marco legal das *startups* e do empreendedorismo inovador; e altera a Lei nº 6.404, de 15 de dezembro de 1976, e a Lei Complementar nº 123, de 14 de dezembro de 2006. *Diário Oficial da União*, Brasília, 02 jun. 2021, retificado em 04 jun. 2021. Disponível em: http://www.planalto.gov.br/ccivil_03/LEIS/LCP/Lcp182.htm. Acesso em: 11 jul. 2021.

BRASIL. Lei nº 14.129, de 29 março de 2021. Dispõe sobre princípios, regras e instrumentos para o Governo Digital e para o aumento da eficiência pública e altera a Lei nº 7.116, de 29 de agosto de 1983, a Lei nº 12.527, de 18 de novembro de 2011 (Lei de Acesso à Informação), a Lei nº 12.682, de 9 de julho de 2012, e a Lei nº 13.460, de 26 de junho de 2017. *Diário Oficial da União*, Brasília, 11 jun. 2021. Disponível em: http://www.planalto.gov.br/ccivil_03/_ato2019-2022/2021/lei/L14129.htm. Acesso em: 06 jul. 2021.

BRASIL. Lei nº 10.973, de 02 de dezembro de 2004. Dispõe sobre incentivos à inovação e à pesquisa científica e tecnológica no ambiente produtivo e dá outras providências. *Diário Oficial da União*, Brasília, 03 dez. 2004, retificado em 16 mai. 2005. Disponível em: http://www.planalto.gov.br/ccivil_03/_ato2004-2006/2004/lei/l10.973.htm. Acesso em: 12 jul. 2021.

CHAUVET, Rodrigo da Fonseca. Fomento Público Econômico à Inovação Tecnológica. *In*: SADDY, André; CHAUVET, Rodrigo da Fonseca; DA SILVA, Priscilla Menezes (Coord.). *Aspectos jurídicos das novas tecnologias (inovações) disruptivas*. Rio de Janeiro: Lumen Juris, 2019.

COURA, Alexandre de Castro; SOUSA, Horácio Augusto Mendes de. As tensões existentes entre constitucionalismo e democracia e suas repercussões na concretização de direitos fundamentais: estudo de caso à luz da decisão proferida pelo Supremo Tribunal Federal na ADPF nº 669-DF. *Interesse Público – IP*, Belo Horizonte, ano 23, n. 129, p. 135-159, set./out. 2021.

MOREIRA NETO, Diogo de Figueiredo. *Quatro Paradigmas do Direito Administrativo Pós-Moderno*. Belo Horizonte: Fórum, 2008.

ORGANIZAÇÃO DAS NAÇÕES UNIDAS. *Sobre o nosso trabalho para alcançar os objetivos de Desenvolvimento Sustentável no Brasil*. Disponível em: https://nacoesunidas.org/conheca-os-novos-17-objetivos-de-desenvolvimento-sustentavel-da-onu. Acesso em: 08 jul. 2021.

CASTELLS, Manuel. *A sociedade em rede*. (Trad. Roneide Venancio Majer). 6. ed. São Paulo: Paz e Terra, 1999. v. 1.

ESTADO DO ESPÍRITO SANTO. Secretaria de Estado de Gestão e Recursos Humanos. *Portaria nº 06-R, de 21 de agosto de 2017*. Institui o Laboratório de Inovação na Gestão (LAB.ges), no âmbito da Secretaria de Estado de Gestão e Recursos Humanos. Disponível em: https://wegov.com.br/wp-content/uploads/2020/07/portaria-06-R-2017-LAB.GES_.pdf. Acesso em: 10 jun. 2025.

ESTADO DO ESPÍRITO SANTO. Secretaria de Estado de Gestão e Recursos Humanos. *Laboratório de Inovação na Gestão (LAB.ges)*. Disponível em: https://labges.es.gov.br/. Acesso em: 11 jun. 2025.

ORGANIZAÇÃO PARA A COOPERAÇÃO E DESENVOLVIMENTO ECONÔMICO. *A Caminho da Era Digital no Brasil*. 2020. Disponível em: https://www.oecd-ilibrary.org/docserver/45a84b29-pt.pdf?expires=1634909445&id=id&accname=guest&checksum=6B49F06A0D4A69CADAADAC4B0C9F9CFA. Acesso em: 22 out. 2021.

PEDRA, Adriano Sant'Ana; SOUSA, Horácio Augusto Mendes de. *Democracia participativa na perspectiva da participação administrativa*: uma proposta de estrutura de governança público-privada das parcerias administrativas digitais entre o Estado e as *startups*. Interesse Público – IP, Belo Horizonte, ano 23, n. 130, p. 229-253, nov./dez. 2021.

SADDY, André; SOUSA, Horácio Augusto Mendes de; RODOR, Fernanda Medeiros e Ribeiro. *Direito Público das Startups*: uma nova governança público-privada nas parcerias administrativas entre o Estado e as entidades de tecnologia e inovação. 2 ed. Rio de Janeiro: Centro de Estudos Empírico-Jurídicos, 2021.

SCHWAB, Klaus. *A Quarta Revolução Industrial*. (Trad. Daniel Moreira Miranda). São Paulo: Edipro, 2016.

SOUSA, Horácio Augusto Mendes de. *Estado digital*: mutações, crises e desafios jurídico-societais. Rio de Janeiro: Centro de Estudos Empírico Jurídicos, 2025 (prelo).

SOUSA, Horácio Augusto Mendes de. Direito Público das Startups: novos rumos para as parcerias administrativas contratuais entre o Estado e as entidades de inovação tecnológica. *In*: NEVES, Rodrigo Santos; CYRINO, Rodrigo Reis; GALVÊAS, Thiago Albani de Oliveira (Coords.). *Direito administrativo*: novos paradigmas, tendências e realidade. Rio de Janeiro: CEEJ, 2021.

SOUSA, Horácio Augusto Mendes de. Estado Constitucional transformado pela governança por *standards* e indicadores: estudo de caso no direito brasileiro à luz da decisão proferida pelo Supremo Tribunal Federal na ADPF nº 669-DF. *In*: MORAIS, José Luiz Bolzan de (Org.). *Conexões Estado, Direito e Tecnologia*. Vitória: FDV publicações, 2020.

SOUSA, Horácio Augusto Mendes de. Regime jurídico do teletrabalho no serviço público: novos caminhos rumo à administração pública digital. *Interesse Público – IP*, Belo Horizonte, a. XXI, n. 113, p. 83-100, jan./fev. 2019.

Informação bibliográfica deste texto, conforme a NBR 6023:2018 da Associação Brasileira de Normas Técnicas (ABNT):

SADDY, André; SOUSA, Horácio Augusto Mendes de. O laboratório de inovação como instrumento de estímulo público às parcerias contratuais entre o estado e as *startups*. *In*: MOTTA, Fabrício; VALLE, Vanice Regina Lírio do. *Governo digital e a busca por inovação na Administração Pública*: a Lei 14.129, de 29 de março de 2021. 2. ed. Belo Horizonte: Fórum, 2025. p. 233-253. ISBN 978-85-450-0987-0.

IMPACTOS DA LEI DO GOVERNO DIGITAL NO CONTROLE EXTERNO

HELOÍSA HELENA ANTONÁCIO M. GODINHO

MÁRCIO BATISTA MARINOT

WESLEY VAZ

Introdução

A edição da Lei nº 14.129, de 29 de março de 2021, denominada Lei do Governo Digital, atiçou ainda mais o debate acerca da existência de um dever de inovar, para o alcance da eficiência na prestação de serviços públicos, e, embora não tenha tratado especificamente do controle externo, também provocou reflexões sobre os papéis dos Tribunais de Contas neste novo contexto.

Com efeito, a transformação da sociedade por meio das tecnologias da informação e comunicação (TIC) e a expansão da conectividade[1] provocaram impactos diretos na interação entre o Governo e os cidadãos, uma vez que, dentre outras consequências, qualificam

---

1 Segundo o IBGE, apesar do acesso à Internet ainda ser lento e caro em várias partes do Brasil, o número de pessoas que utilizam a internet expande-se rapidamente a cada ano, sendo que entre 2016 e 2019 o percentual cresceu de 64,7% para 78,3% da população de pessoas com 10 anos ou mais de idade (IBGE. Coordenação de Trabalho e Rendimento. *Pesquisa Nacional por Amostra de Domicílios Contínua*: acesso à internet e posse de telefone móvel celular para uso pessoa. 2019; PNAD: tecnologias de informação e comunicação; PNAD Contínua; PNAD TIC. Disponível em: https://biblioteca.ibge.gov.br/visualizacao/livros/liv101794_informativo.pdf. Acesso em: 20 ago. 2021).

e empoderam as pessoas (usuárias do serviço público). A par disso, exigem constante *repensar* da atuação pública para o atingimento da eficiência, porquanto além das noções de agilidade, zelo e entregas positivas, ainda é preciso levar em consideração a comodidade, a conveniência do acesso aos serviços públicos,[2] a transparência das informações e a participação dos usuários nas decisões.

Esse "repensar" deve ser concretizado em novas formas de agir, essenciais para o enfrentamento dos problemas e dilemas contemporâneos, em especial, a escassez de recursos vis a vis a eficiência na satisfação das demandas da sociedade, mais engajada e participativa. Vale dizer que novas formas de planejar, organizar e executar, com vistas a melhorar a performance e incrementar os resultados, constituem-se em inovações.

Embora ainda em construção no meio acadêmico, o conceito de inovação pode ser vislumbrado na Lei nº 10.973/2004, com a redação dada pela Lei nº 13.243/2016, cujo art. 2º, inciso IV, dispõe que a inovação é a

> introdução de novidade ou aperfeiçoamento no ambiente produtivo e social que resulte em novos produtos, serviços ou processos ou que compreenda a agregação de novas funcionalidades ou características a produto, serviço ou processo já existente que possa resultar em melhorias e em efetivo ganho de qualidade ou desempenho.

Inicialmente, a adoção do processo eletrônico e a digitalização de documentos foram qualificados como inovações. Surgiu, então, o Governo Eletrônico. Porém, a rápida evolução das tecnologias, a imperiosa reconstrução de processos, a utilização crescente de dados e a imposição de otimização dos serviços públicos obrigaram o Governo Eletrônico a evoluir para o Governo Digital.[3]

No Governo Eletrônico são transferidos processos e rotinas do ambiente físico para o ambiente virtual, nos mesmos moldes em que

---

[2] Comodidade e conveniência referem-se ao fato de que a territorialidade e a distinção entre o mundo on-line e o off-line tornam-se, a cada dia, mais irrelevantes, tendo em vista que as pessoas estão a maior parte do tempo on-line, independentemente do lugar onde se encontram.

[3] SVANTESSON, Dan Jerker B. *Internet & jurisdição*: relatório de status global 2019 (Livro eletrônico/editor). Núcleo de Informação e Coordenação do Ponto BR; (Trad. Ana Zuleika Pinheiro Machado). 1. ed. São Paulo: Comitê Gestor da Internet no Brasil, 2020. Disponível em: https://www.cgi.br/media/docs/publicacoes/21/20210707165731/CadernoCGIbr_Internet_e_Jurisdicao.pdf. Acesso em: 01 set. 2021.

tradicionalmente ocorriam (por exemplo, entrega de declarações do imposto de renda, divulgação de editais de compras governamentais, emissão de certidões de pagamentos e impostos, acompanhamento de processos judiciais e prestação de informações sobre benefícios da previdência social), de forma burocrática, fragmentada e, muitas vezes, incompleta (isto é, apenas uma parte do processo é virtual). No Governo Digital há uma alteração na concepção da própria atividade executada, não apenas uma mudança de ambiente. A prestação dos serviços é realizada por meio de métodos, técnicas e ferramentas em ambiente e forma diferenciados da concepção anterior, gerando novas funcionalidades e benefícios (integração e unificação de plataformas e sistemas, simplificação e completude dos serviços, participação ativa e foco no usuário, rapidez nas entregas públicas).

Essa evolução necessariamente exige do controle externo mudança de mentalidade, em especial quanto ao caráter experimental da inovação, e capacidade de adaptação dos processos fiscalizatórios aos novos modelos de atuação estatal. Nesse aspecto, o Tribunal de Contas da União (TCU) não apenas acompanhou a implantação dos Governos Eletrônico e Digital, mas saiu na frente, incorporando em suas rotinas, novas funções e novas formas de planejar e atuar.

De fato, para além do controle contábil, financeiro, orçamentário, operacional e patrimonial da Administração Pública (art. 70 da CF), do qual se extraem as clássicas funções controladoras (fiscalizadora, julgadora, sancionadora, consultiva, normativa etc.), o TCU exerce relevante papel de colaboração ativa da boa gestão pública, por meio de contribuições que ocasionam melhoria do processo de tomada de decisão e incremento da eficiência quanto às respostas e à entrega de produtos, serviços e resultados à sociedade, por meio do tratamento e aproveitamento de dados e informações em seus processos finalísticos.

Demais disso, o Tribunal ainda fomenta o exercício da participação e do controle social, ao divulgar as conclusões exaradas nas decisões de seus processos de auditoria e de contas; ao dar acesso a painéis de informações e dados sobre as atividades estatais (Coopera, por exemplo);[4] e ao receber sugestões para coparticipação em seu Laboratório de Inovação (coLAB-i).[5]

---

[4] O Coopera é um painel informativo que apresenta dados do sistema de gestão de processos do TCU, por Ministro, Unidade Técnica, temas e assunto ou jurisdicionado. (Cf.: Painel Informativo Coopera. *TCU*. Disponível em: https://portal.tcu.gov.br/coopera/painel/. Acesso em: 02 set. 2021).

[5] Cf.: Colab-i. *TCU*. Disponível em: https://portal.tcu.gov.br/colab-i/. Acesso em: 02 set. 2021.

O desenvolvimento de plataformas e a incorporação da atuação de robôs nas rotinas e processos do TCU provocaram um aumento no grau de confiabilidade de suas análises e decisões e ainda possibilitaram a utilização das informações geradas por gestores e pelo público em geral.

Vale ressaltar que o volume de dados armazenados pela Administração Pública de todas as esferas federativas é massivo (Big Data) e apresenta dificuldades instransponíveis ao tratamento pela inteligência humana, gerando desperdício dessas bases, uma vez que não ensejam aplicações proveitosas à gestão pública.

A abundância, a ampla distribuição e a fluidez dos dados, somadas às infinitas formas de combiná-los, revelam o quão desafiadora é a tarefa de consumi-los adequadamente.[6]

Nesse aspecto, o desenvolvimento e a utilização de plataformas digitais (Laboratório de Informações de Controle – LabContas), a atividade dos robôs e a formação de redes de inteligência (Rede Nacional de Informações Estratégicas para o Controle Externo – InfoContas) tem proporcionado aos Tribunais de Contas uma atuação tempestiva, uniforme, segura, transparente, colaborativa e até mesmo preditiva, em prol da qualidade do gasto, da redução de riscos, do planejamento das políticas públicas etc.

Essas ferramentas de tratamento e análise (*Data Analytics*) transformam os dados em informações úteis e relevantes, disponíveis para o controle externo, para as organizações públicas e para a sociedade, como determinam os comandos da Lei nº 12.527/2011 (Lei de Acesso à Informação).

Como lembra Garcia, os dados são analisados separadamente ou em conjunto,

> permitindo, tecnologicamente, a descoberta de informações em tempo real, enquanto ainda estavam fora do alcance humano. A importância fundamental do *Data Analytics* reside no fato de que o Big Data é inútil caso esteja somente armazenado, sem qualquer processo de inteligência sobre as bases de dados. Seu valor potencial só é desbloqueado quando utilizado para impulsionar a tomada de decisões.[7]

---

6 SILVA, Wesley Vaz. Os pilares da estratégia de análise de dados e consumo de informações no TCU. *Revista do Tribunal de Contas da União*, a. 48, n. 137, set./dez. 2016. p. 13. Disponível em: https://revista.tcu.gov.br/ojs/index.php/RTCU/issue/view/68/101. Acesso em: 02 set. 2021.

7 GARCIA, Leonardo Marques. O uso de ferramentas de data analytics pelo auditor governamental. *Coletânea de Pós-Graduação, Auditoria Financeira*, Brasília: TCU, v. 1

Logo, a edição da Lei nº 14.129/2021, para o TCU, no tocante ao controle externo, causará poucos impactos, tendo em vista o estágio de maturidade digital relativamente adiantado na qual se encontra o Tribunal.

Por outro lado, significativo impacto quanto ao mérito da atuação fiscalizatória diz respeito ao elenco legal de princípios e diretrizes da eficiência e do Governo Digital, trazido pelo art. 3º da Lei nº 14.129/2021, com destaque para a inovação, ao retirar-lhe o caráter discricionário.

A partir do transcurso da *vacatio legis* (art. 55), diferenciada para cada esfera federativa,[8] a observância dos princípios e diretrizes do art. 3º passa a ser obrigatória, vinculando gestores e controladores aos comandos legais. Nesse caso, o papel do TCU e dos tribunais de contas estaduais e municipais, rotineiramente indutor, passa a ser exercido também sob os aspectos da conformidade, dos resultados e do desempenho, podendo gerar não apenas recomendações e alertas, mas também determinações e sanções.

1 Controle externo da inovação: uma nova abordagem

A Lei nº 14.129/2021, em seu art. 3º, elenca os princípios e diretrizes do Governo Digital e da eficiência pública, merecendo destaque, neste trabalho, o inciso XXVI, que trata da inovação (promoção do desenvolvimento tecnológico e da inovação no setor público).

Veja-se que a inovação, para além da noção de viabilizar soluções para problemas complexos, é qualificada pela Lei como um mandamento nuclear a ser observado na implementação do Governo Digital e para o atingimento da eficiência.

Carneiro e Menicucci,[9] citando definições de teóricos como Peter Druker e outros, apontam para três interessantes vertentes da gestão: a da capacidade de inovação, para o máximo rendimento da organização;

---

n. 7, 2019. P. 22. Disponível em: https://portal.tcu.gov.br/biblioteca-digital/o-uso-de-ferramentas-de-data-analytics-pelo-auditor-governamental.htm. Acesso em: 20 ago. 2021.

[8] O art. 55 define, em seus incisos, que a Lei nº 14.129/2021 entra em vigor para a União, após decorridos 90 dias da sua publicação oficial; para os Estados e o Distrito Federal, após 120 dias; e para os Municípios após 180 dias.

[9] CARNEIRO, Ricardo; MENICUCCI, Telma Maria Gonçalves. *Gestão pública no século XXI*: as reformas pendentes. Texto para discussão. Brasília: Ipea, dez. 2011. Disponível em: http://www.ipea.gov.br/portal/index.php?option=com_content&view=article&id=16360%3Atd-1686-gestao-publica-no-seculo-xxi-as-reformas-pendentes&catid=270%3A2011&directory=1&Itemid=1. Acesso em: 20 ago. 2021.

a da responsabilidade sobre as ações da organização, em especial, as articulações relacionais e negociações, remetendo a um dos elementos da governança; e, por fim, a aproximação com a política, incluindo, além dos meios, os arranjos que facilitam a expressão de vontades, mediando-as e encontrando valores sociais para conduzir as ações e, assim, atingir os objetivos políticos.

Não obstante o discurso no âmbito da alta administração no setor público seja nessa linha, levando-se em consideração que a inovação exige um pensamento "fora dos padrões" e exercícios de tentativas e erros, consequentemente aumentando o risco, há forte resistência na Administração Pública para a busca de soluções inovadoras, motivo pelo qual se percebe a existência de barreiras culturais, contingenciamento de recursos e ausência de estrutura para a prática da inovação.

A aversão ao risco e à responsabilização por órgãos de controle pelo fracasso, ainda conservadores na atuação fiscalizadora, retira do gestor e do corpo burocrático a coragem e a ousadia para inovar, isto é, para alterar práticas administrativas adotadas e consolidadas.

Avigo e João-Roland[10] mencionam as dificuldades para o desenvolvimento da inovação na Administração Pública, lembrando que esses obstáculos podem ser de ordem legal, administrativa, cultural ou política, em especial por conta da rigidez da estrutura organizacional verificada no setor público, menos propensa a modificações.

Scherer,[11] ao comentar sobre os entraves do setor público à inovação, cita que não há espaço para incertezas e para o chamado "bom desperdício", por isso que o experimentalismo não é testado na Administração Pública. E, ainda, traz a listagem das barreiras que afetam o desenvolvimento da inovação, dentre elas, ausência de apoio e incentivos para gestores e servidores por parte das lideranças políticas e técnicas; resistência do corpo burocrático; excesso de exigências regulamentares; falta de recursos humanos ou financeiros; cultura de aversão ao risco; incertezas quanto a resultados de curto prazo, impossibilitando que gestores e autoridades angariem capital político

---

[10] AVIGO, Ricardo Oliveira; JOÃO-ROLAND, Iraci de Souza. Inovação organizacional em compras públicas pelo SRP: análise da acurácia do planejamento participativo do Instituto Federal do Triângulo Mineiro (IFTM). *Revista G.U.A.L*, Florianópolis, v. 12 n. 3, set./dez. 2019. p. 180. Disponível em: https://periodicos.ufsc.br/index.php/gual/article/view/1983-4535.2019v12n3p173. Acesso em: 20 ago. 2021.

[11] SCHERER, Felipe Ost. Gestão da Inovação no Setor Público: a metodologia do octógono da inovação no setor público. *Gestão da Inovação*, out. 2014. p. 8-9. Disponível em: https://docplayer.com.br/3795410-Gestao-da-inovacao-no-setor-publico.html. Acesso em: 20 ago. 2021.

proveniente das inovações (desenvolvimento e difusão da inovação nem sempre podem ser conectados com os mandatos).

Esse contexto e a discricionariedade de utilização da inovação na prestação dos serviços públicos conduziram, até o momento, a uma lentidão na implantação do Governo Digital, em especial nos Estados e Municípios. Por isso, os órgãos de controle externo passaram a agir de forma pedagógica e indutora, com o intuito de incentivar a adoção de inovações. Nesse sentido, vide Acórdão TCU nº 1.469/2017 – Plenário (Auditoria de natureza operacional para avaliação do uso de tecnologias digitais como parte da estratégia de modernização governamental, com recomendações); Acórdão TCU nº 1.784/2021 – Plenário (acompanhamento dos mecanismos de governança das iniciativas de transformação digital em prol da desburocratização dos serviços públicos prestados pelo Estado, com recomendações).

Entretanto, a descrição legal de condutas nos incisos do art. 3º da Lei nº 14.129/2021, classificadas como princípios e diretrizes, retiram a liberdade de escolha acerca da utilização ou não de inovação, obrigando a Administração Pública de todas as esferas a implementar estruturas voltadas ao desenvolvimento e implementação de novas formas de planejar e agir.

Di Pietro leciona que a discricionariedade se relaciona a uma escolha entre o agir e o não agir, sendo que "se, diante de certa situação, a Administração está obrigada a adotar determinada providência, a sua atuação é vinculada; se ela tem possibilidade de escolher entre atuar ou não, existe discricionariedade".[12]

Assim, dentre as várias condutas possíveis, após o prazo de *vacatio* legis, os agentes públicos não mais poderão optar pela manutenção do *status quo* (não agir), com base em conveniência e oportunidade, caso a prestação de serviços mostre-se ineficiente. O grau de liberdade ficará com a valoração das possíveis soluções inovadoras para os casos concretos, mas não haverá discricionariedade quanto à busca e aplicação ou não de *alguma* inovação. Aqui a testagem e o experimentalismo passam a ser incorporados à rotina do planejamento estatal, com significativa importância.

Obviamente que caberá ao controle externo analisar essas atividades, o grau de comprometimento da estrutura de governança, por exemplo, em seus aspectos financeiros (recursos reservados e

---

[12] DI PIETRO, Maria Sylvia Zanella. *Direito Administrativo*. 32. ed. Rio de Janeiro: Forense, 2019. p. 250.

empregados), operacionais e de desempenho (capacidades estratégica, tática e operacional, consistente na conjugação de esforços humanos, ferramentas e recursos em prol do resultado planejado). Nesse aspecto, o controle externo deverá adaptar-se à análise do *esforço*, não apenas dos resultados, uma vez que o grau de incerteza nos resultados é ínsito à atividade experimental da inovação.

O que se extrai da Lei nº 14.129/2021, combinada com os demais diplomas legais já editados (Lei nº 10.973/2004 – incentivos à inovação; Lei nº 12.527/2011 – acesso à informação; Lei nº 13.460/2017 – participação, proteção e defesa dos direitos do usuário dos serviços públicos; Lei nº 13.566 – alterações na LINDB; Lei nº 13.709/2018 – lei geral de proteção de dados pessoais, dentre outras), é um roteiro detalhado do comportamento da Administração em prol do Governo Digital e da eficiência na prestação dos serviços públicos, com forte redução na liberdade de apreciação e valoração de opções legítimas que excluam a aplicação da inovação.

Por essa razão, o impacto no controle externo será a adoção de uma nova abordagem nos processos de fiscalização, não apenas pedagógica, de mero acompanhamento das transformações, mas também de conformidade (ou legalidade, isto é, adequação dos atos e procedimentos com a legislação que rege a matéria) e desempenho (legitimidade, concretização do interesse público, com base na motivação, prioridade, esforço; e economicidade, observância do custo-benefício).

2 LabContas e rede InfoContas

A estratégia de digitalização dos Tribunais de Contas, instituições baseadas em conhecimento, para além do trâmite eletrônico de processos ou mesmo da informatização de processos de apoio, deve avançar no sentido de possibilitar a utilização da tecnologia e da informação nas atividades de fiscalização, aliando a produtividade à qualidade dos trabalhos e à profundidade das investigações, aumentando ainda mais o grau de confiabilidade de suas análises e conclusões.

Silva[13] explicita que a informação é insumo, mas seu pleno uso não depende somente da mera existência ou disponibilização,

---

[13] SILVA, Wesley Vaz. Os pilares da estratégia de análise de dados e consumo de informações no TCU. *Revista do Tribunal de Contas da União*, a. 48, n. 137, set./dez. 2016. p. 15. Disponível em: https://revista.tcu.gov.br/ojs/index.php/RTCU/issue/view/68/101. Acesso em: 02 set. 2021.

sendo necessário desenvolver métodos, ferramentas e competências profissionais para torná-la consumível.

Um dos elementos centrais da estratégia do Tribunal de Contas da União é o Laboratório de Informações de Controle (LabContas), uma plataforma composta de bases de dados, oriundas de acordos de cooperação entre instituições da Administração Pública Federal e o próprio TCU, catálogo de informações, ferramentas e soluções para análise desses dados, geração de informações destinadas ao exercício das atividades de controle externo, também disponibilizadas a outros interessados.

A essência do LabContas, ambiente virtual criado e gerenciado pelo TCU e regulamentado pela Portaria nº 102/2020-TCU,[14] é permitir acesso a informações internalizadas a partir do tratamento das bases de dados.

O LabContas contempla aproximadamente 120 bases de dados que documentam atos e fatos administrativos sujeitos ao controle externo (como registro das contas governamentais; lista de políticas públicas; dados de operações financeiras; composição societária de empresas; contratações com utilização de recursos públicos etc.). Funciona como uma plataforma, com a maximização do seu valor a partir do seu *network effect*: quanto mais participantes, mais aplicativos e informações disponíveis. E quanto mais informações, mais ela se apresenta atrativa para que outras instituições possam contribuir.

Importante destacar que a informação é um ativo valioso da atividade de controle, por isso, tratar da sua qualidade, racionalizar os processos de acesso, estimular o uso e a colaboração e assegurar a segurança são questões fundamentais para a preservação e ampliação deste ativo.

Logo, o uso do LabContas deve observar o valor estratégico da informação; a qualidade de dados e informações; a padronização e a racionalização de informações e processos; o amplo uso; a colaboração; a disponibilidade; a integridade e a confidencialidade (art. 3º da Portaria nº 102/2020).

Delimitado por esses princípios, o LabContas possui três objetivos distintos que se complementam e dão suporte a iniciativas de controle digital estabelecidas a partir de 2016 pelo TCU.

---

[14] TCU. Boletim do Tribunal de Contas da União. *Diário Eletrônico*, a. 53, n. 121, 30 jun. 2020. Disponível em: https://portal.tcu.gov.br/lumis/portal/file/fileDownload.jsp?fileId=8A81881E72E6BE55017305B43F4A3157&inline=1. Acesso em: 02 set. 2021.

O primeiro objetivo é garantir, em quantidade, qualidade e tempestividade suficientes, informações destinadas ao cumprimento da missão institucional do Tribunal, resumida na abrangente expressão "Aprimorar a administração pública federal em benefício da sociedade por meio do controle externo". Assim, a coleta e a internalização de dados sobre todas as políticas públicas centralizadas e descentralizadas de espectro federal, de modo a dar suporte à atuação do TCU de uma maneira mais completa e preditiva, são atividades primordiais do LabContas.

O segundo objetivo compreende fomentar o intercâmbio de informações com instituições públicas, privadas e a sociedade, observadas as regras de classificação da informação, as disposições legais e os acordos institucionais. Além dos Tribunais de Contas estaduais e municipais, acessam o LabContas outras instituições de controle, como o Conselho Nacional do Ministério Público (CNMP), o Ministério Público, a Polícia Federal, a Advocacia Geral da União (AGU), pessoas políticas de direito público interno (Prefeituras) e demais entidades da Administração, totalizando, até o momento, 123 parceiros.

Por último, também é objetivo da plataforma proporcionar a exploração de dados para uso intensivo de recursos de tecnologia e ativos de informação. Neste aspecto, o LabContas se apresenta como um ambiente para experimentos, testes e validação de hipóteses e para desenvolvimento de novas soluções tecnológicas e metodológicas de suporte ao controle externo (vide, por exemplo, o Acórdão nº 3.069/2018 – Plenário, relativo ao levantamento destinado a identificar e a conhecer os problemas sistêmicos em editais e planilhas de obras, a partir das publicações feitas pelo Departamento Nacional de Infraestrutura de Transportes (Dnit) e das análises realizadas pela Caixa Econômica Federal, com verificação da viabilidade de fiscalizações por meio do ALICE e do Sistema de Análise de Orçamento – SAO).

Vale mencionar que o LabContas *é* o cérebro dos robôs ALICE – Análise de LICitações e Editais; MONICA – MONitoramento Integrado para o Controle de Aquisições; ADELE – Análise de Disputa Em Licitações Eletrônicas; SOFIA – Sistema de Orientação sobre Fatos e Indícios para o Auditor; CARINA – Crawler e Analisador de Registros da Imprensa Nacional; e ÁGATA – Aplicação Geradora de Análise Textual com Aprendizado –, pois permite a análise integrada das informações coletadas e possibilita o cruzamento entre as bases de dados, imprimindo maior contemporaneidade, agilidade e exatidão no acompanhamento das aquisições públicas e nas decisões proferidas pelo Tribunal.[15]

Nesse sentido, convém conferir os Acórdãos nºs 1.116/2017; 2.587/2018; 1.032/2019; 1.384/2019; 794/2020; 915/2020; todos do Plenário.

Segundo o relatório de atividades do TCU de 2020, a utilização do ALICE

> tem possibilitado a avaliação tempestiva e automatizada de editais de licitação e atas de pregão. Esse Sistema permite a identificação de indícios de irregularidades, fraudes, desvios e desperdícios de recursos públicos, viabilizando ações de controle mais eficientes e efetivas. No ano de 2020, o montante de benefícios decorrentes das análises efetuadas por meio do Sistema Alice totalizou mais de R$194 milhões.[16]

O LabContas tem possibilitado, ainda, que os gestores sejam alertados sobre potenciais falhas e, em consequência, viabilizem ajustes tempestivos em licitações.

Outras aplicações são verificadas na utilização das informações produzidas pelo LabContas: detecção de indícios de irregularidades na concessão de benefícios sociais e contas de campanhas eleitorais, apontamento de divergências em cadastros do governo, verificação do descumprimento das regras estabelecidas para a gestão de políticas públicas, dentre outros.

Interessante e explicativo o infográfico produzido pelo TCU, relativo ao Acórdão nº 2.587/2018, que resume a atuação do chamado Dia D – Análise Integrada de Dados da Administração Pública Federal.[17]

Por fim, o LabContas tem sido utilizado como plataforma de suporte para o projeto ALICE Nacional, cujo objetivo é seguir o modelo utilizado pelo sistema em licitações realizadas por Estados e Municípios. Por meio de parcerias com os Tribunais de Contas estaduais e municipais, os editais são enviados ao LabContas e submetidos aos algoritmos utilizados pelo ALICE original, de modo que os indícios

---

[15] COSTA, Marcos Bemquerer; BASTOS, Patrícia Reis Leitão. Alice, Monica, Adele, Sofia, Carina e Ágata: o uso da inteligência artificial pelo Tribunal de Contas da União. Controle Externo. *Revista do Tribunal de Contas do Estado de Goiás*, Belo Horizonte, a. 2, n. 3, p. 11-34, jan./jun. 2020.

[16] TCU. *Relatório Anual de Atividades do TCU*. Brasília: Tribunal de Contas da União, 2021. Disponível em: https://portal.tcu.gov.br/data/files/99/64/46/8E/7298871003178887E18818A8/relatorio_anual_atividades_TCU_2020.pdf. Acesso em: 20 ago. 2021.

[17] TCU. *Infográfico Dia D*. Brasília: Tribunal de Contas da União, 2019. Disponível em: https://portal.tcu.gov.br/biblioteca-digital/infografico-dia-d.htm. Acesso em: 20 ago. 2021.

de irregularidades sejam enviados diretamente ao controle externo estadual. Atualmente, 24 tribunais de contas participam do projeto, tendo sido processadas mais de 385 mil licitações de entes subnacionais, com mais de 110 mil alertas de indícios de irregularidades obtidos.

O projeto do ALICE Nacional foi viabilizado através da cooperação com a Rede Nacional de Informações Estratégicas (InfoContas), criada em 2013 por meio de Acordo de Cooperação Técnica firmado entre a Associação Nacional dos membros dos Tribunais de Contas do Brasil (ATRICON), o Instituto Rui Barbosa (IRB) e todos os Tribunais de Contas do Brasil (TCs), incluindo o TCU.

A InfoContas, constituída como espaço colegiado e permanente no âmbito dos TCs, é formada pelo conjunto harmônico e integrado de Unidades de Informações Estratégicas, instituídas e implantadas em cada Tribunal partícipe da Rede, com vistas à cooperação técnica e ao intercâmbio de dados e conhecimentos, no interesse das atividades de Inteligência de Controle Externo.

As Unidades de Informações Estratégicas, independentemente de sua denominação, são unidades organizacionais dos TCs às quais competem adotar métodos, técnicas, procedimentos e formalidades inerentes à atividade de Inteligência, ou seja, têm a atribuição de exercer a atividade especializada de viabilizar o intercâmbio de dados, produzir informações e conhecimentos que permitam às autoridades competentes, nos níveis estratégico, tático e operacional, adotar decisões que resultem em aumento de eficiência.

O Ministro do TCU, Walton Alencar Rodrigues, em exposição no XXIV Congresso Nacional dos Membros dos Tribunais de Contas do Brasil, lembrou ser evidente que os Tribunais de Contas não têm a capacidade de se manifestar tempestivamente em relação a todas as ações da Administração Pública que demandem recursos públicos. Assim, a seletividade, inerente à atividade de auditoria, é procedimento fundamental para o aprofundamento em questões mais relevantes.

Logo, para que haja seletividade, são necessários estudos de estratégia e de inteligência, para garantir que a utilização dos recursos materiais e humanos do controle seja plena e abranja a fiscalização da maior parte dos atos e fatos administrativos, financeiros, patrimoniais e operacionais.

A Rede InfoContas tem a missão de garantir, juridicamente, o intercâmbio de dados, conhecimentos, técnicas e procedimentos inerentes à atividade de Inteligência de Controle Externo, sob a orientação da Doutrina de Inteligência de Controle Externo, formada por um conjunto de princípios, valores, conceitos e características próprios.

As diretrizes de ação e condução da InfoContas estão estabelecidas no Acordo de Cooperação que criou a Rede, no respectivo Regimento Interno, bem como na Diretriz de controle externo ATRICON nº 3.203/2014, aprovada pela Resolução nº 07/2014. Para fins gerenciais é utilizado um plano de metas que estabelece as principais ações que serão realizadas durante o exercício.

Importante mencionar que a Gestão da Rede é exercida por um Órgão Colegiado, composto pelos Presidentes dos Tribunais de Contas, da ATRICON e do IRB (ou membros por eles indicados), e é presidido por um membro eleito entre os pares, para mandato de 2 (dois) anos, e um Comitê Gestor.

Por fim, a importância da Rede InfoContas para o controle externo e para a gestão pública está na consolidação do uso da atividade de inteligência dos Tribunais de Contas, juntamente com as unidades de inteligência de outros órgãos públicos, a exemplo da Receita Federal, do Ministério Público, das Polícias Federal, Civil, Militar e da Controladoria-Geral da União, viabilizando a troca de informações e a realização de ações e operações conjuntas.

A atividade de Inteligência de Controle Externo, capitaneada pela Rede InfoContas, e a cooperação interinstitucional são instrumentos poderosos para o alcance da eficiência na prestação dos serviços públicos e para a implantação do Governo Digital.

3 Novas funções dos Tribunais de Contas proporcionadas pelo LabContas e pela rede InfoContas

Extraem-se do artigo 71 da Constituição Federal as funções e os poderes dos Tribunais de Contas: judicante (inciso II), corretivas e sancionadoras (incisos VIII, IX e X, §§2º e 3º), fiscalizadora (incisos III, IV e VI), consultiva (incisos I, VII e XI), dentre outras.

Godinho[18] menciona que se inclui na função de fiscalização a atividade pedagógica, consistente na orientação sobre as melhores práticas

---

[18] GODINHO, Heloísa H. A. M. Ideias no lugar: as decisões condenatórias proferidas pelos tribunais de contas. *In*: LIMA, Luiz Henrique; SARQUIS, Alexandre M. F. (Coord.). *Processos de controle externo*: estudos de ministros e conselheiros substitutos dos tribunais de contas. Reimpressão. Belo Horizonte: Fórum, 2019. p. 222-224.

de gestão, de caráter educativo, mediante a recomendação de adoção de providências, a edição de manuais e publicações, a realização de eventos e reuniões de trabalho. Lembra também que a função consultiva engloba a prestação de informações solicitadas pelo Legislativo ou por qualquer das respectivas Comissões, ao Ministério Público, ao Poder Judiciário e às Controladorias, a respeito da fiscalização exercida pelas Cortes de Contas, bem como a representação ao poder competente a respeito de irregularidades ou abusos apurados. Cuida-se de atividade de relacionamento e interação institucional de auxílio técnico.

Ocorre que tais funções, consideradas clássicas, não são suficientes para classificar as novas formas de atuação dos Tribunais de Contas, em especial, aquelas derivadas das atividades do LabContas e da Rede InfoContas, já mencionadas neste artigo.

Com efeito, mais do que orientar e informar por meio de decisões em processos de contas e de auditorias, os Tribunais de Contas passaram a colaborar com a Administração Pública, em especial com o planejamento e a execução das políticas e aquisições públicas, ao reunir, tratar e estruturar os dados e fornecer informações para a tomada de decisão nos mais variados setores governamentais.

Essa função colaborativa, para além de meramente noticiar quando demandado, consolidou-se independentemente de previsão expressa no art. 71 da CF/88, e não encontra obstáculo, ao contrário, seu exercício repercute de forma positiva, voluntária e facultativa junto à Administração Pública e à sociedade, sendo que, nos processos de controle, causa impactos no âmbito da instrução técnica e da prova, submetidos ao contraditório.

Não há dúvidas que a apuração de ilícitos por parte da Administração Pública exige a produção de um conjunto probatório robusto que contemple, pelo menos, os seguintes requisitos: conhecimento técnico do negócio investigado; competência legal para acessar informações e documentos protegidos por sigilos; competência legal para utilizar técnicas especiais de investigação; e, por fim, pessoal treinado e equipamentos adequados. Nesse aspecto, a atuação colaborativa permite catalisar esses requisitos para ampliar a eficácia das ações praticadas de forma isolada.

A atuação colaborativa compõe o próprio conceito de governança, concebida como "um processo de geração de valor público a partir de determinadas capacidades e qualidades institucionais; da colaboração entre agentes públicos e privados na coprodução de serviços, políticas e bens públicos e da melhoria do desempenho",[19] chegando-se até em cogitar de uma "governança colaborativa".[20]

Além da função colaborativa, a atuação dos Tribunais de Contas por meio do LabContas e da Rede InfoContas ainda enseja uma função legitimadora para o controle social, uma vez que atua no empoderamento e no embasamento da sociedade, de grupos organizados, da mídia e do cidadão, ao divulgar, de forma transparente e clara, informações a serem consumidas por estes atores.

Sem dúvidas, como mencionado neste artigo, é muito difícil o consumo de dados não tratados, devido ao volume, à dispersão e à fluidez, bem como em virtude da exigência de expertise para a utilização correta de seu conteúdo. Ademais, nem sempre os citados atores possuem acesso fácil aos dados.

A atuação dos Tribunais de Contas voltada ao abastecimento de informações destinadas ao controle social, de forma simples e clara, está além das clássicas funções elencadas no art. 71 da CF/88, mas encontra respaldo na Lei nº 14.129/2021, conforme se detecta em seu art. 3º, especialmente nos incisos V a VII (incentivo à participação social no controle e na fiscalização da administração pública; dever do gestor público de prestar contas diretamente à população sobre a gestão dos recursos públicos; uso de linguagem clara e compreensível a qualquer cidadão).

Conclusão

A edição da Lei do Governo Digital **é** alvissareira e incrementou o debate acerca do dever de inovar para o alcance da eficiência na prestação de serviços públicos, bem como provocou reflexões sobre os papéis dos Tribunais de Contas.

O Governo Digital exige mudança de mentalidade por parte da Administração Pública e dos órgãos de controle externo, em especial

---

[19] MARTINS, Humberto Falcão; MARINI, Caio. Governança Pública Contemporânea: uma tentativa de dissecação conceitual. *Revista do TCU*, v. 130, 2014. Disponível em: https://revista.tcu.gov.br/ojs/index.php/RTCU/article/view/40/35. Acesso em: 01 set. 2021. p. 44.

[20] COSTA, Ricardo Ribas da. *Governança colaborativa*: um instrumento de análise da maturidade dos regimes de colaboração entre a sociedade e a administração pública. Dissertação (Mestrado) – Escola Brasileira de Administração Pública e de Empresas, Centro de Formação Acadêmica e Pesquisa, 2016. Disponível em: https://bibliotecadigital.fgv.br/dspace/bitstream/handle/10438/17799/DM_GC_RRC_Po%CC%81sBanca_Final_v3_20161230.pdf?sequence=1&isAllowed=y. Acesso em: 01 set. 2021.

quanto ao caráter experimental da inovação, devendo ser avaliados os esforços empreendidos para a busca de soluções voltadas à eficiência dos serviços públicos, não apenas os resultados alcançados.

O controle contábil, financeiro, orçamentário, operacional e patrimonial da Administração Pública (arts. 70 e 71 da CF), do qual se extraem as clássicas funções controladoras (fiscalizadora, julgadora, sancionadora, consultiva, normativa etc.), não abrange o relevante papel de colaboração ativa da boa gestão pública exercido pelos Tribunais de Contas, tampouco o fomento ao exercício da participação e do controle social.

O desenvolvimento de plataformas como o LabContas e a incorporação da atuação de robôs nas rotinas e processos do TCU provocaram um aumento no grau de confiabilidade de suas análises e decisões e ainda possibilitaram a utilização das informações geradas por gestores e pelo público em geral.

Igualmente, a criação da Rede InfoContas proporcionou melhor aplicação da seletividade na fiscalização das atividades governamentais, bem como o intercâmbio de informações e a realização de ações e operações conjuntas envolvendo os Tribunais de Contas do Brasil e diversos órgãos públicos de todas as esferas federativas.

Os Tribunais de Contas, para além de atuar no controle externo da Administração, passaram a colaborar ativamente com o planejamento e a execução das políticas e aquisições públicas, ao reunir, tratar e estruturar os dados e fornecer informações para a tomada de decisão (função colaborativa).

Além disso, ao fornecer dados tratados e estruturados, em linguagem simples e acessível, ao controle social, legitima-o e atende aos princípios e diretrizes da Lei nº 14.129/2021.

Referências

AVIGO, Ricardo Oliveira; JOÃO-ROLAND, Iraci de Souza. Inovação organizacional em compras públicas pelo SRP: análise da acurácia do planejamento participativo do Instituto Federal do Triângulo Mineiro (IFTM). *Revista G.U.A.L*, Florianópolis, v. 12 n. 3, set./dez. 2019. Disponível em: https://periodicos.ufsc.br/index.php/gual/article/view/1983-4535.2019v12n3p173. Acesso em: 20 ago. 2021.

CARNEIRO, Ricardo; MENICUCCI, Telma Maria Gonçalves. *Gestão pública no século XXI*: as reformas pendentes. Texto para discussão. Brasília: Ipea, dez. 2011. Disponível em: http://www.ipea.gov.br/portal/index.php?option=com_content&view=article&id=16360%3Atd-1686-gestao-publica-no-seculo-xxi-as-reformas-pendentes&catid=270%3A2011&directory=1&Itemid=1. Acesso em: 20 ago. 2021.

COSTA, Marcos Bemquerer; BASTOS, Patrícia Reis Leitão. Alice, Monica, Adele, Sofia, Carina e Ágata: o uso da inteligência artificial pelo Tribunal de Contas da União. Controle Externo. *Revista do Tribunal de Contas do Estado de Goiás*, Belo Horizonte, a. 2, n. 3, p. 11-34, jan./jun. 2020.

COSTA, Ricardo Ribas da. *Governança colaborativa*: um instrumento de análise da maturidade dos regimes de colaboração entre a sociedade e a administração pública. Dissertação (Mestrado) – Escola Brasileira de Administração Pública e de Empresas, Centro de Formação Acadêmica e Pesquisa, 2016. Disponível em: https://bibliotecadigital.fgv.br/dspace/bitstream/handle/10438/17799/DM_GC_RRC_Po%CC%81sBanca_Final_v3_20161230.pdf?sequence=1&isAllowed=y. Acesso em: 01 set. 2021.

DI PIETRO, Maria Sylvia Zanella. *Direito Administrativo.* 32. ed. Rio de Janeiro: Forense, 2019.

GARCIA, Leonardo Marques. O uso de ferramentas de data analytics pelo auditor governamental. *Coletânea de Pós-Graduação, Auditoria Financeira,* Brasília: TCU, v. 1 n. 7, 2019. Disponível em: https://portal.tcu.gov.br/biblioteca-digital/o-uso-de-ferramentas-de-data-analytics-pelo-auditor-governamental.htm. Acesso em: 20 ago. 2021.

GODINHO, Heloísa H. A. M. Ideias no lugar: as decisões condenatórias proferidas pelos tribunais de contas. *In*: LIMA, Luiz Henrique; SARQUIS, Alexandre M. F. (Coord.). *Processos de controle externo*: estudos de ministros e conselheiros substitutos dos tribunais de contas. Reimpressão. Belo Horizonte: Fórum, 2019.

IBGE. Coordenação de Trabalho e Rendimento. *Pesquisa Nacional por Amostra de Domicílios Contínua*: acesso à internet e posse de telefone móvel celular para uso pessoa. 2019; PNAD: tecnologias de informação e comunicação; PNAD Contínua; PNAD TIC. Disponível em: https://biblioteca.ibge.gov.br/visualizacao/livros/liv101794_informativo.pdf. Acesso em: 20 ago. 2021.

MARTINS, Humberto Falcão; MARINI, Caio. Governança Pública Contemporânea: uma tentativa de dissecação conceitual. *Revista do TCU*, v. 130, 2014. Disponível em: https://revista.tcu.gov.br/ojs/index.php/RTCU/article/view/40/35. Acesso em: 01 set. 2021.

RODRIGUES, Walton Alencar. A modernização dos Tribunais de Contas. *In*: TRIBUNAL DE CONTAS. Defesa do Interesse Público e Combate À Corrupção. *XXIV Congresso Nacional dos Membros dos Tribunais de Contas do Brasil,* Natal, 18-20 nov. 2007. Anais, Belo Horizonte: Fórum, 2008.

SCHERER, Felipe Ost. Gestão da Inovação no Setor Público: a metodologia do octógono da inovação no setor público. *Gestão da Inovação,* out. 2014. Disponível em: https://docplayer.com.br/3795410-Gestao-da-inovacao-no-setor-publico.html. Acesso em: 20 ago. 2021.

SILVA, Wesley Vaz. Os pilares da estratégia de análise de dados e consumo de informações no TCU. *Revista do Tribunal de Contas da União,* a. 48, n. 137, set./dez. 2016. Disponível em: https://revista.tcu.gov.br/ojs/index.php/RTCU/issue/view/68/101. Acesso em: 02 set. 2021.

SVANTESSON, Dan Jerker B. *Internet & jurisdição*: relatório de status global 2019 (Livro eletrônico/editor). Núcleo de Informação e Coordenação do Ponto BR; (Trad. Ana Zuleika Pinheiro Machado). 1. ed. São Paulo: Comitê Gestor da Internet no Brasil, 2020. Disponível em: https://www.cgi.br/media/docs/publicacoes/21/20210707165731/CadernoCGIbr_Internet_e_Jurisdicao.pdf. Acesso em: 01 set. 2021.

TCU. Boletim do Tribunal de Contas da União. *Diário Eletrônico*, a. 53, n. 121, 30 jun. 2020. Disponível em: https://portal.tcu.gov.br/lumis/portal/file/fileDownload.jsp?fileId=8A81881E72E6BE55017305B43F4A3157&inline=1. Acesso em: 02 set. 2021.

TCU. *Colab-i*. Disponível em: https://portal.tcu.gov.br/colab-i/. Acesso em: 02 set. 2021.

TCU. *Infográfico Dia D*. Brasília: Tribunal de Contas da União, 2019. Disponível em: https://portal.tcu.gov.br/biblioteca-digital/infografico-dia-d.htm. Acesso em: 20 ago. 2021.

TCU. *Painel Informativo Coopera*. Disponível em: https://portal.tcu.gov.br/coopera/painel/. Acesso em: 02 set. 2021

TCU. *Relatório Anual de Atividades do TCU*. Brasília: Tribunal de Contas da União, 2021. Disponível em: https://portal.tcu.gov.br/data/files/99/64/46/8E/7298871003178887E18818A8/relatorio_anual_atividades_TCU_2020.pdf. Acesso em: 20 ago. 2021.

Informação bibliográfica deste texto, conforme a NBR 6023:2018 da Associação Brasileira de Normas Técnicas (ABNT):

GODINHO, Heloísa Antonácio M.; MARINOT, Márcio Batista; VAZ, Wesley. Impactos da Lei do Governo Digital no controle externo. *In*: MOTTA, Fabrício; VALLE, Vanice Regina Lírio do. *Governo digital e a busca por inovação na Administração Pública*: a Lei 14.129, de 29 de março de 2021. 2. ed. Belo Horizonte: Fórum, 2025. p. 255-272. ISBN 978-85-450-0987-0.

SOBRE OS AUTORES

André Afonso Tavares
Doutorando em Direito pelo Programa de Pós-Graduação em Direito, Mestrado e Doutorado da Universidade de Santa Cruz do Sul (UNISC). Mestre em Direito pela Universidade do Extremo Sul Catarinense (Unesc/SC). Especialista em Direito Público pela LFG e em Auditoria Governamental pela AVM Faculdade Integrada. MBA em Ciência de Dados pelo Instituto de Gestão e Tecnologia da Informação (IGTI). Graduado em Direito e em Ciências Contábeis pela Unisul/SC. Graduando em Engenharia de *Software* pela Unicesumar. Advogado. *E-mail*: afonsotavares.andre@gmail.com

André Saddy
Pós-Doutor pela University of Oxford (Faculty of Law). Doutor Europeu em *"Problemas actuales de Derecho Administrativo"* pela Facultad de Derecho da Universidad Complutense de Madrid. Mestre pela Universidade de Lisboa. Pós-graduado pela Universidade de Coimbra. Professor de Direito Administrativo da Faculdade de Direito; do Mestrado em Direito Constitucional e do Doutorado em Direitos, Instituições e Negócios da Universidade Federal Fluminense (UFF). Professor de Direito Administrativo do Departamento de Direito da PUC-Rio. Vice-Presidente do Instituto de Direito Administrativo do Rio de Janeiro (IDARJ). Sócio fundador do escritório Saddy Advogados. *E-mail*: andresaddy@yahoo.com.br

Augusto Neves Dal Pozzo
Doutor e Mestre em Direito Administrativo pela PUC-SP. Professor de Direito Administrativo e de Fundamentos do Direito Público na PUC-SP. Professor do Corpo Permanente do Programa de Pós-Graduação da *Universidade da Coruña*, na Espanha. Professor convidado do Curso de Pós-Graduação em Direito Administrativo da *Universidad de Belgrano*, na Argentina. Professor convidado do curso de *"Business and Compliance"*, na *Barry University*. Presidente do Instituto Brasileiro de Estudos Jurídicos da Infraestrutura (IBEJI). Advogado e parecerista. Sócio fundador da Dal Pozzo Advogados. *E-mail*: augusto@dalpozzo.com.br

Carina de Castro Quirino
Subsecretária de Regulação e Ambiente de Negócios da Secretaria de Desenvolvimento Econômico do Município do Rio de Janeiro. Doutora em Direito Público pela Universidade do Estado do Rio de Janeiro (UERJ). Mestre em Direito pela Faculdade Nacional de Direito da Universidade Federal do Rio de Janeiro (FND/UFRJ). Fundadora do Laboratório de Regulação Econômica – UERJ Reg. Advogada. *E-mail*: carinacastrodir@gmail.com

Caroline Müller Bitencourt
Professora do Programa de Pós-Graduação, Mestrado e Doutorado da Universidade de Santa Cruz do Sul (Unisc – Santa Cruz do Sul-RS, Brasil). Estágio Pós-Doutoral em Direito pela Pontifícia Universidade Católica do Paraná (PUC-PR). Doutora e Mestra em Direito pela Universidade de Santa Cruz do Sul (UNISC). Membro da Rede Docente Eurolatinoamericana de Direito Administrativo. Membro da Rede de Direito Administrativo Social. Presidente do Comitê de Direitos Humanos da Universidade de Santa Cruz do Sul. Coordenadora do Grupo de pesquisa Controle Social e Administrativo de Políticas Públicas e Serviço Público, vinculado ao CNPq. Advogada. Chefe do Departamento de Direito da Unisc. *E-mail*: carolinemb@unisc.br

Fabricio Motta
Doutor em Direito do Estado pela Universidade de São Paulo (USP). Mestre em Direito Administrativo pela Universidade Federal de Minas Gerais (UFMG). Professor permanente do Programa de Pós-Graduação em Direito e Políticas Públicas da Universidade Federal de Goiás (UFG). Conselheiro do Tribunal de Contas dos Municípios do Estado de Goiás (TCM-GO). *E-mail*: fabriciommotta@gmail.com

Heloísa Helena Antonacio M. Godinho
Mestre em Administração Pública, Políticas Públicas e Gestão Governamental pelo Instituto Brasileiro de Ensino, Desenvolvimento e Pesquisa (IDP/UNB). Conselheira-Substituta do Tribunal de Contas do Estado de Goiás (TCE-GO). Vice-Presidente de Relações Jurídico-Institucionais da Associação dos Membros dos Tribunais de Contas do Brasil (Atricon). 1ª Secretaria da Associação Nacional dos Ministros e Conselheiros Substitutos dos Tribunais de Contas (Audicon). *E-mail*: heloisamonteiro@uol.com.br

Horácio Augusto Mendes de Sousa
Doutorando em Direitos e Garantias Fundamentais pela Faculdade de Direito de Vitória (FDV). Mestre em Direito Empresarial pela Universidade Candido Mendes (Ucam). Especialista em Economia e Direito do Consumidor pela Universidad Castilla La Mancha – Espanha. Membro do Grupo de Pesquisa, Ensino e Extensão em Direito Administrativo Contemporâneo (GDAC/UFF/PPGDC). Membro do Grupo de Pesquisa Estado, Democracia Constitucional e Direitos Fundamentais do Programa de Pós-Graduação *stricto sensu* em Direito da Faculdade de Direito de Vitória (FDV). Membro do Instituto de Direito Administrativo do Estado do Rio de Janeiro (IDARJ). Coordenador e Professor da Pós-Graduação em Gestão Pública da Faculdade de Direito de Vitória (FDV). Professor de Direito Administrativo, Constitucional e Econômico da Pós-Graduação da Escola Superior da Procuradoria Geral do Estado do Espírito Santo (ESPGE). Professor convidado da Faculdade de Direito de Vitória (FDV) e da Fundação Getulio Vargas (FGV-RJ). Procurador do Estado do Espírito Santo. *E-mail*: horacio.augusto.sousa@gmail.com

Jaime Rodríguez-Araña
Doctor en Derecho por la Universidad de Santiago de Compostela. Catedrático de Derecho Administrativo en la Universidad de La Coruña. Presidente del Foro Iberoamericano de Derecho Administrativo y de la Asociación Española de Ciencias Administrativas. Presidente de la Sección Española del Instituto Internacional de Ciencias Administrativas. Director del grupo de investigación de Derecho Público Global de la Universidad de La Coruña. Director del Doctorado interuniversitario

en Derecho Administrativo Iberoamericano. Coordinador General de la Red Iberoamericana de Contratación pública. Presidente del Consejo Académico del Instituto Iberoamericano de Estudios e Investigación. *E-mail*: rajaime@gmail.com

Juliano Heinen
Doutor em Direito pela Universidade Federal do Rio Grande do Sul (UFRGS). Professor titular de Direito Administrativo da Fundação Escola Superior do Ministério Público (FMP). Professor de Pós-Graduação e Direito (UNIRITTER Laurent University, Universidade de Caxias do Sul e UNISC). Professor da Escola Superior da Magistratura Federal (ESMAFE), da Escola da Magistratura do Estado Rio Grande do Sul (AJURIS), da Escola da Magistratura do Estado do Rio de Janeiro (EMERJ), da Escola Superior de Direito Municipal (ESDM), entre outras. Procurador do Estado do Rio Grande do Sul e parecerista. *E-mail*: julianoheinen@hotmail.com

Marcella Brandão Flores da Cunha
Assessora na Subsecretaria de Regulação e Ambiente de Negócios da Secretaria de Desenvolvimento Econômico do Município do Rio de Janeiro. Mestre em Regulação pela Fundação Getulio Vargas (FGV) Direito Rio. Graduada em Direito pela Universidade do Estado do Rio de Janeiro (UERJ). *E-mail*: marcellafloresdacunha@gmail.com

Márcio Batista Marinot
Mestre em Gestão Empresarial e especialista em Ciências Contábeis pela Fundação Getulio Vargas (FGV). Especialista em Análise de Sistemas e bacharel em Ciências Contábeis pela Universidade Federal do Espírito Santo (Ufes). Auditor de Controle Externo do Tribunal de Contas do Espírito Santo (TCE-ES). *E-mail*: marcio.marinot@tcees.tc.br

Rafael Martins Costa Moreira
Doutorado em Direito pela Pontifícia Universidade Católica do Rio Grande do Sul (PUCRS), com período de *visiting research* na Ruprecht Karls Universität Heidelberg, Alemanha. Mestrado em Direito pela Pontifícia Universidade Católica do Rio Grande do Sul (PUCRS, 2016). Professor da Escola Superior da Magistratura Federal no Rio Grande do Sul; da Escola Superior da Magistratura Federal de Santa Catarina e do Curso Ênfase. Juiz Federal na 5ª Vara de Caxias do Sul – Seção Judiciária do Rio Grande do Sul. *E-mail*: rafamcosta@yahoo.com.br

Ricardo Marcondes Martins
Doutor em Direito Administrativo pela PUC-SP. Professor de Direito Administrativo da PUC-SP. *E-mail*: ricmarconde@uol.com.br. ORCID: //orcid.org/0000-0002-4161-9390

Rodrigo Guerra Garcia
Mestre em Engenharia e Gestão do Conhecimento pela Universidade Federal de Santa Catarina (UFSC, 2021). MBA em Gestão Empresarial pela Fundação Getulio Vargas (FGV, 2018). Graduado em Administração pela Universidade Estácio de Sá. Consultor de projetos, com experiência na Administração Pública, com ênfase em gestão de projetos e planejamento. Pesquisador na área da gestão do conhecimento, em especial no campo da educação digital. *E-mail*: rodrigoguerra1979@gmail.com

Sabrina Nunes Iocken
Conselheira Substituta no TCE/SC. Pós-doutoranda em Direito pela Universidade de São Paulo (USP). Doutora em Direito, Política e Sociedade pela Universidade Federal de Santa Catarina (UFSC). Membro do Conselho Consultivo da Sociedade Brasileira de Administração Pública (SBAP – 2021-2022). Pesquisadora na área do Direito Público, em especial nos campos do Direito Governamental, do Controle Público e das Políticas Públicas. Autora, coautora e coordenadora de obras, com destaque para os livros "Políticas Públicas e os ODS da Agenda 2030" e "Controle Compartilhado das Políticas Públicas". *E-mail*: sabrinaiocken@gmail.com

Vanice Regina Lírio do Valle
Visiting Fellow junto ao Human Rights Program da Harvard Law School. Pós-doutorado em Administração pela Escola Brasileira de Administração Pública e de Empresas da Faculdade Getulio Vargas (EBAPE/FGV). Doutora em Direito pela Universidade Gama Filho (UGF). Professora colaboradora do PPGDP da UFG. Procuradora do Município do Rio de Janeiro. *E-mail*: vanicevalle@gmail.com

Vivian Cristina Lima López Valle
Doutora e Mestre em Direito do Estado pela Universidade Federal do Paraná (UFPR). Pós-doutoranda pela Universitat Rovira i Virgili na Espanha. Possui especialização em Direito Administrativo pelo Instituto Brasileiro de Empreendedorismo Jurídico (IBEJ) e em Contratação Pública pelo Centro de Estudos de Direito Público e Regulação da Faculdade de Direito da Universidade de Coimbra, Portugal. Coordenadora Adjunta do Curso de Direito da Pontifícia Universidade Católica do Paraná (PUCPR). Coordenadora do Curso de Pós-Graduação em Licitação em Contratos Administrativos com Tópicos Especiais em Direito das Concessões da Pontifícia Universidade Católica do Paraná (PUCPR). Advogada. *E-mail*: vivian.lima@pucpr.br

Wesley Vaz
Secretário de Fiscalização de Integridade de Atos e Pagamentos de Pessoal e de Benefícios Sociais do Tribunal de Contas da União. Professor convidado da Fundação Dom Cabral (FDC). Possui certificado em estratégia e inovação pelo MIT e mestrado em computação pela Unicamp. Coautor do livro "Inteligência Artificial – Sociedade, Economia e Estado". *E-mail*: wvazmsc@gmail.com

FSC
www.fsc.org
MISTO
Papel | Apoiando uma gestão florestal responsável
FSC® C092828

2023 CARBON NEUTRAL SAVE cerrado

Esta obra foi composta em fonte Palatino Linotype, corpo 10
e impressa em papel Offset 75g (miolo) e Supremo 250g (capa)
pela Gráfica Formato, em Belo Horizonte/MG.